Mistere de l'Institucion de l'Ordre des Freres Prescheurs

Mistere de l'Institucion de l'Ordre des Freres Prescheurs

Texte de l'édition de Jehan Trepperel
(1504-1512?)

Etabli et présenté par

SIMONE DE REYFF, GUY BEDOUELLE
et MARIE-CLAIRE GÉRARD-ZAI

Publié avec le concours du Fonds National
de la Recherche Scientifique Suisse

LIBRAIRIE DROZ S.A.
11, rue Massot
GENÈVE
1997

842
m678

AEH-0687

ISBN: 2-600-00189-1
ISSN: 0257-4063

*A la mémoire du Père
Marie-Humbert Vicaire, o.p.*

Nous remercions Monsieur Jean-Pierre Bordier à qui nous devons la découverte de ce texte, et donc les rudes et riches heures de cette tâche commune.

Notre reconnaissance va aussi à Monieur Jean Subrenat, au Père Adriano Oliva, o.p., et à Mademoiselle Nicole Giroud.

Saint Dominique.

INTRODUCTION

Le *Mistere de l'Institucion de l'Ordre des Freres Prescheurs* est passé jusqu'ici presque inaperçu. Ce n'est pas le jugement qu'en donne Petit de Julleville, par qui cependant nous l'avons repéré[1], qui pouvait attirer les lecteurs. La curiosité professionnelle aidant, nous avons finalement découvert un texte très intéressant à bien des titres, ce qui nous a décidé à l'exhumer et à l'étudier, nous inscrivant en faux contre les affirmations trop hâtives du savant auteur des *Mystères*.

L'imprimé et l'imprimeur

Le *Mistere de l'Institucion* n'a jamais connu d'édition critique. Le texte nous a été transmis dans une version imprimée à Paris par Je(h)an Trepperel dans la première décennie du XVIe siècle ; nous n'en connaissons qu'un seul exemplaire, conservé à la Bibliothèque Nationale de Paris (Réserve YF 1611)[2].

Dans le *Catalogue des livres de feu M. le Duc de la Vallière* (vol. 4, Première partie, p. 407) de Guillaume de Bure,

---

[1]   Petit de Julleville, *Histoire du Théâtre en France. Les Mystères*, Paris, 1880, réimpr. Genève, Slatkine, 1968, p. 522-524. «Le style et la versification dans ce mystère sont détestables : il est tout rempli d'allitérations recherchées et fastidieuses. Le fond est aussi faible que la forme [...]. L'œuvre est d'un bout à l'autre ennuyeuse : on n'y trouverait pas plus un bon vers qu'une seule situation un peu dramatique. On n'a d'ailleurs pas la preuve qu'elle ait jamais été représentée», p. 524.

[2]   Le texte est disponible à la Bibliothèque Nationale en épreuves photographiques et en microformes (R 23052).

fils aîné (Paris, 1783), cet imprimé in-quarto porte le n°
3319. On trouve sur la page de titre et sur le dernier feuillet
l'estampille de la Bibliothèque Royale[3].

Il n'est pas daté mais le dernier feuillet se termine par le
colophon suivant: «*Cy finist ce present mistere de saint
Dominique. Nouvellement imprimé a Paris par Jehan Trepperel, libraire et imprimeur, demourant en la Rue Neufve
Nostre Dame a l'enseigne de l'Escu de France*».

Grâce aux dépouillements de Philippe Renouard[4], nous
savons que Je(h)an Trepperel meurt en juin 1511 ou 1512.
La plupart des livres à son nom ou à sa marque étant sans
date, il est difficile de fixer les limites de son exercice; le
dernier livre daté à son nom est du 12 juin 1511, le premier
daté au nom de sa veuve, du 17 septembre 1512. Jean Trepperel exerça d'abord à «*l'ymaige sainct Laurens*», sur le
pont Notre-Dame. Après la chute du pont, en octobre 1499,
il s'établit momentanément «*Rue de la Tainerie en l'enseigne du Cheval noir*», puis «*a la Rue sainct Jacques aupres
sainct Yves a l'enseigne sainct Laurens*», et à partir du 31
mai 1504, il signe «*Rue Neufve Nostre Dame a l'enseigne de
l'Escu de France*». Notre texte a donc été imprimé entre
1504 et 1512.

Le livre in-quarto comprend 38 feuillets à deux colonnes, signés A-G (alternance de cahiers 8/4), de 38 lignes
(exceptionnellement 39) en petites gothiques bâtardes, et
trois xylographies.

---

[3]   Il possède une reliure de maroquin rouge du XVIIIe siècle, avec
dentelles, ornée de très beaux fers «à l'oiseau», peut-être dus à Derome le
Jeune. Nicolas-Denis Derome, né le 1er octobre 1731, succéda à son père
en 1760 et se fit recevoir maître le 31 mars de l'année suivante; en effet,
son nom est associé à l'image de l'oiseau aux ailes déployées qui caracté
risa en dorure les compositions bien connues de ce relieur. L'intérieur est
doublé de tabis bleu.

[4]   Philippe Renouard, *Répertoire des Imprimeurs parisiens, libraires,
fondeurs de caractères et correcteurs d'imprimerie depuis l'introduction de
l'Imprimerie à Paris (1470) jusqu'à la fin du seizième siècle*, Paris, M. J.
Minard, 1965, p. 413-414.

[A.i.], A.ii., A.iii. [A.iiii.], [A.v.], [A.vi.], [A.vii.], [A.viii.]
– vignette – B.i., B.ii., B.iii., [B.iiii.], C.i.,´ C.ii., C.iii.
– vignette – C.iiii., [C.v.], [C.vi.], [C.vii.], [C.viii.], D.i., D.ii.,
D.iii, [D.iiii], E.i., E.ii., E.iii., [E.iiii.], F.i., F.ii., F.iii., [F.iiii.],
G.i., G.ii., G.iii., [G.iiii.], [G.v.], [G.vi.]

La page de titre est illustrée d'une gravure sur bois, au
milieu, en bas, (6 sur 7,5 cm) qui présente saint Dominique
ceint d'une auréole, avec, à ses pieds, un chien portant la
torche enflammée dans la gueule[5]; il tient un bâton pastoral
surmonté d'une croix à forme de croix de Malte de la main
droite et un livre dans la main gauche; deux colonnes styli-
sées forment le décor; dans une banderole, on lit: *s
do/minic[us]*. Cette même vignette figure sur la page de
titre au fol. B.i. (premier chapitre de la première partie,
colonne de gauche, au milieu) de *La legende de monseigneur saint D[om]inique, Pere et premier fondateur de
l'ordre des freres prescheurs Translatée de latin en françoys
Par venerable religieux et prescheur excellent frere Jehan
Martin dudit ordre et du couvent de Valenche[n]es*
(Imprimé, Paris, B.N. Réserve H 1032), dont le colophon
est identique à celui de notre texte: «*Imprimé nouvellement
a Paris par Jehan Trepperel libraire et imprimeur demourant
a Paris en la rue Neufve Nostre Dame a l'enseigne de l'escu
de France*» (sans date).

A ce propos, il faut préciser que l'imprimé de la *Legende*
est illustré de quarante xylographies, dont certaines sont
reprises deux, voire trois fois. Ces bois ont certainement été
gravés pour la *Legende* de saint Dominique; les sujets sont

---

[5] Ce chien que la mère de saint Dominique aurait vu, en songe, sortir de son sein signifierait «le grand prédicateur qui enflammerait le
monde de sa charité» (Jourdain de Saxe, *Libellus de principiis ordinis
Prædicatorum*, éd. M. Ch. Scheeben, MOPH XVI, Rome, 1951, n° 5 (cité
Libellus avec indication des paragraphes numérotés). L'image est empruntée à *Vita IIa* [S. Bernardi] *auctore Alano*, PL 185, 470. Voir la reproduction de la p. 8.

trop spécifiques pour être interchangeables, comme cela était communément le cas chez les imprimeurs du début du XVIᵉ siècle.

Le feuillet B.i., – colonne gauche, en haut –, est illustré d'une xylographie (5,5 sur 6,5 cm), dont le filet inférieur a en grande partie disparu. Elle montre le pape étendant les bras vers Dominique, revêtu de l'habit blanc et de la chape noire[6], dans une arcade stylisée ; à l'arrière, l'on distingue un évêque et plusieurs clercs. On peut supposer qu'il s'agit du pape Honorius III ; en effet, Dominique obtient de ce pape la confirmation de son Ordre par deux bulles du 22 décembre 1216, puis du 21 janvier 1227. Dominique, par l'entremise de son ami le cardinal Hugolin, fait recommander l'Ordre, par bulle pontificale, à tous les évêques (Fête de la Transfiguration 1218, ou peu après cette date). Cette même gravure sur bois se trouve avant le prologue de la *Legende* citée, dans un groupe de quatre vignettes, fol. [A.i.v°], ainsi qu'à la fin du quatrième chapitre de la deuxième partie, fol. [R.i.v°], dans le même groupe de quatre vignettes, et à la fin du quatrième chapitre de la troisième partie dans le groupe de quatre xylographies, au fol. [O.ii.v°].

La troisième vignette (5,5 sur 6 cm) de notre texte se trouve au feuillet C.iii. dans la colonne droite, en bas. Elle représente un religieux vêtu de l'habit blanc et de la chape noire, le capuchon sur la tête, en chaire, et quatre personnages discutant ; devant, à droite, on distingue très nettement un livre intact au milieu des flammes. Peut-on y voir la représentation du premier miracle de Dominique à Fanjeaux[7] ? Il faut noter que cette même vignette se trouve dans

---

[6]   Sur l'interprétation symbolique de l'habit blanc et de la chape noire vers 1260 : *Tractatus de approbatione ordinis Fratrum Prædicatorum, Archivium Fratrum Prædicatorum* (AFP), 6, 1936, p. 149-150.

[7]   « N'arrivant pas à se mettre d'accord sur la valeur des mémoires présentés par Dominique d'une part, les Cathares de l'autre, les arbitres des deux parties décident, à la manière médiévale, de s'en remettre au

la *Legende* au début de la première partie du chapitre second, fol. [C.i.] et au début du chapitre quatre de la première partie, fol. [C.ii.v°].

La lettrine initiale «S» de notre texte est ornée, dans sa volute supérieure, d'un diable cornu, dont la gueule ouverte produit un décor floral, et dans sa volute inférieure, d'un oiseau picorant les graines d'une fleur de tournesol. Quelques fragments significatifs du texte sont composés en grands caractères gothiques:

– Les huit lignes de la page de titre: *Sensuit ung miste/re de linstitucion de / Lordre des Freres / prescheurs Et co[m]me[n]/ce Sainct dominique Luy estant / a Ro[m]me vestu en habit de chanoy/ne Regulier. A xxxvi personnai/ges Dont les no[m]s se[n]suive[n]t cy apres*

– Au fol. [A.i. v°], l'introduction de l'*index personarum*: *Sensuit la table des noms des / personnages / Et premierement*, ainsi que la dernière ligne: *Sainct dominique co[m]mence*

– Au fol. A.ii., le vers initial: *Voyant le cours*

– Au fol [G.iii. v°], les deux lignes initiales du colophon: *Cy finist ce present mistere / de saint dominique Nouvel/*

Le reste du texte est composé en petites gothiques bâtardes.

Un regard sur la production de Jean Trepperel et de sa femme, qui lui succède dans l'exploitation de l'imprimerie[8], ne nous donne aucune indication d'un lien particulier avec les dominicains. Les intérêts de la maison Trepperel ne portent que sur des textes en langue vulgaire, avec une prédi-

---

'jugement de Dieu'. Le livret de 'l'homme de Dieu, Dominique', jeté par trois fois dans les flammes, ne se consume pas, tandis que le texte des hérétiques brûle instantanément.» (Jourdain, *Libellus*, n° 24 et 25).

[8]   Voir par exemple Brigitte Moreau, *Inventaire chronologique des éditions parisiennes du XVIᵉ siècle,* 1 (1501-1510), Paris, 1972.

lection pour le théâtre, ainsi que l'a bien démontré Eugénie Droz. Il est vrai que Trepperel s'est parfois associé à l'imprimeur Gaspard Philippe, davantage porté à publier des textes religieux comme l'*Imitatio Christi* ou ceux de Savonarole. Il est donc difficile de dire pourquoi Trepperel édite deux petits livres si liés à l'histoire des premiers temps des Prêcheurs.

L'HISTOIRE

De l'histoire au récit

La fondation de l'ordre dominicain

Même si les historiens de la longue durée, lorsqu'ils traitent des fondations des ordres mendiants au début du XIIIe siècle, les incluent maintenant dans le grand mouvement de la réforme grégorienne qui renouvelle l'Eglise latine à partir de la seconde moitié du XIe siècle, c'est toujours leur nouveauté qui étonne. Chez Dominique de Caleruega comme chez François d'Assise se manifestent une perspicacité quant aux requêtes et aux besoins de leur époque, aussi bien qu'une audace institutionnelle, surtout chez le fondateur des Frères Prêcheurs, et une consonance avec les nouvelles structures sociales qui se mettent en place à l'époque.

Le début du XIIIe siècle est marqué en effet par l'émergence d'une société urbanisée, née de la grande vague démographique qui a déferlé sur l'Occident. Ces villes se situent en marge des structures féodales, constituées en Occident sur un monde rural et, en ce sens, elles retournent à la norme de l'Empire romain bâti sur les capitales, les places d'armes et les marchés aux carrefours des grandes voies dont il a quadrillé l'Europe. Les communes italiennes et leurs gouvernements patriciens et rivaux sont le symbole de cette émancipation par rapport au réseau de vassalités

nées sur les ruines de cet Empire romain. Un phénomène
parallèle s'accomplit avec l'établissement des corporations
de métiers mais surtout avec la constitution des Universités
trouvant leur identité institutionnelle grâce à la Papauté et
aux monarchies nationales qui, elles aussi, surtout en
France et en Angleterre, deviennent des partenaires puis-
sants et organisés dans la chrétienté. Les figures du pape
Innocent III à Rome, de Philippe-Auguste en France et de
Richard Cœur de Lion en Angleterre personnifient cet avènement de l'âge monarchique.

On peut concevoir combien les juristes, et bientôt les
légistes, jouent un rôle important dans la consolidation de
ces diverses entités, qu'elles soient communales, princières, royales, corporatives ou universitaires. Les spécialistes des deux droits (*utriusque juris*), le droit canon et le
droit civil, sont des personnages dont la compétence
devient indispensable. C'est ce qui explique dans ce Mystère le prestige de «Saint Regnault». Si Rome et Paris sont
les lieux d'expérimentation de ces nouveautés juridiques,
la faculté de droit de Bologne en est le laboratoire. On ne
s'étonnera pas que, même s'ils sont vus trois siècles après,
ces hauts lieux soient évoqués dans notre texte. Avec un
épisode burlesque qui a lieu à Bologne, la scène se passe à
Paris et à Rome, respectivement le lieu du pouvoir monarchique français et de la plus prestigieuse faculté de théologie, et le centre de la chrétienté où résident le pape, les cardinaux, mais où aussi se réunissent les évêques en concile
dans la «cathédrale» de Rome qu'est la basilique du
Latran.

Universitaire, chanoine – et par là lié à l'école cathédrale – , et enfin religieux mendiant, c'est le bienheureux
Réginald d'Orléans qui est au centre de l'action, pour des
raisons que nous tenterons d'élucider. L'auteur du Mystère
déplace donc l'axe historique traditionnel de «l'institution»
des Prêcheurs. Dans quelle mesure les «acteurs» qu'il
représente sur la scène correspondent-ils à ceux que l'histoire nous révèle?

Les acteurs de la fondation des Prêcheurs

Le premier et plus solide témoignage écrit sur la fondation des Frères Prêcheurs ne met lui-même en scène que progressivement la figure de saint Dominique[9]. D'après le *Libellus de principiis ordinis prædicatorum*[10], rédigé dans un beau latin par Jourdain de Saxe, premier successeur du fondateur en 1221, texte remis en valeur par Jacques Echard au début du XVIIIe siècle et dont l'authenticité, la véracité et le souci du détail, ont été depuis lors éprouvés et certifiés, un rôle considérable doit être accordé à deux évêques. Diego d'Osma en Vieille Castille – Diègue selon la tradition française – le réformateur du chapitre de sa cathédrale, et ensuite Foulques de Toulouse.

C'est bien parce que Diègue d'Osma († 1207) est envoyé en ambassade en Scandinavie, et qu'il se fait accompagner par Dominique, le sous-prieur de son chapitre, que les deux hommes arrivent à prendre conscience des besoins de la chrétienté, sans doute ignorés dans l'atmosphère un peu confinée de la *Reconquista* sur l'Islam en Espagne. En parcourant verticalement l'Europe d'abord en 1203, puis en 1205 et 1206, Diègue et Dominique découvrent les exigences missionnaires d'une réévangélisation des contrées tombées sous l'influence des Cathares, et à un moindre degré des Vaudois, d'une part, et de l'autre, celle de la mission aux peuples païens qui se sont installés dans le Nord de l'Europe, particulièrement en Prusse septentrionale.

Devant cette double tâche, les voyageurs se tournent vers le pape Innocent III qui leur indique comme priorité la plus urgente de purger la chrétienté de l'hérésie grandissante. Ils rejoignent alors la légation cistercienne qui s'employait en vain en pays de Languedoc et arrivent à la revitaliser par un appel à se débarrasser de tous les signes de la

---

[9]   M.-H. Vicaire, *Histoire de saint Dominique*, 2 vol., Paris, Le Cerf, ²1982.

[10]   Voir note 5.

richesse au nom de la pauvreté évangélique, reprenant ainsi – en la redressant – la revendication des hérétiques eux-mêmes.

Diègue retourne en Espagne en novembre 1207 et Dominique devient responsable de cette entreprise de prédication. Malgré certains succès, surtout auprès des Vaudois dont une partie rejoint la grande Eglise, cette réévangélisation devient si difficile qu'elle est relayée par la croisade décrétée contre les Albigeois. Les barons du Nord, qui se sont empressés à cette opération «de paix et de foi», sont vainqueurs à Muret le 12 septembre 1213 et peuvent s'attribuer les terres méridionales.

Dominique qui a réconcilié des femmes cathares et fondé pour elles un premier monastère à Prouille, non loin de Carcassonne, n'a pas cessé de prêcher en Lauragais. Il est rejoint par quelques compagnons dont des Toulousains qui lui promettent obéissance. Ce petit groupe s'installe à Toulouse en avril 1215 sous la protection de l'évêque Foulques, un ancien troubadour, qui encourage la prédication des premiers frères et se fait accompagner par Dominique au concile du Latran IV.

Ainsi deux évêques, Diègue puis Foulques, ont donné à Dominique un premier élan. Ensuite ce sont les papes qui vont établir, reconnaître, approuver et favoriser un ordre religieux «qui serait et s'appellerait des Prêcheurs». Le grand Innocent III, d'abord, qui a réuni le concile du Latran IV, si décisif pour la vie ecclésiale médiévale. Puis son successeur, en juillet 1216, Honorius III qui, en 1217, confirme le nom et la misssion des premiers Prêcheurs et, l'année suivante, les recommande à tous les évêques de la chrétienté. A Rome, Dominique bénéficie de l'amitié et de la protection d'un parent d'Innocent III, Hugolin de Segni, évêque d'Ostie, qui apparaît aussi dans l'histoire franciscaine. La Papauté reconnaît aux frères réunis par Dominique un rôle qui dépasse le seul diocèse d'origine.

Entre temps en effet, le 15 août 1217, Dominique, par une décision que ses contemporains jugèrent étonnante,

voire imprudente, disperse son petit groupe de frères ras-
semblés à Toulouse vers les hauts lieux de la chrétienté
comme Paris ou Bologne, centres les plus prestigieux des
Universités, et aussi en Espagne, sa patrie. Sont envoyés en
particulier à Paris le frère Matthieu de France, à qui,
quelque temps, on donna le titre d'abbé, Bertrand de Garrigue, de Toulouse dont il sera le premier provincial, et le
propre frère de sang de saint Dominique, Mamès. Notre
Mystère donne un rôle, d'ailleurs anachronique, aux deux
premiers. Ce petit groupe de frères s'installe d'abord dans
l'île de la Cité puis, au début d'août 1218, dans un hospice
Saint-Jacques qui deviendra ainsi le couvent des «Jacobins», nom par lequel on désignera ensuite le plus souvent
les dominicains en quelque lieu qu'ils se trouvent.

Selon le *Libellus* de Jourdain de Saxe, Dominique se
rend à Rome et c'est là qu'il fait une recrue de choix, Réginald d'Orléans. Celui que notre texte appelle «Regnault»
était doyen de l'importante collégiale de Saint-Aignan
d'Orléans depuis 1212[11]. Il avait enseigné le droit canon à
Paris pendant cinq ans. On sait qu'il s'est rendu en Albigeois en 1214 et qu'il a donc connu l'importance de l'influence cathare.

C'est en se rendant en pèlerinage à Jérusalem qu'il
tomba malade à Rome. Par l'intermédiaire du cardinal
Hugolin, il rencontra saint Dominique et l'entendit prêcher.
Il se trouva miraculeusement guéri par le Vierge Marie
après avoir fait promesse à Dominique d'entrer dans le
nouvel ordre des Prêcheurs s'il recouvrait la santé.

Après avoir finalement accompli son pèlerinage en
Terre sainte, Réginald, devenu dominicain, fut envoyé par
le fondateur à Bologne où sa prédication attire dans la nouvelle communauté nombre d'étudiants, mais aussi des

---

[11]   Doinel, «Notice sur le décanat du bienheureux Réginald d'Orléans», *Mémoires de la société archéologique et historique de l'Orléanais,*
18 (1884), p 47-69.

maîtres connus comme Monéta et Roland, tous deux originaires de Crémone. Il gagna ensuite Paris où saint Dominique le constitua comme son vicaire personnel sur le couvent Saint-Jacques. Il y eut le même rayonnement, qui influa sur le recrutement des jeunes frères. C'est à Paris que Jourdain de Saxe a connu Réginald, après avoir été lui-même «converti» par le récit de sa guérison miraculeuse. Le successeur de saint Dominique a été reçu à la profession par Réginald avec son ami Henri de Cologne. C'est pourquoi il lui consacre quelques paragraphes de son petit livret sur les origines de l'Ordre (*Libellus,* 56-66), rappelant avec émotion sa mort, le 12 février 1220, et son enterrement à Notre-Dame-des-Champs, «car les frères n'avaient pas encore de lieu de sépulture». Jourdain ajoute un récit qui a toute la saveur de l'authenticité: «Frère Matthieu qui avait connu Réginald dans le siècle, glorieux et difficile dans sa délicatesse, l'interrogea parfois avec étonnement: 'N'avez-vous pas quelque répugnance, maître, à cet habit que vous avez pris?' Mais lui, baissant la tête: 'Je crois n'avoir aucun mérite à vivre dans cet Ordre, répondit-il, car j'y ai toujours trouvé trop de joie'» (*Libellus* , 64).

L'allusion à l'habit est significative et tient dans ce Mystère aussi une grande place. Jourdain de Saxe mentionne en effet que la Vierge Marie, qui a guéri Réginald, lui «montre tout l'habit de l'Ordre»(57). La tradition dominicaine a voulu retenir que c'est la Mère de Dieu elle-même qui fit abandonner aux frères le surplis canonial qu'ils portaient alors, pour le remplacer par un scapulaire. Cet épisode est bien mis en valeur dans notre texte qui accentue l'importance de Regnault dans la fondation. Certes, ce fut une recrue prestigieuse mais il est difficile de lui attribuer le rôle décisif au moment de la fondation dont il est ici gratifié. Il est vrai que saint Dominique lui-même fit connaître à Paris ce «remarquable miracle» de l'apparition de la Vierge, qui est comme une sorte de consécration mariale de l'ordre des Prêcheurs (*Libellus*, 57). Jourdain de Saxe accorde une grande importance à la personnalité de Réginald, multipliant les citations bibliques, pour décrire sa prédication et allant jusqu'à le comparer au prophète Elie[12].

Etabli en Italie à partir de juillet 1219, saint Dominique s'employa à consolider son œuvre. Il réussit à le faire avec la collaboration des frères par la tenue de deux chapitres tenus à Bologne à la Pentecôte 1220 et 1221. Ces assemblées élaborèrent une législation fort complexe mais équilibrée qui, inspirée par celle de l'ordre de Prémontré, en fit des adaptations très significatives du contexte urbain et d'une vocation plus active et intellectuelle. Ces Constitutions dominicaines, conçues à Bologne, capitale du droit médiéval, s'avérèrent tellement remarquables qu'elles furent imposées aux autres ordres mendiants au cours du XIIIe siècle.

Saint Dominique continua sa prédication en Lombardie et en Vénétie en une campagne contre l'hérésie, supervisée par son ami le cardinal Hugolin. Pour mener à bien cet apostolat, Honorius III lui confia la direction d'un groupe de religieux issus de plusieurs Ordres. Mettant en œuvre le principe de pauvreté radicale et mendiante auquel il s'était rallié, Dominique mena une vie si frugale et épuisante qu'il mourut à Bologne le 6 août 1221, sans presque s'être arrêté dans sa prédication. C'est Hugolin qui célébra ses obsèques et qui, douze ans plus tard, devenu le pape Grégoire IX, le canonisa.

Le Mystère ici présenté met bien en scène les différents protagonistes des début de l'ordre dominicain: Innocent III, le cardinal Hugolin, – même s'ils ne sont pas désignés par leurs noms – , saint Dominique, Matthieu de France et Bertrand de Garrigue, mais c'est pratiquement Réginald d'Orléans qui a le premier rôle. Les raisons doivent en être trouvées, selon nous, dans l'histoire dominicaine du XVe et du début du XVIe siècle.

---

[12] « Son éloquence était d'un feu volant (Ps 118, 140) et son discours comme une torche ardente (Sir 48,1, décrivant Elie). Bien peu de gens avaient un tel roc dans le cœur qu'ils pussent se dérober à l'action de son feu.» (*Libellus,* 58).

L'ordre dominicain à la fin du XVᵉ siècle

Les exigences de la réforme

Comme toute institution, l'ordre dominicain subit un certain nombre de crises après la génération des fondateurs. La première vint de l'extérieur. C'est, au milieu du XIIIᵉ siècle, le conflit qui l'opposa aux clercs séculiers de l'université de Paris, sous l'impulsion de Guillaume de Saint-Amour. Cette querelle se déroula sur un fond d'intérêts concurrents et d'ecclésiologies divergentes. La tradition littéraire s'en fait écho, notamment dans le *Roman de la Rose* et chez Rutebeuf[13].

Mais au XIVᵉ siècle naît une autre crise à l'intérieur d'un corps que ne soutient plus la ferveur des commencements. Le nombre grandissant de frères a paradoxalement entraîné ce malaise. Des signes de fatigue se font sentir. Une certaine «vie privée» se développe au détriment des observances communautaires, même si elle se justifie par la généralisation du principe de la «dispense», en effet prévue par les Constitutions pour l'apostolat et pour l'étude. Ainsi, à cette époque, les dominicains qui ont des grades universitaires et la charge d'un enseignement bénéficient-ils de véritables privilèges qui les préservent des obligations de la vie commune.

Le contexte général du XIVᵉ siècle avec ses guerres, ses famines et surtout ses épidémies portent un coup considérable à la vitalité spirituelle de l'Ordre, obligé, pour maintenir ses lieux d'implantation, de recruter des sujets trop jeunes et aussi moins motivés. C'est alors que de l'intérieur un redressement se fait sentir autour des années 1300, en particulier à Colmar et à Venise. Mais c'est surtout l'influence remarquable de sainte Catherine de Sienne, qui est

---

[13] Le *Roman de la Rose*, p. p. F. Lecoy, t. 2, Paris, 1966, (CFMA), v. 11453 sq. Rutebeuf, *Œuvres complètes*, p. p. E. Faral et J. Bastin, Paris, Picard, 1977, t. 1, p. 227-407.

le levier le plus puissant de la réforme, surtout en Italie. Son rayonnement permet à son disciple, Raymond de Capoue, de faire traverser à l'ordre dominicain la crise du Grand Schisme d'Occident (1378-1417), même si, comme les autres familles religieuses, il est à un moment dirigé par deux têtes d'obédience différente.

Au XVe siècle, on parle partout de réforme dans l'Eglise mais l'unité de l'Ordre est menacée d'une autre manière lorsque les observants doivent cœxister avec les «conventuels» qui, invoquant de bonnes raisons apostoliques ou intellectuelles, ne désirent pas modifier le statu quo.

L'organisation de vicariats généraux puis de «congrégations» arrive à maintenir une unité juridique mais pose de nombreux problèmes de rivalité en Italie et en France. Dans ce dernier pays, la situation est particulièrement grave en raison de la Guerre de Cent ans mais aussi du pillage auquel se livrent les «Grandes compagnies». Après la reconstitution de l'unité ecclésiale effectuée par le concile de Constance, il existe trois provinces dominicaines sur l'actuel territoire français: la province de Toulouse, fondée par saint Dominique; celle de Provence qui s'en est détachée en 1301, et celle de France qui va, au-delà de la juridiction royale, de Liège à Angoulême et de Quimper à Nancy. La Provence donne à l'Ordre deux de ses Maîtres, supérieurs généraux: d'abord Barthélemy Texier, entre 1426 et 1449, qui tente quelques expériences de réforme autour de 1430, spécialement à partir du couvent d'Arles; et ensuite Martial Auribelli qui gouverne l'Ordre de 1453 à 1462 puis de 1464 à 1473.

Le Maître Auribelli s'opposa à une législation qui aurait fini par donner trop d'indépendance aux Congrégations réformées. Cela ne signifiait nullement qu'il était un adversaire de l'observance et de l'indéniable renouveau spirituel qui l'accompagnait. Ainsi encouragea-t-il par exemple les couvents des Pays-Bas, qui avaient repris la vie régulière sous l'influence des observants d'Allemagne. C'est lui également qui, en 1457, demanda au couvent de Lille de se réformer. Il nomma pour ce faire Jean Uytenhove, du couvent de Gand, comme vicaire des maisons observantes dans les territoires soumis au duc de Bourgogne. Ce fut là le noyau de la «Congrégation de Hollande»[14], érigée canoniquement par Conrad d'Asti, successeur intérimaire d'Auribelli. Les couvents de Lille, Gand, Bruxelles, et aussi celui de Douai où naquit en 1470 la première Confrérie du Rosaire instituée par Alain de la Roche, originaire du couvent de Dinan, appartenaient en principe à la Province de France, mais se trouvaient englobés dans la Congrégation dite de Hollande. Cette dernière réussit à étendre la réforme à d'autres lieux comme Chambéry, Guérande, Rennes, puis Bruges et Evreux. Il y avait donc une juxtaposition de régimes juridiques et religieux qui rendait particulièrement difficile la vie dominicaine de cette époque. C'est le contexte dans lequel probablement le Mystère a vu le jour.

En juillet 1501 en effet, le Maître de l'Ordre, Vincent Bandelli, le propre frère de Matteo Bandello, l'auteur des *Nouvelles tragiques* qui lui-même fut dominicain de 1501 à 1506, demanda au Provincial de France, Antoine Pennet, d'entreprendre la réforme du couvent Saint-Jacques à Paris, lieu prestigieux de la fondation du XIIIᵉ siècle, premier *studium generale* de l'Ordre, qui, pour cette raison, accueillait des dominicains de toutes provinces. Comme rien ne se passa, Bandelli fit appel à la Congrégation de Hollande qui, nous l'avons vu, était en partie française.

Cette Congrégation était alors gouvernée par un Français, Jean Clérée, né à Coutances vers 1455, qui s'était affilié à la réforme en 1494. En 1497 puis en 1499, Clérée s'occupa de réformer le couvent de Troyes puis celui de Tours: il y parvint mais non sans disputes publiques ni sans procès. En 1502, Clérée rallia le couvent de Rouen et celui de Saint-Jacques à la Congrégation de Hollande. Pour le *studium* parisien, le chapitre de la Congrégation tenu à Metz

---

[14] Albert De Meyer, *La Congrégation de Hollande ou la réforme dominicaine en territoire bourguignon, 1465-1515*, Liège, Soledi, s.d.

donnait cette sage maxime: «que l'étude ne nuise pas à l'observance, ni l'observance à l'étude». Mais la mise en œuvre de la réforme, qui avait commencé par des rixes et autres voies de fait, prit quelques années. Pour ce faire, Jean Clérée fixa sa résidence à Saint-Jacques. Il avait l'appui du Maître de l'Ordre, du roi Louis XII dont il était le confesseur, et aussi du légat, le cardinal Georges d'Amboise. Clérée, qui fut élu à la tête de tout l'Ordre en juin 1507, mourut deux mois après. Il était arrivé également à réformer le monastère des dominicaines de Poissy[15] où, soixante ans plus tard, devait se tenir le fameux colloque avec les protestants.

Clérée fut remplacé comme Maître de l'Ordre par Thomas de Vio, dit Cajetan, le grand théologien thomiste, futur contradicteur du concile «gallican» de Pise avant d'être celui de Luther. Cajetan soutint l'observance et prit des mesures fermes et claires. A Saint-Jacques, il exigea que seuls les religieux de l'observance aient voix pour élire un Prieur qui devait s'y être aussi rallié.

Après s'être lancé dans l'aventure sans lendemain du concile «gallican» de Pise-Milan, ouvert en novembre 1511 et dissous piteusement un an après, le roi Louis XII fit savoir au Pape qu'il ne pouvait plus tolérer que des couvents dominicains français fussent gouvernés par un étranger, c'est-à-dire le vicaire général de la Congrégation de Hollande, qui pouvait être un sujet du gouvernement des Pays-Bas, alors exercé par la Gouvernante, Marguerite d'Autriche.

Le roi de France obtient des dominicains que se constitue une Congrégation gallicane comprenant les vingt-quatre couvents des territoires soumis à sa juridiction[16].

---

[15]   Voir, sur la réforme de Saint-Jacques et celle des sœurs de Poissy, Augustin Renaudet, *Préréforme et Humanisme à Paris (1494-1517)*, Paris, [2]1953, p. 328; 450-452.

[16]   Antonin-Daniel Mortier, *Histoire abrégée de l'Ordre de Saint-Dominique en France,* Tours, Mame, 1920, p. 191-194.

Léon X tranche le conflit en faisant, en octobre 1514, séparer officiellement la Congrégation de Hollande en deux entités: la Congrégation gallicane réformée – qui reçut des statuts propres en 1518 – et une province de Germanie inférieure. Cette Congrégation gallicane, qui, religieusement, se situait dans l'observance en se distinguant de la Province de France, eut un rayonnement que François Ier, dès son avènement, favorisa.

Puisque notre texte a été imprimé entre 1504 et 1512 à Paris, il devrait en principe, à supposer qu'il soit contemporain de son édition, se situer dans ce contexte. De quel côté se trouve l'auteur anonyme de ce Mystère? On peut répondre sans trop hésiter: il doit être observant et partisan de la Congrégation gallicane en voie de préparation, ce qui permet de formuler l'hypothèse d'une date d'impression, qui se situe plutôt dans les deux dernières années de l'activité de Jean Trepperel, soit 1511 ou 1512. Ne peut-on expliquer l'importance donnée au bienheureux Réginald dans «l'institution» de l'Ordre lui-même, à côté de saint Dominique, le fondateur, comme un rappel des origines françaises de l'ordre dominicain, et donc de la légitimité d'une Congrégation spécifiquement gallicane, au sens géographique du terme? Mais c'est aussi la lecture du texte, avec le mouvement même de l'action, qui peut nous fournir une indication sur ses intentions.

De la leçon au sermon

Une des grandes querelles entre observants et conventuels dominicains à la fin du XVe siècle porte sur les privilèges accordés aux grades universitaires. Les dominicains pourvus d'un grade en théologie – par exemple la maîtrise – avaient pris l'habitude de se faire dispenser de l'office commun au chœur, de se réserver les «termes», c'est-à-dire les territoires où ils avaient le monopole de la prédication dominicaine, d'avoir la propriété de biens et de revenus personnels, comme l'usage d'appartements à l'intérieur des bâtiments conventuels[17]. Ces abus, visibles aux yeux de tous, étaient choquants, non seulement parce qu'ils allaient contre la lettre et l'esprit des Constitutions, mais aussi parce qu'ils profitaient à des religieux qui, parfois, avaient obtenu leurs grades universitaires par faveur ou complaisance.

C'est pourquoi les observants voulurent supprimer ces privilèges. Mais parce qu'ils s'attaquaient aux grades, on voulut faire croire qu'ils en avaient aussi contre les études. La réputation d'anti-intellectualisme qui leur fut faite est un élément de la lutte contre la réforme. Cette équivoque ne commence à se dissiper qu'au début du XVIe siècle, à l'époque de la rédaction de notre texte, lorsqu'on voit les prédicateurs les plus connus et les plus lettrés comme un Guillaume Petit à Evreux, puis à Paris, dans le Saint-Jacques réformé par la Congrégation de Hollande, appartenir au courant nouveau de l'humanisme[18]. En 1512, Josse Clichtove, docteur en Sorbonne, tenu alors comme disciple de Lefèvre d'Etaples mais bon connaisseur de la scolastique, prononce le panégyrique de saint Thomas d'Aquin au couvent de la rue Saint-Jacques[19].

Or que voyons-nous dans ce Mystère imprimé vraisemblablement à la même époque par Trepperel? Dans la dernière scène, qu'on peut considérer comme l'apogée dramatique de l'œuvre, nous entendons saint Regnault, un Maître en «décret», habitué des leçons solennelles auquel le rituel universitaire donne un relief particulier et que nous avons vu enseigner auparavant ses «escoliers» sur la théologie de

---

[17]   Mortier, *op. cit.*, p. 162-163, et De Meyer, *op. cit.*, p. cxiv.

[18]   Marie-Dominique Chenu, «L'humanisme et la Réforme au collège de Saint-Jacques de Paris» *Archives d'histoire dominicaine*, Paris, 1946, p. 130-154.

[19]   Henri-Dominique Saffrey, «Un panégyrique inédit de S. Thomas d'Aquin par Josse Clichtove», *Ordo sapientiæ et amoris*. Hommage au P. Torrell, Fribourg, 1993, p. 539-553.

la pénitence, prêcher un sermon qui appelle à la conversion. Couvert de grades, si l'on peut dire, Regnault donne l'exemple du renoncement aux privilèges pour suivre la loi commune de la vie dominicaine à laquelle la Vierge Marie, par le miracle de la guérison, l'a elle-même conduit[20].

L'observance dominicaine par cet artifice dramatique, d'ailleurs fort bien trouvé, démontrait le bien-fondé d'une juste appréciation des grades universitaires qui s'effaçaient en quelque sorte devant l'obligation d'annoncer l'Evangile. Après avoir évoqué la Vierge Marie, le bienheureux Réginald se devait alors de rappeler la vocation primitive de son Ordre, cette «religion» instituée de Dieu, et qu'il faut aimer:

> Les Prescheurs sont present assis
> Pour semer la bonne semence:
> Car la divine Providence
> A ce faire nous a esleuz.
> Enfans, ne soyez point deceupz.
> Suyvez la predicacion,
> Aymés ceste religion
> Qui est de Dieu instituee,
> De la sacree Vierge impetree. (v. 4148-4156)

Notre conjecture historique, si elle est exacte, pourrait aussi nous faire penser que le Mystère est un texte écrit à l'usage interne à l'ordre dominicain. Il n'est pas invraisemblable qu'il ait pu être représenté à l'intérieur du couvent Saint-Jacques, avec un public de familiers ou d'amis du couvent, avec les rôles tenus par les frères eux-mêmes. Une telle mise en scène pourrait appartenir à ces «honnêtes distractions» durant les récréations, que même les règlements de l'austère Congrégation de Hollande permettaient d'organiser[21]. Dans le cas précis, un tel divertissement pouvait

---

[20] Le passage du vêtement doctoral – la didascalie du v. 1276 précise que Regnault est «abillyé richement comme un docteur an decret» – à l'habit religieux est à cet égard significatif.

[21] «Honesta exercitia seu ludi», («convocatio» de 1491) De Meyer,

également contribuer à conforter le corps tout entier dans
sa détermination religieuse. Dans cette hypothèse, il paraît
plausible que le rédacteur du Mystère soit lui-même un
dominicain. Peut-on l'attribuer au frère Jean Martin,
auteur de cette Légende que Jean Trepperel a imprimée à
la même période?

Le Mystère et la *Legende*

Par l'usage des mêmes vignettes, par le goût du dialogue
manifesté dans le texte de Jean Martin, par les titres versi-
fiés des chapitres de la *Legende*[22], les deux ouvrages peuvent donner l'impression d'une certaine parenté. Il paraît
difficile cependant d'attribuer à Jean Martin la paternité de
ce Mystère.

En premier lieu, on ne voit guère la raison pour laquelle
il aurait signé de son nom un premier ouvrage et non point
l'autre. En outre, son activité de *lector principalis* au couvent de Douai, agrégé à la Congrégation réformée de Hollande, puis de prieur du couvent de Valenciennes de 1474 à
1479, et sa carrière jusqu'à sa mort «aux calendes de mai
1495», ne nous donne pas d'élément pour lui attribuer ce
talent de fatiste.

Bien plus, le contenu de la *Legende*, qu'il a peut-être
traduit mais dont il a aussi rassemblé les éléments, montrent des préoccupations différentes, sensibles à travers les
genres littéraires utilisés. On trouve d'abord dans la
Legende une collection de miracles et des «récits mer-

---

op. cit., p. 178. Hervé Martin, *Le Métier de Prédicateur à la fin du Moyen
Age (1350-1520)*, Paris, Cerf, 1968, p. 582, évoque le cas de prêcheurs qui
composent ou font représenter des mystères: «Ces religieux font bénéficier les frères de leurs communautés de leur expérience théâtrale».

[22]   Jean-Daniel Balet, «*La Legende de Monseigneur saint Dominique,
translatée de latin en françoys par venerable religieux et prescheur, excellent
frere Jehan Martin*», *Mémoire dominicaine*, 4, 1994, p. 41-62.

veilleux» tirés d'Alain de la Roche, le propagateur du
Rosaire. Il y a ensuite un écrit d'édification qui devient une
sorte de méthode spirituelle. Les préoccupations morales
de la *Filia* permettent au *Pater* de dicter des comportements fondés sur l'Evangile, l'enseignement des Pères et les
«exemples des saints». A la source de cette démarche se
trouve l'imitation de saint Dominique[23].

Même si cet écrit doit être aussi replacé dans l'émula-
tion – ou la lutte – entre observants et conventuels du Nord
de la France, la perspective est – semble-t-il – différente, en
particulier dans le rôle accordé à saint Dominique. Le Mystère, on l'a vu, met au centre de l'action dramatique le bienheureux Réginald d'Orléans, qui est mentionné dans la
Legende, mais sans rapport avec la fondation de l'Ordre[24].
Ce dernier texte, pourtant, connaît bien et utilise les *Vitæ
Fratrum* de Gérard de Frachet, même s'il les attribue à son
préfacier, Humbert de Romans. Ce texte des «*fioretti* dominicains», composé autour de 1258, fait quelques allusions à
Maître Réginald, mais ne lui accorde qu'un rôle très discret
(I,5, III,2), tandis que le Mystère semble s'appuyer sur le
Libellus de Jourdain de Saxe.

A l'inverse, alors que la Vierge Marie joue un rôle si
important dans le Mystère à la suite de la tradition dominicaine[25], c'est d'une manière bien différente de celle de la
Legende, qui axe sa dévotion mariale sur le Rosaire et,
d'une manière générale, sur l'enseignement de «venerable
religieux, docteur en theologie de sainte memoire, maistre
Alain de la Roche, homme plain de devotion et ver-
tueux»[26]. On sait que ce dominicain voyait dans la récita-

---

[23]   *Ibidem*, p. 56.

[24]   Jehan Martin précise clairement que le miracle qui rend la santé
au bienheureux Réginald a lieu «ung peu après l'institucion et confirmacion de l'ordre» (éd. cit., fol. 102 r°- 103 v°).

[25]   André Duval, «La dévotion mariale dans l'Ordre des frères prêcheurs», *Maria. Etudes sur la Sainte Vierge*, II, Paris, 1952, p. 738-782.

[26]   *Legende*, éd. cit., fol. A 3 r°.

tion du Rosaire, qu'il prêcha jusqu'à sa mort en 1475, un instrument nécessaire à la rénovation spirituelle de son temps. L'absence de toute référence au Rosaire dans notre Mystère laisse entendre qu'il a été composé dans un autre contexte. On a peine à imaginer qu'un auteur dramatique se soit passé du recours au «Psautier de la Vierge», si cette dévotion avait été intégrée à sa vie quotidienne comme c'est le cas dans les régions où fleurirent les premières confréries du Rosaire qui, après Douai, se constituent à Cologne et à Lille. Il semble donc que l'auteur anonyme du Mystère ait été plus proche du milieu dominicain parisien, et on peut pencher pour un frère de Saint-Jacques ou au moins un personnage qui a eu une bonne connaissance de ce couvent.

Sans doute pouvons-nous évoquer, pour distinguer les deux textes à l'intérieur même de la Congrégation réformée, une différence qui est d'ordre politique autant que géographique. Le milieu de Jean Martin, c'est le couvent de Valenciennes dans lequel, l'année précédant son élection priorale, s'est tenu en mai 1473 le XIIe chapitre de la Toison d'Or conduit par Charles le Téméraire, «grand duc d'Occident»[27].

On peut supposer que le Mystère a été conçu dans un climat tout différent, celui de la monarchie française, dont saint Louis est le symbole, lui, le grand protecteur des frères de Saint-Jacques à qui il offrit une partie de leur église. N'est-ce pas précisément dans cette église que reposent tant de dépouilles princières et royales, mais surtout le cœur de Charles, le frère du roi saint Louis, comte d'Anjou et roi de Sicile, qu'un monument et un gisant signalaient à droite de l'autel de la chapelle du Rosaire[28]? Le roi Charles VIII ne s'était-il pas lancé dans l'aventure des guerres d'Ita-

---

[27] Vincent Maliet, *Histoire et archéologie du couvent des Dominicains de Valenciennes*, édition du Musée de Valenciennes, 1995, p. 95-104.

[28] *Les ordres mendiants à Paris*, Paris-Musées, 1992, p. 26-49.

lie pour revendiquer son héritage napolitain qui lui venait
de Charles d'Anjou? Il y a sans nul doute un attachement
des Jacobins de Paris à la monarchie française, symbolisée
par le rôle de confesseurs royaux remplis par Jean Clérée et
par Guillaume Petit, contemporains de ces deux textes.

Nous nous trouvons en effet devant deux textes impri-
més par le même Jean Trepperel, et qu'on a pu unir dans
une même reliure, mais bien divers dans leur perspective.
La *Legende*, enracinée dans le renouveau spirituel des
Flandres et de l'invention de la piété populaire du Rosaire,
d'une part, et, selon notre hypothèse, le Mystère, issu de la
réaction observante qui veut redonner à Saint-Jacques de
Paris son rôle de prédication intellectuelle et religieuse sous
la protection de la monarchie française, d'autre part, anticipent de quelques années, peut-être de quelques mois, la
division de la Congrégation de Hollande, qui aura permis
au Nord de la Loire, d'accomplir au cours du XVe siècle une
réforme durable de l'ordre dominicain. Mais n'est-il pas
significatif que les deux textes effectuent un même retour
aux origines de l'Ordre, et anticipent au fond déjà, à leur
manière, l'appel humaniste *ad fontes*?

G. B.

UNE LECTURE DE L'HISTOIRE
À L'USAGE DU TEMPS PRÉSENT

Structure globale

A. Le monde comme il va

1. Monologue de saint Dominique: le monde court à sa
   perte (v. 1-43)

2. Saint Dominique témoin des méfaits d'Obstinacion, qui
   bande les yeux des trois états du monde: Eglise,
   Noblesse et Labour (v. 44-122)

3. Ballet des trois états aveuglés et contents (v. 123-186)

4. Monologue de Sathan (v. 187-238)
5. Dialogue entre Sathan et sa fille Heresie (v. 239-366)
6. Les méfaits d'Obstinacion, qui entretient les états dans leur aveuglement (v. 367-384)
7. Saint Dominique, témoin de la colère divine, en appelle à la Vierge (v. 385-452)

Cette première partie se distingue par la dominante allégorique qui l'apparente étroitement au registre de la moralité. A l'exception de Dominique, tous les personnages qui l'animent sont des abstractions personnifiées. Dieu et Sathan peuvent être considérés à cet égard comme des figures ambivalentes, dans la mesure où ils appartiennent parallèlement au monde de la moralité et à celui du mystère.

On remarquera d'emblée la spécificité du personnage de Dominique qui n'intervient qu'à titre de témoin. Sa parole n'excède jamais les limites du monologue, même lorsqu'il se trouve en présence d'un autre personnage. Il n'y a donc pas de véritable communication entre le plan des réalités temporelles, dont il est pour l'instant l'unique figurant, et celui de l'univers allégorique ou de la réalité surnaturelle. Allégorie et *mimesis* entrent ici dans un rapport de simple juxtaposition, comme si le recours simultané aux deux types de représentation s'accompagnait d'une claire distinction des valeurs. En cela, l'*Institucion* se démarque d'autres œuvres qui jouent également sur une combinaison entre l'allégorique et le mimétique: dans la *Vie de Monseigneur Saint Louis* de Pierre Gringore, par exemple, les héros antagonistes sont accompagnés chacun d'une allégorie tutélaire avec laquelle ils s'entretiennent le plus naturellement du monde: Oultraige et Bon Conseil ont aux côtés de l'empereur Frédéric et du roi saint Louis un double rôle de compagnons et de ministres.

Cette dissociation des deux manières est soulignée par un procédé formel non ambigu: les 452 vers de ce prélude constituent une suite ininterrompue de figures métriques. Procédé remarquable, qui aboutit non seulement à circonscrire ces scènes initiales dans un espace séparé, mais qui les revêt par la même occasion d'un prestige singulier.

Sous le regard d'un Dominique à la fois médusé et angoissé, l'allégorie déroule le spectacle du «monde comme il va». Sans doute, l'analyse qui sous-tend cette représentation pessimiste ou désabusée du réel ne s'encombre-t-elle pas de conceptions bien nouvelles: on reconnaît, dans la dénonciation des obstacles pervers où s'empêtre chacun des trois états, les accents coutumiers d'un ascétisme conventionnel. Cette première partie nous intéressera donc moins par la nature du propos qu'elle véhicule que par la valeur structurelle qui lui est dévolue: elle tisse la toile de fond sur laquelle se dessine la trajectoire de Dominique et de ses compagnons.

B. *La constitution de l'Ordre*

8. La vocation de Dominique, sur fond du débat entre Justice et Miséricorde (v. 453-608)

9. Dominique se met en quête de compagnons (v. 609-620)

10. Dialogue de Mathieu et Bertrand, les futurs disciples (v. 621-649)

11. Constitution de la première communauté (v. 650-795)

12. Dominique et ses deux compagnons décident d'aller se confier au pape (v. 796-819)

13. Entretien avec le pape, auquel Dominique confie son projet de fondation (v. 820-888)

14. Dominique et ses compagnons se mettent en oraison (v. 888-896: scène de transition)

15. Conseil du pape et de ses cardinaux (v. 897-940)

16. Vision accordée au pape durant son repos, à la prière de Dominique et grâce à l'intercession de la Vierge (v. 941-1045)

17. Le pape décide d'approuver solennellement le projet de Dominique (v. 1046-1123)

18. Dominique et ses compagnons se rendent à la cour pontificale (v. 1124-1137 : scène de transition)

19. Octroi de la bulle (v. 1138-1188)

20. Prière d'action de grâces à la Vierge (v. 1189-1210)

21. Saint Pierre et saint Paul sont envoyés auprès de Dominique en signe de confirmation céleste (v. 1211-1275)

Si le débat de Miséricorde et Justice qui inaugure cette section relève encore de l'allégorie, c'est essentiellement à titre de transition. L'évaluation pessimiste de l'état du monde se voit projetée dans une perspective dynamique : au statisme du constat initial se substitue la prise de conscience d'un destin dont l'enjeu est le salut ou la damnation. On objectera que cette dramatisation du réel constitue elle aussi une des bases de la moralité. Ici cependant, les abstractions exemplaires cèdent le pas à des personnages historiques qui, par définition, ne peuvent se contenter, pour répondre au défi des forces du mal, d'attitudes formelles et de discours convenus. Leur option se traduit dans le recours qu'ils adressent à Dieu, et surtout dans les déterminations et les actes qui prolongent leur prière.

Les voies du salut s'incarnent dans l'histoire : de la vision théorique et atemporelle, on est passé à la représentation mimétique d'événements enregistrés par la chronique. Cette modification essentielle s'inscrit dans la forme par l'introduction de l'octosyllabe à rimes suivies, qui constitue désormais le procédé métrique de base sur lequel se détachent des modèles strophiques aux valeurs expressives déterminées. On reconnaît dans une telle alternance la manière habituelle des fatistes. La correspondance étroite entre une option formelle et un mode de représentation du réel n'en est pas moins révélatrice : en substituant à la structure artificielle des strophes agencées la simple succession des rimes plates, l'auteur suggère, comme une nécessité, la durée répétitive dans laquelle prend racine l'événement du salut.

C. *La conversion de saint Regnault*

22. Entrée en scène de Regnault, en dialogue avec son chapelain (v. 1276-1325)

23. Annonce de la leçon magistrale de Regnault (« cri » du bedeau) (v. 1326-1366)

24. Prière d'intercession de Regnault pour le monde en proie à l'hérésie (v. 1367-1415)

25. Nouveau colloque céleste entre la Vierge et son Fils, au terme duquel ce dernier envoie Divine Inspiracion auprès de Regnault (v. 1416-1459)

26. Intermède des écoliers, célébrant la valeur de Regnault (v. 1460-1473)

27. Divine Inspiracion annonce à Regnault que sa prière est exaucée, en même temps qu'elle lui trace les grandes lignes de sa vocation (v. 1474-1509)

28. Derniers préparatifs de la leçon (v. 1510-1537)

29. Regnault interrompt son cours magistral par l'annonce de son prochain départ (v. 1538-1662)

30. Les adieux à l'université de Paris (v. 1663-1682)

31. Préparatifs du départ pour Orléans, où Regnault se rend en compagnie de son clerc et de son chapelain (v. 1683-1755)

32. Dialogue entre Heresie et Sathan qui reconnaissent en Regnault un adversaire de taille (v. 1756-1774)

Cette troisième section présente dans l'ensemble des caractères analogues à la précédente. La dominante d'une versification suivie qu'interrompent, au gré des nécessités expressives, des formules métriques plus ou moins élaborées, traduit une fois encore la primauté du fait historique. La réapparition de Sathan, Heresie et Obstinacion ne modifie en rien ce parti-pris. Dans le prélude allégorique, Dieu et Sathan désignaient avant tout les pôles extrêmes qui bornent l'espace de la liberté humaine. Ils relevaient donc essentiellement de l'allégorie. Mais dès l'instant où l'histoire investit la scène, leur fonction se modifie, puisque le temps humain se comprend comme le lieu de leur affrontement. Sans assimiler Dieu et Sathan à des «personnages historiques», on est donc en droit de les considérer comme des acteurs à part entière du drame que déroule le spectacle. Dans cette optique, Heresie et Obstinacion rejoignent le nouveau statut de Sathan, et s'assimilent aux figures infernales qui rôdent dans tous les mystères. On peut en dire autant de Divine Inspiracion, qui sera par la suite significativement désignée comme un ange.

La similitude de ces deux premières évocations historiques n'est cependant pas absolue. Sans entrer dans les détails, on peut d'emblée constater dans la trajectoire de Regnault des sinuosités que ne présentait pas la démarche beaucoup plus rationnelle de Dominique. Les scènes parisiennes intègrent de leur côté un charme pittoresque que l'on chercherait en vain dans l'austère discrétion dont s'accompagnent les faits et gestes de Dominique. Il y aura lieu de s'interroger sur le contraste entre ces deux variantes de la *mimesis* que nous désignerons, par commodité, comme «représentation élémentaire» et «représentation complexe».

D. La rencontre de Dominique et de Regnault

39. Dominique et ses compagnons constatent l'absence de tout progrès dans leur entreprise (v. 2090-2104)

40. Regnault et ses compagnons rencontrent le cardinal qui les introduira auprès du pape (v. 2105-2197)

41. Entrevue, ménagée par le cardinal, entre Dominique et Regnault qui se font mutuellement part de leurs vocations parallèles et décident de se revoir sous peu (v. 2198-2317)

42. Regnault et ses compagnons s'émerveillent de la rencontre providentielle (v. 2318-2331)

43. Dominique et ses compagnons font de même (v. 2332-2361)

Cette section réalise la convergence des mouvements inaugurés dans les deux parties précédentes. Nous sommes dans le registre de l'histoire, mais d'une histoire dont les voies apparaissent comme délibérément rectilignes: le hasard des heureuses coïncidences au terme desquelles les deux «fondateurs» se retrouvent face à face est à chaque fois reconnu comme un signe de la Providence. Tout est ainsi merveilleusement clair dans cette Rome idyllique où l'on aborde le pape presque sans intermédiaire, où l'on croise immédiatement celui que l'on espérait rencontrer, et où l'on se quitte sans laisser d'adresse, comme si ces facilités miraculeuses allaient se poursuivre indéfiniment.

Tel est cet univers béni, un peu en marge de la réalité commune, dont l'atmosphère singulière se traduit formellement par la multiplication de structures symétriques qui régissent des rapports humains où la cérémonie l'emporte sur la spontanéité. Cette précision du dessin, qui assimile chacune des entrevues à une sorte de chorégraphie légèrement empesée, relève d'une esthétique de l'épure. A cet égard, cette quatrième séquence présente l'équivalent d'un point d'orgue qui, sous peine de quelques aménagements thématiques, aurait pu être un point final. En réalité, les démarches parallèles des deux héros ne connaissent ici qu'un aboutissement provisoire: l'authenticité de leur vocation commune attend encore la confirmation de l'épreuve.

E. *Le miracle*

44. Regnault tombe malade et trouve refuge chez l'Hospitalier (v. 2362-2437)

45. Appel aux médecins du cardinal (v. 2438-2495)

46. Les compagnons de Regnault se lamentent à son chevet (v. 2496-2517)

47. Arrivée des médecins auprès de Regnault (v. 2518-2541)

48. A la demande de Regnault, le chapelain va chercher Dominique (v. 2542-2581)

49. Les médecins confirment leur diagnostic pessimiste, tandis que Dominique exhorte le malade à la confiance (v. 2582-2661)

50. Rapport des médecins au cardinal (v. 2661-2685)

On observe dans cette nouvelle étape un mouvement de retrait par rapport aux trois précédentes : aux projets hardis dont la réalisation s'engageait instantanément sous le signe du voyage succèdent la stagnation, l'agitation des allées et venues, la perplexité des consciences. L'intelligibilité parfaite des trajectoires en droite ligne s'effiloche dans les réactions désordonnées que suscite le malheur imprévu. Au chevet du mourant, les compagnons de la première heure s'interrogent sur la raison d'être d'une aventure spirituelle qui n'était peut-être qu'un tissu d'illusions.

A ce brouillage des perspectives correspond une option mimétique qui, plus encore que dans les scènes parisiennes, épouse les linéaments indécis du quotidien : des lamentations imprécatoires du clerc et du chapelain aux atermoiements des médecins, en passant par l'impatience du cardinal et l'inquiétude de Dominique, la scène retentit des échos bruyants de la confusion humaine. Ne nous hâtons pas d'attribuer ce changement d'atmosphère au seul souci d'introduire dans la progression du drame un divertissement coloré. Si le spectacle de la pusillanimité ou de l'égarement des hommes remet en cause l'ardeur altière de leurs premiers enthousiasmes, il appelle parallèlement le secours des puissances célestes. C'est dans l'obscurité du désarroi engendré par l'approche de la mort que jaillit la lumineuse consolation de la Vierge. Le motif traditionnel du miracle acquiert peut-être dans cette perspective une dimension qu'il n'avait pas dans la légende primitive : les desseins de la Providence s'accomplissent au cœur de la misère humaine. Les résolutions vigoureuses des deux fondateurs, assorties des démarches diplomatiques relatives à l'actualisation de leur dessein, n'avaient abouti qu'à des résultats médiocres : une bulle pontificale, certes, mais sans prolongements concrets ; une entrevue marquée par la ferveur, mais dont aucun des protagonistes ne voit très bien sur quoi elle doit déboucher. Et voici que lorsque tout semble définitivement compromis, le salut intervient sous forme d'une guérison très étroitement associée à la fondation effective de l'Ordre.

F. *L'apostolat de saint Regnault*

65. Nouveau complot de Sathan et Heresie, irrités au vu des progrès de l'Ordre : Sathan décide de précéder Regnault à Bologne pour lui faire obstacle (v. 3479-3502)

66. Tracas des religieux de Bologne qui se lamentent devant le monde en perdition, tandis qu'ils doivent faire face à la révolte d'un frère convers (v. 3503-3524)

67. Arrivée à Bologne de Regnault et ses compagnons (v. 3525-3612)

68. L'exorcisme du convers (v. 3613-3708)

69. Les adieux aux religieux de Bologne (v. 3709-3734)

70. Regnault et ses compagnons se mettent en route pour Paris (v. 3735-3752)

71. Arrivée à Paris où Regnault fait annoncer par le bedeau qu'il prononcera un sermon au couvent des frères prêcheurs (v. 3753-3886)

72. Le sermon final (v. 3887-4198)

Cette dernière partie pourrait s'interpréter comme une simple excroissance destinée à imposer définitivement le personnage de Regnault, qui acquiert tout au long du drame un prestige croissant. Il faudra du reste revenir sur ce déplacement progressif du centre de gravité, qui constitue l'un des traits remarquables de l'œuvre.

Sans doute le discours de saint Dominique envoyant ses frères en mission constituait une conclusion idéale au mystère, et nul ne se fût étonné que le texte se ferme sur cette belle image. Mais si l'auteur en a décidé autrement, ce n'est peut-être pas par manque de rigueur ou par insensibilité esthétique. Nous avons noté jusqu'ici combien il est attentif aux ressources sémantiques de la composition : pourquoi ce développement en apparence adventice ne répondrait-il pas, lui aussi, à une intention précise ? Un rapide examen

du contenu de cette séquence suffit effectivement à en relativiser la prétendue irrégularité.

Que ce soit à Bologne ou à Paris, les gens de bien pour-
suivent leur lamentation sur le déplorable état du monde.
Cette reprise du thème initial dote notre mystère d'une
valeur cyclique fort significative : la fondation des prêcheurs n'équivaut nullement à une solution miraculeuse. Le
monde reste ce qu'il est et Sathan court toujours. C'est dans
ce contexte qu'il faut apprécier la valeur du sermon final.
La prédication apparaît comme une voie du salut proposée,
et non point imposée, à la liberté humaine. Cette scène
ultime, dans laquelle on pourrait considérer une variante
du «spectacle dans le spectacle», impose au texte une
manière d'ouverture en forme d'interpellation. Ce faisant,
elle porte bien au-delà des conventions provisoires de l'allégorie ou de la *mimesis* : l'espace clos de la scène semble en
effet déchiré par l'apparition de ce maître Regnault rendu
soudain si semblable aux nombreux prédicateurs dont il
prolonge plutôt qu'il ne mime l'exhortation. A qui
s'adresse-t-il, au-delà des trois écoliers et du bedeau qui
l'entourent, sinon à l'assemblée composite qui, venue au
théâtre, se retrouve au sermon ?

*

* *

Comme tout exercice de ce genre, le découpage que
nous proposons est à la fois indispensable à l'analyse, et
parfaitement discutable dans ses présupposés. Nous ne
pouvions, en l'établissant, faire abstraction des récents
travaux de Giuseppe Di Stefano[29] et surtout de Lynda

---

[29]   «Structure métrique et structure dramatique dans le théâtre
médiéval», *The Theatre in the Middle Ages*, p. p. H. Braet, J. Nouvé et G.
Tournoy, Leuwen University Press, 1985, p. 194-20.

Burgoyne[30]. Deux principes émanent de ces études consacrées aux rapports entre le sens et la forme dans la définition problématique des unités dramatiques: d'une part, les phénomènes métriques apparaissent au nombre des critères les plus fiables, lorsqu'il s'agit de définir la structure d'une œuvre; on observe d'autre part une coïncidence presque systématique entre les unités de sens (sémantèmes) et les unités métriques (métrèmes). Si satisfaisante qu'elle puisse paraître, la seconde proposition laisse entendre que, malgré toutes les réserves que l'un et l'autre auteurs associent au découpage «selon la fable», ils n'excluent pas totalement les considérations d'ordre thématique.

L'intérêt de ce type de recherches se passe de commentaire. Non seulement elles permettent d'éviter définitivement l'ornière des divisions anachroniques effectuées sur le modèle du théâtre classique, mais elles fondent le repérage d'une structure dramatique sur des données textuelles absolument objectives. G. Di Stefano insiste avec raison sur le rôle essentiel de la rime dite «mnémonique», dont on peut affirmer sans risque d'erreur qu'elle relève de la volonté du fatiste. Est-ce à dire qu'il faille désormais trouver dans la «rime» toute la raison d'une œuvre? L'affirmation théorique s'avère d'emblée très convaincante, dans la mesure où elle répond à l'observation spontanée des textes. Il suffit toutefois d'être confronté aux exigences pratiques d'une segmentation susceptible de refléter les orientations majeures d'un mystère pour ressentir l'opportunité de certaines nuances. On rappellera d'abord, au-delà de la rime mnémonique dont il ne s'agit pas de nier l'importance, l'existence d'autres critères qui permettent de distinguer les séquences dramatiques, comme l'a bien montré L.

---

[30]   «Les noyaux de théâtralité chez Gringore», *La Langue, le Texte, le Jeu. Perspectives sur le Théâtre médiéval*, *Le Moyen Français*, 19, 1986, p. 92-110; «La rime mnémonique et la structuration du texte dramatique médiéval», *La Rime et la Raison*, *Le Moyen Français*, 29, 1991, p. 7-20.

Burgoyne à propos de la *Vie de Mgr Sainct Louis*. Aux indices purement textuels que sont par exemple les déictiques ou les modifications du schéma strophique se joignent des précisions métatextuelles, comme la localisation du locuteur ou l'arrivée sur scène d'une nouveau personnage. Mais surtout, la mise en veilleuse des données thématiques ne nous paraît pas s'imposer de manière absolue, cela dans la mesure notamment où la dimension sémantique d'un texte est toujours fonction de sa forme. Plutôt que d'opposer à la manière d'une alternative le découpage « selon la forme » au découpage « selon la fable », nous inclinerions à considérer parallèlement ces deux aspects que leur fréquente coïncidence invite précisément à ne point séparer. A défaut de justifier toutes les options qui ont abouti au schéma proposé ci-dessus, nous nous bornerons à illustrer, à travers un exemple relativement problématique, les effets de cette indispensable pondération.

On pourrait en effet récuser le parti-pris qui inclut dans la seule séquence 8 des composantes aussi nombreuses que disparates. On y assiste d'abord à un dialogue entre Dieu et la Vierge, suivi d'une prière de saint Dominique à la Vierge, laquelle présente à son Fils son protégé. La vocation du futur prêcheur entraîne la résolution provisoire du débat entre Justice et Miséricorde. Dieu envoie alors l'archange Michel auprès de Dominique pour lui confier solennellement sa mission. Dominique s'est replongé dans la prière au moment où l'aborde le messager céleste qui, son ministère accompli, reprend son envol.

Les critères métriques se révèlent en l'occurrence insuffisants pour définir la segmentation du passage. Sur la base de couplets d'octosyllabes se détachent trois formules strophiques: un premier huitain (v. 468-475) qui met en évidence, dans le dialogue de la Mère et du Fils, l'opposition de Justice et Miséricorde; un second huitain (v. 535-542), qui correspond au chant de victoire de Dominique, apprenant que Miséricorde l'emporte momentanément sur Justice; enfin le seizain hétérométrique (v. 561-576) qui clôt

l'ensemble du passage relate la prière de Dominique
demandant à Dieu la grâce d'interpréter correctement la
vision qui vient de lui être accordée. Ces groupes strophiques marquent à chaque fois un décalage par rapport au
contenu des octosyllabes en rimes suivies dont ils suspen-
dent momentanément la progression linéaire. Ce contraste
autorise-t-il toutefois à considérer chaque strophe comme
l'équivalent d'une séquence? Le cas échéant, l'organisation
des «séries restantes» serait pour le moins épineuse. Prenons le premier huitain: il ne représente qu'un moment du
dialogue entre Dieu et la Vierge, et par conséquent sa spécificité formelle n'affecte pas la continuité sémantique du
texte qui le précède et qui le suit. Que son contenu soit mis
en évidence par la métrique ne modifie en rien cette solidarité première.

Dès lors ne pourrait-on pas recourir à d'autres critères
pour détailler ce long passage au gré d'une structure plus
subtile? Au nombre des indications les plus visibles, on
retiendra l'intervention de nouveaux personnages. Au
v. 293, par exemple, Dominique risque sa première requête
à la Vierge. Serait-ce la marque d'une nouvelle séquence?
On peut en douter, puisque la prière du saint n'interrompt
nullement le débat de la Mère et du Fils. Tout au plus y
introduit-elle un nouvel argument que Notre-Dame s'em-
pressera d'utiliser en présentant Dominique comme gage
de la future conversion des hommes. La prise en considération des lieux de l'action n'éclaire pas davantage la segmentation du texte, l'ensemble du passage supposant un va-et-
vient continuel entre le ciel et la terre. Les figures du
Paradis se penchent vers Dominique dont la prière s'élève
vers les régions célestes. L'entrée en action de l'archange
concrétisera la communication des deux espaces, à laquelle
il mettra un terme provisoire en regagnant son lieu propre
(v. 608'). En définitive, l'élément qui domine tout ce passage, tant sous l'angle textuel que sur le plan dramaturgique, est bien celui d'une dynamique au fil de laquelle le
spectateur se voit insensiblement dirigé d'un thème à un

autre, d'un monde à un autre. A l'intersection de la « fable » et de la « forme », la présence d'une telle constante peut être envisagée comme le fondement légitime d'une séquence dramatique.

En dépit de l'éclairage précieux qu'elle projette sur une problématique toujours très délicate, la prise en compte des indices formels ne garantit pas les solutions infaillibles. La méthode qui, tout en prêtant attention aux suggestions de la forme, s'efforce de ne pas sous-estimer les exigences requises par la cohérence thématique, mérite dans une certaine mesure qu'on lui reproche son inconsistance conceptuelle. Elle gagne néanmoins en souplesse ce qu'elle perd en rigueur théorique. Dans le découpage d'un texte, comme dans toute pratique interprétative, il faut admettre la part du risque, qui n'est du reste pas l'aspect le moins stimulant du travail.

Forme et signification

Bien que la notion de genre se révèle, pour la période qui nous intéresse, une des plus fragiles qui soit[31], le théâtre de la fin du Moyen Age continue d'être envisagé en fonction d'un tel paramètre. Dans le cas de l'*Institucion*, les choses paraissent relativement claires au premier abord puisque, tant sur la page de titre que dans le colophon qui fait suite au texte, la pièce est décrite comme un mystère. On a vu cependant que le genre de la moralité entre pour

---

[31]   Outre l'étude classique de H. R. Jauss, « Littérature médiévale et théorie des genres », *Poétique*, 1, 1970, p. 79-101, on consultera, pour ce qui a trait au théâtre, les analyses éclairantes que propose A. Knight, *Aspects of Genre in Late Medieval French Drama*, Manchester, University Press, 1984. Au seuil de son ouvrage, ce critique souligne combien l'application des catégories traditionnelles – comique /vs/ sérieux, profane /vs/ religieux – a contribué à falsifier la perception du corpus dramatique médiéval (*op. cit.*, p. 1-16).

une part considérable dans la composition de l'œuvre. D'autres formes théâtrales y apparaissent dans une plus modeste mesure : le dialogue entre Sathan et Heresie (5) rappelle incontestablement la sotie, tandis que la mise en scène des médecins indolents (45) et, plus encore, l'exorcisme du frère convers (67, 68) relèvent du génie farcesque.

Cette combinaison des différentes formes théâtrales en usage à la fin du XVe siècle apparaît à première lecture comme une des caractéristiques remarquables de notre texte, au point que l'on en vient à se demander s'il ne faut pas voir dans pareille juxtaposition la signature propre de l'auteur. Il suffit cependant d'un peu de familiarité avec les mystères pour s'aviser des nuances qu'il conviendrait d'apporter à une telle hypothèse. Non seulement ceux-ci intègrent couramment des scènes de farce qui contrastent avec la gravité de leur sujet principal, mais il leur arrive aussi, plus rarement, d'appuyer leur argument sur un fondement allégorique. Si elle paraît plus librement accentuée qu'ailleurs, cette association des divers registres dramatiques n'est donc en soi pas une exception. Dans *l'Institucion* comme ailleurs, elle traduit la parfaite appropriation de conventions théâtrales susceptibles d'aménagements divers. Cette aisance dans le traitement des genres désigne aussi toutefois les limites opérationnelles d'une telle notion lorsqu'il s'agit de décrire la spécificité d'un texte.

En considérant donc cette perméabilité du mystère aux autres suggestions du théâtre contemporain, on pourrait s'accommoder sans trop de scrupules de l'étiquette prévue par l'éditeur : quelle que soit l'orientation thématique de la pièce – la fondation de l'Ordre, suivant le texte initial, ou le personnage de Dominique, si l'on s'en tient au colophon de la dernière page –, celle-ci répond en gros, tant par sa dimension religieuse que par sa disponibilité formelle, à la définition du mystère. Le maintien de cette dénomination s'avère acceptable aussi longtemps que la taxinomie borne ses prétentions au simple repérage des œuvres. Si l'on s'efforce en revanche d'éclairer la nature de notre texte, on aura peut-être intérêt relativiser la portée d'une étiquette qui risque d'en masquer les traits les plus originaux.

Qu'il reflète toute l'histoire du salut ou que, dans le sillage de ce drame premier, il évoque le destin des grands témoins de la foi, le mystère se donne toujours comme une manière d'accomplissement. Il est par essence commémoration d'un événement absolu où s'articulent la chute et l'Incarnation rédemptrice. Les faits dont il rend compte ne sauraient par conséquent se ramener à une séquence partielle et aléatoire de l'existence humaine : le mystère part toujours de l'origine et poursuit sa chronique jusqu'à l'achèvement dans lequel toutes les énigmes et tous les paradoxes de la vie trouvent enfin leur sens. Lorsqu'il emprunte sa matière à la tradition hagiographique, il projette sur la figure du saint l'humanité entière, en laquelle se réalise le salut. Ce n'est donc pas seulement par analogie avec le tracé des *vitæ* que le mystère hagiographique évoque systématiquement l'enfance, quand ce n'est la naissance de son héros, et le conduit, à travers les heurts d'une vie souvent mouvementée, au seuil de l'éternité. Sous les traits de l'individu qui est proposé à sa dévotion, le spectateur reconnaîtra, clarifiée par une exceptionnelle disponibilité aux effets de la grâce, sa propre trajectoire.

A cette conception mythique qui intègre la totalité d'une existence, l'*Institucion* oppose une approche beaucoup plus fragmentaire du réel. On remarquera d'abord la présence de deux héros conjugués, dont les rapports assez complexes se distinguent nettement de la structure gémellaire qui régit certains mystères hagiographiques : s'ils répondent à des vocations parallèles, Dominique et Regnault n'en suivent pas moins des tracés indépendants, ce qui interdit de les confondre avec les couples que forment, par exemple, Crespin et Crespinien, ou Barlaam et Josaphat. La représentation saisit chacun des héros dans un moment de son existence qui n'appelle pas la moindre référence au passé. De saint Dominique, on ne sait ni l'origine, ni la provenance, pas plus que n'est mentionnée l'expérience spirituelle qui le fait si attentif aux malheurs du temps. Les données concrètes qui esquissent plus nettement la figure de Regnault, «maître de décret», sont loin de révéler toute son histoire. Bien plus, ces personnages qu'il a fallu accepter dans leur identité lacunaire quitteront la scène sans qu'aucune suggestion précise n'éclaire leur avenir.

Cette prédilection pour le fragment d'existence, associée à la double focalisation de l'univers dramatique, suggère un gauchissement significatif par rapport aux voies traditionnelles du mystère. Au-delà d'une facture très conforme à la production contemporaine, l'auteur de l'*Institucion* semble diriger son regard vers d'autres horizons. Il serait bien hasardeux, au vu de tout ce qui reste à découvrir dans cet immense corpus, de souligner exagérément l'originalité d'une telle tentative. Elle mérite à tout le moins d'être signalée comme une variante remarquable, dans la mesure où les modifications qu'elle introduit par rapport à la formule coutumière annoncent une nouvelle approche du réel. Qui sait si le double titre que conserve l'édition Trepperel n'est pas le reflet de l'hésitation avec laquelle on a pu accueillir un texte dont l'objet central ne sautait pas aux yeux? Mystère de saint Dominique? Mystère de l'Institution des Prêcheurs[32]? Il n'est pas encore temps d'opter: on maintiendra, face à l'alternative, le jugement suspensif qui permet du même coup, non sans réserve et pour des raisons purement pratiques, de conserver à l'œuvre son étiquette de «mystère». Ce qui est désormais certain, toutefois, c'est que l'intérêt majeur de notre texte est à rechercher du côté de cette structure un peu singulière, qui suppose une expérimentation novatrice des rapports entre le théâtre et la réalité.

---

[32]   La désignation d'une œuvre varie assez couramment de la page de titre au colophon final. A. Knight donne plusieurs exemples de ce phénomène qui s'explique différemment suivant les cas (*op. cit.*, p. 38; 98-100).

Mimesis et allégorie

Comme l'ont amplement démontré les travaux de W. Helmich[33], la scène du Moyen Age finissant voit alterner deux types de représentation, l'allégorique et le mimétique, qui souvent s'interpénètrent dans des combinaisons variées. Tantôt l'allégorie se distingue nettement de la *mimesis* à laquelle elle sert de cadre ou de toile de fond. C'est ce rapport de subordination qui prévaut, par exemple, dans le *Mystère des Trois Doms*, dont le prélude met en scène huit personnifications dramatiques. La *Vie de Mgr Saint Louis* de Pierre Gringore manifeste une option résolument inverse, qui intègre les figures allégoriques au déroulement de l'action. Cette tentative de coordination des deux manières connaîtra son aboutissement dans des créations tardives, comme la *Moralité, mystère et figure de la Passion de Notre Seigneur Jésus-Christ* de Jean d'Abondance, ou la *Moralité des Frères de Maintenant*, dans lesquelles la lecture allégorique de l'événement se substitue progressivement à sa figuration mimétique. Notre texte n'est pas des plus aisés à caractériser par rapport à une telle évolution. Helmich y relève la fusion de l'allégorie et de la *mimesis*, grâce à laquelle les circonstances historiques apparaissent enracinées dans l'ordre du surnaturel: «Diese vorwiegend metaphysische Betrachtungsweise der Heilsgeschichte führt auf die Moralité religieuse auf»[34].

Acceptable dans son ensemble, cette appréciation mérite cependant quelques commentaires. Il convient en

---

[33] *Die Allegorie im französischen Theater des XV. und XVI. Jahrhunderts. I. Das religiöse Theater*, Tübingen, Niemeyer, 1976. Voir en particulier le ch. 2, *Allegorische Elemente in den Mystères*, p. 276 sq.

La démarcation qu'opère Helmich à partir de critères stylistiques rejoint l'approche d'Alan Knight qui distingue, dans le théâtre de la fin du Moyen Age, «the plays that represent the world as it was perceived historically, and the plays that represent an imagined or fictional universe» (*op. cit.*, p. vii).

[34] *Op. cit.*, p. 295.

premier lieu d'examiner attentivement la nature des personnages allégoriques qui dominent le premier développement dramatique de l'*Institucion*. Heresie, Obstinacion et Inspiracion divine répondent sans le moindre conteste à la définition élémentaire qui assimile la figure allégorique à une personnification, ou incarnation visible d'une réalité qui ne l'est pas[35]. Elles symbolisent les forces ennemies dont les trois états du Monde, Eglise, Noblesse et Labour sont l'enjeu. Cette psychomachie verbale demeure formellement dissociée du jeu qu'elle introduit, en même temps que, sur le plan thématique, elle en fournit la référence ultime. Il vaut la peine d'observer, dans le détail des scènes initiales, la conjonction subtile de ces deux postulats.

Dès le premier monologue de saint Dominique, le lamentable état du monde renvoie aux principes antagonistes du Bien et du Mal, voués à une lutte apparemment inégale : l'Eglise est réduite au silence sous la pression de l'Hérésie séductrice (v. 7-12), l'exemple des bons est anéanti par le triomphe des méchants (v. 19-24), la justice ne résiste plus aux charges répétées de l'ignorance et du droit arbitraire (v. 31-36). On reconnaît dans cette déploration conventionnelle la dichotomie foncière qui vaut à certaines moralités leurs titres antithétiques : *Bien Avisé, Mal Avisé, L'Homme juste et l'Homme pécheur*[36].

Ici cependant, l'esprit de la moralité n'est pas cultivé pour lui-même, mais subordonné à une visée moins immédiate. Il suffit, pour s'aviser de la transformation, de consi-

---

[35] Sur l'origine et le développement du procédé de l'allégorie, nous renvoyons au second chapitre de la célèbre étude de C. S. Lewis, *The Allegory of Love. A Study in Medieval Tradition*, (1936), Oxford University Press Paperbacks, 1990, p. 44 sq. Grâce à sa lumineuse simplicité et à sa remarquable information, ce texte résiste à l'épreuve du temps.

[36] Voir Helmich, *Moralités françaises*, éd. cit. De plus, le climat général de la scène la rapproche de la moralité « institutionnelle », dominée par un jugement de valeur universellement pessimiste : si on ne prend pas des dispositions urgentes, le monde court à sa perte (cf. A. Knight, *op. cit.*, p. 72).

dérer l'évolution normale des grandes moralités représentatives de la destinée humaine. Au départ, les héros baignent dans un climat d'innocence que seules les tentations de l'âge adulte viendront perturber. Le déséquilibre qui en résulte se verra tantôt sanctionné par une juste rétribution des comportements, tantôt résolu par la conversion *in extremis*. L'*Institucion* adopte une trajectoire inverse, puisqu'elle fonde son argument sur un constat d'échec qui appelle compensation. La réponse passera par l'initiative d'un projet humain: la consternation de saint Dominique face au désastre du monde se mue en une ardente supplication à laquelle fait pendant, au terme de l'œuvre, le sermon de saint Regnault. Ni la prière, ni la prédication n'apparaissent comme la garantie d'une conversion universelle. Elles ne sont que des tentatives pour enrayer les forces du mal, tentatives dont l'efficacité dépendra en dernière instance de l'accueil que réserveront les hommes aux exhortations qui leur sont adressées. A l'inverse de la moralité, qui fige le réel dans les lignes d'une épure où tout est définitivement joué, à l'encontre tout aussi bien du mystère, qui célèbre la victoire accomplie sur les puissances du mal, l'*Institucion* privilégie le point de vue de la durée. Elle ne rejette pas la vision du monde véhiculée, entre autres, par la tradition du théâtre contemporain, mais elle l'intègre à une perception très vive de la dimension historique qui nie par essence toute sanction définitive. La question du salut, posée au seuil de l'œuvre, ne connaît pas d'issue certaine, mais appelle un essai de réponse que le sermon final ne fait que suggérer.

La toile de fond dichotomique tendue par l'allégorie initiale n'a donc d'intérêt que dans la mesure où elle s'incarne dans l'histoire des hommes. Ce parti-pris est bien perceptible dans le complot de Sathan et Heresie qui, au moment d'élaborer leur stratégie commune, s'adonnent en quelque sorte à un bilan critique de leur longue association au service de l'enfer (5). Sathan n'est pas des plus optimistes, qui tend à relativiser l'efficacité de ses efforts: il a certes réussi

à subjuguer «tous les suppos de l'Eglise» (v. 282), à compromettre cette dernière avec les intérêts de Noblesse
(v. 292 sq.) et à inciter à la révolte le menu peuple (v. 296
sq.), mais son influence risque fort d'être réduite à néant
par les contre-attaques d'un «bigot inique» (v. 310) nommé
Dominique. Pour enrayer ce scepticisme de mauvais aloi,
Heresie évoque alors le souvenir de toutes leurs victoires
passées, qu'incarne la théorie impressionnante de ses
«acteurs» les plus renommés, de «Manicheus» (v. 322) à
«Vigilancius» (v. 335). Sathan lui représente à son tour que
tous ces dissidents ont été réfutés depuis longtemps par les
meilleurs théologiens, à commencer par saint Jérôme (v.
337 sq.). Si Heresie possède encore «Albigois, / Coulongne
et toute Lombardie» (v. 344), son prestige ne tient peut-
être plus qu'à un fil. D'abord confié aux figures allégoriques coutumières, le schéma oppositionnel s'incarne, tout
au long de ce dialogue, dans la chronique vivante de la chrétienté. Cette actualisation invite à considérer dans le face à
face de Dominique et des Albigeois un épisode de la lutte
incessante qui tisse le temps de l'Eglise. Lorsque Heresie
conclut le débat par la proclamation confiante de sa victoire
prochaine, les composantes du conflit allégorique apparaissent clairement ordonnées à une dramatisation inscrite
dans l'histoire.

Ce déplacement de l'allégorie vers la *mimesis* s'articule
plus nettement encore à la faveur de ce que l'on pourrait
appeler des personnages «mixtes» qui, à l'inverse des
figures traditionnelles, relèvent simultanément des deux
registres. Une fois de plus, la symétrie est de rigueur: d'un
côté l'on trouve Sathan, et la bande infernale qu'il évoque à
deux reprises (v. 189 sq., 3479 sq.), à défaut de la faire surgir sur scène; de l'autre «Dieu», terme qui, dans le théâtre
médiéval, désigne traditionnellement le Christ, entouré par
la Vierge, les anges et les saints. L'un et l'autre constituent,
comme on l'a vu plus haut, les repères ultimes de la structure allégorique dont ils permettent de situer les éléments:
une figure allégorique, en effet, n'est intelligible qu'en

fonction de son rapport avec Dieu et Satan. Personnages
fondateurs du drame du salut, ils s'identifient en un premier
temps aux deux extrémités de l'espace scénique où la tradition veut qu'ils séjournent[37]. Néanmoins, outre l'inconvé-
nient d'une lecture manichéiste de l'œuvre, cette réduction
de leur rôle à la fonction d'une vigie impassible ne rendrait
pas justice à la part active qu'ils prennent dans la succession
des événements. Encore que Sathan domine les scènes allégoriques de la première partie à la manière d'un régisseur
auquel tous ses subordonnés sont appelés à rendre compte,
Dieu n'en est pas totalement absent. Mais les couleurs pes-
simistes de ce sinistre prélude commandent les modalités
de sa présence : c'est le Dieu vengeur, brandissant les « trois
dars » (v. 404, 443) destinés à châtier définitivement le
monde criminel, qui apparaît à un Dominique pétrifié
d'horreur, dont l'unique recours réside désormais dans l'intercession apaisante de la Vierge. Sans doute est-ce à dessein qu'une telle mise en scène clôt l'arrière-plan allégorique du drame (7). En même temps qu'elle souligne
l'enjeu terrifiant qui sous-tend le destin du monde, elle
apporte un correctif essentiel à tout ce qui pourrait
conduire à une interprétation fataliste de l'échec et du malheur. Aux côtés d'un Dieu caricaturalement conforme aux
fantasmes de l'imaginaire doloriste, la Vierge représente
non seulement la compassion, mais aussi la prévenance
maternelle qui intervient pour arranger les choses. A l'im-
mobilité du geste comminatoire momentanément sus-

---

[37]   Ces personnages que nous appelons « mixtes » dans la mesure où
ils participent à la fois à l'univers de l'allégorie et à celui de la *mimesis* correspondent assez étroitement aux personnages « métaphysiques » de W.
Helmich et J. Wathelet-Willem, que mettent en scène le mystère et la
moralité : « Les personnifications et les personnages métaphysiques apparaissent, à quelques exceptions près, comme des êtres immuables, moralement polarisés, omniprésents, non soumis à la déchéance et à la mort phy-
sique, exerçant du pouvoir sur les hommes qui, eux seuls, représentent
l'élément dynamique du jeu », « La moralité : genre dramatique à découvrir », *op. cit.*, p. 212.

pendu, elle opposera celui de l'inlassable supplication pour les hommes (8).

La piété mariale qui imprègne la dévotion du temps, de même que la place privilégiée que réserve à la Vierge la tradition dominicaine, expliquent amplement ses nombreuses apparitions dans la suite de l'œuvre. Petit de Julleville proposait, ce qui n'est sans doute pas faux, d'y voir un souvenir des *Miracles de Notre-Dame*[38]. Bien plus, cette scène apparaît comme un emprunt direct aux *Vitæ Fratrum* composées par le dominicain Gérard de Frachet entre 1255 et 1260, dont le chapitre initial raconte comment la Vierge Marie obtint de son Fils l'ordre des frères prêcheurs. Un vigoureux dialogue met aux prises la sévérité de la justice divine et la tendresse de la Mère de miséricorde. Le Christ rappelle qu'il a déjà tout fait pour sauver le monde, par l'intermédiaire des patriarches, des prophètes, des martyrs, des docteurs et des confesseurs. Mais, puisqu'il ne peut rien refuser à sa Mère, il enverra encore les «prêcheurs, hommes de la vérité, par lesquels le monde sera illuminé et purifié»[39]. Cependant notre auteur fait peut-être davantage que de récupérer un élément de la tradition théâtrale susceptible de rencontrer la faveur de son public[40]. On remarquera que les interventions de la Vierge en réponse aux prières de saint Dominique sont toujours associées à un colloque céleste au cours duquel son Fils lui donne la permission, si ce n'est la mission, d'aider les hommes (16, 21, 25, 53, 55).

---

[38]   *Les Mystères*, *op. cit.*, t. 2, p. 524.

[39]   Nous renvoyons à l'édition italienne de P. Lippini, qui analyse la tradition manuscrite de ce passage. (*Storie e leggende medievali. Le 'Vitæ Fratrum' di Geraldo di Frachet, o. p.*, Bologne, Ed. Studio Domenicano, 1988, p. 20.)

[40]   Outre les *Miracles de Notre-Dame*, dans lesquels l'intercession de la Vierge auprès de son Fils revêt une fonction structurelle dominante, on retrouve ce topos dans de nombreux mystères hagiographiques. Cf. par exemple, le *Mystère de Saint Sébastien*, éd. cit., p. 88 sq., v. 1917 sq., ainsi que p. 280 sq., v. 6178 sq., ou encore le *Mystère de Saint Bernard de Menthon*, p. 58, v. 1260 sq.

On pourrait naturellement ramener cette constante à la manifestation d'une saine théologie, la créature n'agissant que sous la motion divine. Mais le plaidoyer très tendu grâce auquel la Vierge, dans la scène finale du prélude allégorique, finit par obtenir de Dieu qu'il diffère sa vengeance et accorde une ultime chance à l'humanité pécheresse, invite à ne pas minimiser la portée de cette relation entre la Mère et le Fils. Dès ce premier dialogue, en effet, cette relation s'impose sous l'angle du paradoxe, puisque la concorde intime qui la régit n'empêche pas la dispute. Comment justifier une telle inconséquence, sinon en admettant qu'elle explicite une double saisie de la personne divine ? Pour des raisons dramatiques et pédagogiques élémentaires, Dieu doit apparaître avant tout comme le Juge irrité dont l'imminente sanction projette sur le monde insconscient les signes avant-coureurs d'une inévitable catastrophe. Les accents dépités de sa colère – n'est-ce pas en vain qu'il a répandu son sang, puisque les hommes rachetés persistent dans leur ignominie (v. 480 sq.) ? – intensifient la menace tragique : va-t-il vraiment pousser jusqu'à son terme l'amer raisonnement que suscite son expérience des humains ?

> Si faulx habus
> En tous estas si ont huy cours
> Qu'i convient, sans plus nul secours,
> Nature humaine terminer. (v. 464-467)

Sans doute fallait-il souligner de si funestes horizons pour conférer aux vocations parallèles de saint Dominique et de saint Regnault leur caractère d'urgence. L'exacte mise en perspective des données du drame exigeait la véhémence de ce Dieu sans merci. La Vierge se verra par conséquent confier l'autre visage de Dieu, celui de la miséricorde infinie, dont elle est à la fois le reflet et le relais. Aussi l'apparente contestation qui l'oppose à son Fils n'est-elle en vérité que la révélation scénique de la double nécessité qui fonde la tradition du mystère. En d'autres termes, le dialogue de la Mère et du Fils se présente ici comme une variante du fameux Procès de Paradis.

C'est le verset 11 du psaume 84:

> Misericordia et veritas obviaverunt sibi;
> Justitia et pax osculatæ sunt

qui constitue l'origine du motif allégorique des «Quatre Filles de Dieu», dont la vaste diffusion dans toute la littérature du Moyen Age chrétien remonte notamment au *Sermon sur l'Annonciation* de Bernard de Clairvaux. L'auteur des *Meditationes Vitæ Christi*, imité par Ludolphe le Chartreux, introduit en tête de son récit cette dispute des vertus antagonistes qui reparaît, presque exclusivement centrée sur les figures de Justice et Miséricorde, dans les passions de Marcadé et de Gréban, ainsi que dans le *Mistere du Vieil Testament*[41]. Quelles que soient la nature ou les tonalités des arguments développés par l'une ou l'autre partie, le débat s'articule toujours en fonction d'une problématique majeure, qui est celle de l'Incarnation. *Cur Deus homo*: le célèbre traité dans lequel saint Anselme développe sa théologie de la satisfaction rédemptrice fécondera amplement, par exemple, la pensée de Gréban[42].

Ces quelques rappels mettent en évidence la distorsion considérable qu'inflige notre auteur à ce motif consacré par la tradition. Au Dieu déchiré, peinant à satisfaire les sollicitations des deux vertus contraires, il substitue, comme on l'a vu, l'image monolithique d'un Juge inexorable. L'«autoportrait» du Dieu vengeur (7, v. 395-448) se présente sous la forme d'une ballade dont les strophes alternent avec

---

[41] On trouvera sur cette vaste matière un résumé aussi clair que nuancé dans l'ouvrage de J.-P. Bordier, *op. cit.*, t. 1, p. 168 sq. Helmich met également en évidence la portée de cette fiction allégorique qui, dans tous les grands mystères de la Passion, à l'exception de celui de Jean Michel, sous-tend la représentation des événements humains (*op. cit.*, p. 276 sq.). Voir également Ch. Mazouer, «Dieu, Justice et Miséricorde dans le *Mistere du Vieil Testament*», *op. cit.*, et surtout G. A. Runnalls, «The Procès de Paradis Episode in Vérard's Edition of the *Mystère de la Vengeance*», *op. cit.*

[42] Voir Bordier, *ibid.*, p. 179 sq.

celles d'un rondeau dans lequel Dominique multiplie, par
contraste, ses appels à la Vierge. Cette structure métrique
fort raffinée souligne à l'envi l'incommunicabilité des deux
registres, celui de la Justice implacable et celui de la Miséricorde aux inépuisables ressources. La multiplication des
rimes fratrisées et batelées impose au discours divin des
acrobaties syntaxiques qui ont pour conséquence un appau-
vrissement sémantique manifeste. Comme il est de mise, la
multiplication des artifices de style «grande rhétorique»
correspond à l'expression d'un sens non seulement obvie,
mais relativement rigide. Ce serait peine perdue que d'es-
sayer de «traduire», voire de paraphraser ces plantureuses
grappes verbales qu'alourdissent des abstractions redon-
dantes élues pour leurs sonorité emphatique bien plus que
pour leur signification précise. Il est plus judicieux en
revanche de voir dans ce discours l'exact pendant de l'entrée en scène d'Obstinacion (2, v. 44-106), dont la ballade
est également entrecoupée par la supplication en huitains
de saint Dominique. La rigueur plombée du Juge divin s'explique ainsi par la nécessité de combattre impérativement
le monstre maléfique et ses suppôts.

    A cet endroit, on s'avisera peut-être d'une autre
variante notable par rapport aux données traditionnelles
du Procès de Paradis: c'est paradoxalement le Fils et non le
Père qui joue ici le rôle du Juge souverain. La portée de l'allégorie s'en trouve du coup fortement modifiée. Primitive-
ment vouée à l'éclairage des origines du salut, la voici
désormais projetée dans une perspective eschatologique[43].
Le compromis entre Justice et Miséricorde au terme duquel
il était décrété que le Fils payerait de son sang pour rache-
ter la faute des hommes se situe par définition au seuil de

---

[43]   Nous sommes ici dans une perspective comparable à celle de la
Vengeance de Mercadé étudiée par G. A. Runnalls, qui, elle aussi, réinter-
prète les données du Procès dans un contexte postérieur à l'Incarnation
(«The Procès de Paradis Episode in Vérard's Edition of *Le Mystère de la
Vengeance*», *op. cit.*).

l'histoire chrétienne, et n'a par conséquent plus à être défini dans un univers régi par la loi de l'Incarnation. Le recours à l'allégorie fondatrice implique dès lors une autre visée.

Il vaut sans doute la peine de reprendre dans le détail des répliques ce dialogue de la Vierge et de son Fils (8), dans lequel nous avons reconnu une approximation du débat de Justice et Miséricorde. Il s'ouvre sur une paraphrase de l'*Apocalypse*,

> *Ve, ve, ve habitantibus*
> *Super terram!*

appelant l'anéantissement de tous les humains (v. 453-54). On remarquera au passage que Dieu voue ses créatures à la destruction plutôt qu'à la damnation perpétuelle. Cette nuance accuse encore l'état désespéré du monde : tandis que dans la scène précédente le refrain de la ballade – «Aux bons repos, et aux felons tritresse» – laissait entrevoir malgré tout la possibilité d'une issue bienheureuse, toute l'humanité est ici confondue dans un amer constat d'échec. C'est alors que Notre-Dame rappelle à son Fils que le diagnostic sans compromis que lui impose Justice peut être considérablement adouci par la présence de Miséricorde. Mais Dieu ne saurait obtempérer sans céder à l'injustice, c'est pourquoi il est contraint de «retenir» (v. 475) le flot de sa miséricorde. Sans doute n'est-ce pas par hasard que, sur le plan de la métrique, ce bref colloque se présente sous la forme d'un huitain (v. 468-475) qui interrompt la série des octosyllabes en rimes suivies : l'auteur réalise de la sorte une manière d'«encadré» destiné à mettre en valeur la présence du couple allégorique[44].

---

[44]   Par certaines de ses intonations, le plaidoyer de la Vierge rappelle l'*Advocatie Nostre Dame*, poème de la première moitié du XIVe siècle dont on a retrouvé, sous forme de fragment, une version dramatisée (Voir G. A. Runnalls, «The *Mystère de l'Advocatie Nostre Dame*: a recently-discovered fragment», *Zeitschrift für Romanische Philologie*, 100, 1984,

Ce parti-pris en faveur de Justice trouve sa raison d'être dans un bilan désabusé de l'histoire du salut: tous les moyens de rachat mis en œuvre pour sauver l'espèce humaine sont demeurés sans effet. Que faire, sinon supprimer définitivement cette race perverse qui, non contente d'avoir mis à mort son Rédempteur, continue de martyriser ses témoins? Les implorations de la Vierge, sollicitée par saint Dominique, ne sauraient apparemment enrayer les conséquences de ces vérités flagrantes. Mais la cause de Miséricorde n'est pas perdue pour autant: par un petit trait de génie, Notre-Dame présente le projet de fondation des prêcheurs comme la garantie ultime d'une conversion générale qui autoriserait la clémence divine. La vocation de Dominique s'inscrit par là dans l'exacte visée de la Rédemption. Dieu se laisse apaiser, et accorde à son disciple de tenter sa chance à son service, non sans le prévenir des difficultés qui l'attendent: «à grand peine pourra bien faire» (v. 530)! Il n'en fallait pas davantage pour combler l'ardent intercesseur dont l'angoisse se mue en joie triomphante:

> Monde, resjouy toy, faitz feste,
> Car Justice est apaisee,
> Misericorde magnifeste
> Par toy, ma Maistresse honoree ... (v. 535 sq.)

La jubilation qui ponctue la victoire de Miséricorde sur Justice s'exprime elle aussi dans un huitain. Une fois encore, la symétrie formelle traduit l'impact que revêt dans cette scène l'allégorie des vertus divines, et cela en dépit des modifications qui l'affectent.

Dans sa version traditionnelle, le Procès de Paradis se bornait à éclairer le pourquoi et le comment de l'Incarna-

---

p. 41-77). Cependant la perspective est ici modifiée, dans la mesure où Dieu est à la fois juge et partie. Paradoxalement, il joue dans notre texte le rôle qui, dans l'*Advocatie*, est dévolu à Sathan (voir G. Gros, «Le diable et son adversaire dans l'*Advocatie Nostre Dame*», *Senefiance*, VI, 1979, p. 239-258).

tion. Lorsque Justice et Miséricorde se déclarent satisfaites par la perspective du rachat divin, leur rôle s'estompe. Si elles réapparaissent au besoin, ce n'est que pour prendre acte de l'œuvre accomplie. L'utilisation que fait notre auteur des deux vertus divines en projette au contraire la fonction dans le temps de la chrétienté: rien n'est encore joué, en dépit de l'avènement du Christ. Le destin du monde reste suspendu aux influences alternées des deux visages de Dieu: par son esprit de rébellion il appelle l'intervention de sa Justice, tandis que tout effort vers la conversion suffirait à déployer les ressources sans fond de sa Miséricorde. Voilà ce que le prélude allégorique de l'*Institucion* doit remémorer à un public lui-même engagé au cœur du drame qu'on lui représente. D'où l'insistance mobilisatrice sur l'imminence du péril encouru: tout ne tient qu'à un fil ténu, un projet téméraire et fragile. Que pourront opposer un petit prêcheur fervent et ses quelques compagnons à la gigantesque organisation des forces du mal dont on vient d'apercevoir l'impeccable stratégie? En quelles actions d'éclat s'incarnera l'incroyable défi qu'adresse à la rigoureuse Justice ce chevalier de la Miséricorde?

Comme le subodorait W. Helmich, l'allégorie, dans notre texte, appelle sans faute le concours de la *mimesis*. A l'idée de fusion, l'analyse que nous avons tentée suggère de préférer la notion de solidarité, laquelle rend mieux compte, peut-être, de la distinction qui persiste entre les deux modes. Tandis que le champ de l'allégorie se clôt presque définitivement à la fin du prélude – on n'en percevra que quelques reflets, par la suite, à travers les apparitions-éclair de Sathan – , le spectacle mimétique n'a de sens que comme explicitation du redoutable enjeu dont le spectacle «moralisé» a précisé les termes[45]. De même, c'est par

---

[45]   A cet égard, la représentation allégorique se donne comme une lecture en profondeur de la réalité historique ou événementielle. Voir sur ce point les remarques pénétrantes de W. Helmich et J. Wathelet-Willem,

la vertu de l'allégorie que la vocation de Dominique et de Regnault revêt la dimension profonde qui en fait des substituts du Fils incarné: Justice et Miséricorde n'ayant pas encore dit leur dernier mot, c'est désormais sur eux que repose le salut du monde. Sans doute la théologie trouve-t-elle mal son compte dans cette conception outrancière qu'on imputera avant tout aux impératifs d'une dramatisation forte. Quoi qu'il en soit, on saisit bien par ce biais la portée fondamentale de cette interpénétration de l'allégorie et de la *mimesis*.

Mimesis et histoire

Du monde schématisé à la réalité déconcertante

Pour mieux l'opposer à l'allégorie, nous avons considéré jusqu'à présent la *mimesis* comme une notion relativement limpide: à l'inverse de la lecture abstraite et atemporelle qui révèle l'anatomie profonde de l'événement, la représentation en saisit les empreintes multiples et immédiates qu'elle inscrit dans la durée. Cependant, si la *mimesis* assume le point de vue de l'histoire, sa relation au réel s'avère d'emblée assez complexe. Un premier parcours de notre texte a déjà permis d'attirer notre regard sur la double modalité d'une imitation qui tantôt vise à souligner dans les faits les lignes de force qui les rendent immédiatement intelligibles, tantôt au contraire s'ingénie à les traduire dans leur confusion habituelle. L'alternance que ménage notre auteur entre une maîtrise raisonnée de la *mimesis* et une reproduction beaucoup plus impulsive des scènes de la vie mérite quelque attention.

On constatera d'abord que l'évocation des événements dominés par la figure de saint Dominique obéit systémati-

---

op. cit., p. 218 sq., rappelant le fondement essentialiste qui sous-tend le registre de la moralité.

quement à la première manière. Il suffit pour s'en aviser de
parcourir les diverses phases de la section B, telles que nous
avons essayé de les résumer. Dès qu'il voit sa vocation
consacrée par l'approbation divine, Dominique se hâte de
fonder la communauté minimale et symbolique qui l'ac-
compagnera auprès du pape. La bulle par laquelle ce dernier doit solenniser son appui se fait légèrement attendre,
mais c'est surtout pour lui accorder la grâce d'une vision
céleste au sortir de laquelle il sera plus convaincu que
jamais du bien-fondé de la cause des prêcheurs. L'apparition des saints Pierre et Paul qui couronne cette première
partie «événementielle» en confirme le caractère délibérément schématique: tout s'y passe à la manière d'un rituel
dont les gestes lents et assurés traduisent l'assurance de
l'acteur qui sait parfaitement où il va.

   L'ensemble scénique suivant ne présente plus du tout
cet enchaînement univoque: la figure de saint Regnault y
émerge dans l'atmosphère légèrement survoltée d'un
milieu universitaire en effervescence. Si la vocation du
futur prêcheur l'invite au renoncement et au départ, l'auteur a bien garde de faire l'impasse sur cet univers que
Regnault s'apprête à quitter. De l'officieux bedeau (23) aux
écoliers enthousiastes (26), il en évoque avec une complaisance attentive les principaux figurants. Ne parlons surtout
pas de réalisme: les formes métriques – octosyllabes en
rimes alternées, rondeaux – sur lesquelles s'articulent l'annonce du bedeau ou les louanges hyperboliques des écoliers suggèrent à l'envi le registre délibérément artificiel de
ces esquisses. Toutes conventionnelles qu'elles sont, ces
scènes contribuent cependant à retarder, voire à contrarier
l'évolution systématique de l'épisode. Cette entrave que
présente l'Université de Paris, image d'un monde séduisant
dont il faut se libérer, trouvera un équivalent dans l'attachement que vouent à Regnault les chanoines de Saint-
Aignan, qu'il doit définitivement quitter (34, 35). Le maintien de ces deux conjonctures parallèles est une marque
éloquente de leur signification commune: à l'inverse de

Dominique, consacré par l'évidence historique dans son rôle de fondateur, la vocation de Regnault appartient au devenir, et se réalise par conséquent au gré de purifications successives. D'où les tergiversations délibérées d'un dessin dramatique qui, tout au long de cette section, bouscule sans cesse l'attention du spectateur: à peine introduit dans la familiarité des rites scolaires (22, 23), le voici soudain confronté à une scène de prière et de méditation (24) à laquelle répond une échappée céleste (25), qu'interrompra le bavardage des écoliers (26), lesquels céderont la scène à Divine Inspiracion (26). A l'image de la vie, les composantes les plus disparates ponctuent la destinée d'un héros dont la cohérence ne se déduit pas sans quelque effort. Les interventions surnaturelles y jouxtent les indices d'un enracinement terrestre qui accuse la crédibilité de Regnault. Mais ce dernier ne doit pas faire face seulement aux tentations du confort et de la notoriété: Sathan et ses suppôts rôdent dans les parages (32, 37), menaçant de leur influence perverse les lumineuses perspectives que révèle Divine Inspiracion. Sur la route de Rome, Regnault et ses compagnons portent le poids de cette expérience d'un monde où les couleurs contrastées et parfois grinçantes l'emportent de loin sur la sereine ordonnance d'un tracé suivi. Viatique ambigu, certes, mais dont on devine déjà les ressources fécondes.

Les scènes rapides qui favorisent la rencontre providentielle des deux saints ne s'embarrassent guère de notations circonstancielles, ainsi qu'on l'a remarqué précédemment. Une nouvelle fois, l'esquisse des grandes lignes l'emporte sur la peinture des détails. Les scories du quotidien s'estompent au profit d'une mise en scène synthétique par laquelle tout redevient clair. La succession déconcertante des registres contradictoires fait place à l'uniformité d'un climat serein et légèrement éthéré: en vertu de cet état de grâce qui facilite tous les rapports, l'entrevue de Regnault et Dominique apparaît comme l'intersection de deux trajectoires disposées en symétrie parfaite. Après le flotte-

ment des scènes parisiennes et orléanaises, on assiste au
rétablissement d'un tracé dramatique parfaitement intelligible. Une fois de plus, ce primat de l'ordre et de la clarté
correspond à la prépondérance de la figure de Dominique.
Car l'insistante symétrie qui régit toute cette section ne doit
pas faire illusion: en dépit du parallélisme souligné de la
forme, nous n'assistons qu'en apparence à la croisée de
deux parcours similaires. La symétrie dissimule incomplè-
tement une hiérarchie latente qui appelle une autre interprétation des faits. Ce n'est pas par hasard, après tout, que
Dominique précède Regnault à Rome: sans le savoir, ce
dernier est conduit vers celui qu'il reconnaîtra instinctive-
ment comme son maître (41, v. 2223 sq.). Dès lors, les simi-
litudes entre les sections B et D sont patentes. L'une et
l'autre mettent en valeur le crédit de saint Dominique dont
elles font apparaître la démarche linéaire et progressive au
service de la foi. La coordination des scènes y favorise l'expression d'un discours marqué par une forte cohésion, et
dont émane l'image d'un monde transparent. Aussi Sathan
n'a-t-il pas la moindre velléité de s'immiscer parmi ces serviteurs de Dieu proclamant *una voce* leur bon vouloir et
leur bonne foi. Ce type de reconstitution artificielle est à
cent lieues, toutefois, de fournir la clef de l'œuvre. Nous
inclinerions plutôt à considérer dans cet exposé des voies
droites et aisément lisibles de la Providence une manière
d'avertissement salutaire: la confrontation aux réalités
aberrantes ou inconsistantes qui tissent indifféremment le
quotidien exigeait, comme une sorte d'antidote et en forme
de parenthèse, le rappel de ce qui aurait dû rester la norme.
Telle semble bien la fonction majeure de cette première
variante de la *mimesis* que nous avons définie comme
représentation «élémentaire» du réel.

   La suite du mystère nous replonge dans l'informe et le
pittoresque. Sous l'égide de Regnault, le monde redevient
ce qu'il est, c'est-à-dire une somme de contradictions. La
parenté structurelle des sections C et E se voit confirmée
par les impressions très similaires qui s'en dégagent. Une

fois encore, le ciel et la terre se succèdent sans crier gare dans l'espace scénique où se bousculent les registres les plus contrastés. Tantôt les plaintes de Regnault à l'agonie entraînent des lamentations issues en droite ligne des imprécations conventionnelles contre la mort (46), tantôt elles suscitent la sollicitude impuissante d'un couple de médecins aussi sententieux que ridicules (45, 49, 50). Entre la farce et la déploration funèbre, survient Dominique dont la fervente supplication ouvre au propre et au figuré la porte du ciel (52). Le «miracle de Notre-Dame» qui lui est accordé ne se signale pas seulement par la gravité solennelle de son déroulement (56, 58), mais aussi par l'étroite relation qui l'associe à la fondation de l'Ordre. Telle est la double valeur du rituel de l'onction (58), dont les vertus thérapeutiques se confondent avec la symbolique d'une consécration, que matérialise la remise de l'habit des prêcheurs. Aussi la guérison de Regnault débouche-t-elle tout naturellement sur le rituel de la profession religieuse (64), dans lequel se réalise enfin cette «Institucion» si ardemment désirée et que les seules ressources de la volonté humaine n'avaient pas réussi à mener à terme.

La dernière partie du mystère manifeste la même disponibilité stylistique qui lui permet de juxtaposer les discours éloquent de Regnault (67) et les blasphèmes du convers possédé par Sathan (66, 68), tout en ménageant une allusion prolongée au milieu scolaire qui avait servi de cadre à l'épisode de la vocation de Regnault (71). Ces débuts de l'Ordre, que sanctionnera la première prédication «officielle» au couvent des prêcheurs (72), sont rendus dans la perspective de la *mimesis* «complexe», qui noie les desseins précis de la Providence dans le désordre de la vie commune.

De cette analyse des grands mouvements de notre texte on retiendra principalement deux données. La spécificité de chacune des *mimesis* est tout d'abord à considérer comme une réalité essentiellement stylistique. C'est par l'accumulation des formules empruntées au *corpus* dramatique contemporain que l'auteur parvient à traduire la complexité d'un monde incertain. De même, la transparence propre aux scènes qui suffiraient peut-être à composer un «mystère de saint Dominique» est une affaire de registre bien plus que de matière thématique. Par ailleurs, l'alternance des deux manières, qui se résout symptomatiquement dans la dominante de la seconde, ne saurait s'entendre comme un simple procédé de diversification. Quand notre auteur privilégie tour à tour l'un et l'autre type de représentation, il ne veille pas précisément à introduire de la variété de son œuvre: sa recherche est d'un autre ordre. Rien de moins aléatoire que sa tendance à contrebalancer sans cesse l'évocation d'un monde immédiatement déchiffrable par le rappel des obscurités de l'existence quotidienne. De fait, la raison d'être des lignes concises et directes réside peut-être moins dans ce qu'elles expriment que dans la nécessité du fatras qui vient les recouvrir ou les brouiller. Dialectique un peu élémentaire, sans doute, mais qui réussit à cerner avec vigueur les conditions de la vie chrétienne, où la main de Dieu n'opère que dans le vif de circonstances parfois chaotiques. On entrevoit déjà, par ce biais, l'une des significations du couple qui associe Regnault à Dominique: l'itinéraire sans heurts que parcourt ce dernier l'installe définitivement dans la niche des modèles hiératiques, tandis que son compagnon résume, à travers ses luttes et ses tribulations, l'aventure incertaine promise à tout serviteur authentique de la vérité.

On ne saurait donc, au vu de ces remarques, réduire le mimétique à un simple véhicule de l'histoire. Sans remettre en cause la solidarité fondamentale qui lie la *mimesis* au point de vue de la durée, il faut bien noter que ce rapport demeure finalement fort complexe. A cet égard, nous avons insisté à dessein sur la médiation des styles, au gré de laquelle la réalité n'est jamais que le lieu de l'invention artistique. L'imiter correspond alors moins à la reproduire qu'à la moduler dans une recherche expressive originale. Considérations banales, au demeurant, mais qui nous amènent au seuil d'une interrogation de portée non négligeable : quel rapport entretient l'*Institucion des Prescheurs* avec la tradition historique qu'elle est censée diffuser ou commémorer ?

De la chronique au récit

L'exigence d'un minimum de clarté impose d'emblée de définir les termes : par *récit*, nous entendons l'histoire de la fondation de l'Ordre telle qu'elle est rapportée au fil de notre mystère, tandis que l'utilisation de *chronique* renvoie à la tradition historique que son auteur prétend servir. Il est vrai que ce dernier concept ne se présente pas comme une constante absolue puisque, par exemple, de Jourdain de Saxe à Thierry d'Apolda, la figure de saint Dominique bénéficie d'éclairages multiples. Cela dit, on est tout de même en mesure de compter sur un texte de base idéal, récapitulant des faits que personne ne songe à mettre en doute. Or il se trouve justement que l'*Institucion* prend à l'égard de cet héritage commun des distances qui, par endroit, ressembleraient presque à des distortions. Pour ne pas allonger exagérément cette analyse, nous nous limiterons à l'examen de deux motifs saillants de l'histoire de saint Dominique : la lutte contre les hérétiques, et les circonstances de la fondation de l'Ordre.

a) *Une hérésie omniprésente et insaisissable*

De toute évidence, c'est pour combattre les ravages de l'hérésie que Dominique rassemble ses compagnons dans l'ordre des prêcheurs. L'omniprésence du mal qui subrepticement ronge les bases de la société chrétienne s'incarne dans la figure allégorique de la «fille de Sathan», cette Heresie maléfique qui n'est jamais à bout de ressources pour tromper son monde. Sa souveraineté perverse hante la conscience des chrétiens d'élite qui voient en elle la source ultime de tous les désordres:

> Le Monde est en grant indigence
> Par deffaulte de reprouver
> Les heretiques,

confie Maistre Bertran à son confrère Mathieu (10, v. 629-631). Mais où trouver la force et la finesse nécessaires à confondre les esprits fallacieux qui empoisonnent la chrétienté? L'initiative enthousiaste de Dominique formule un début de réponse d'autant plus convaincant qu'il s'appuie sur l'aide de la Vierge, seule susceptible d'

> expulser et amortir
> Ces faulx et maulditz heretiques
> Et leurs grans raysons sophistiques. (11, v. 670-673)

Ce souci de l'intégrité de la doctrine chrétienne menacée constituera donc l'essentiel de la requête adressée au souverain pontife (13, v. 839 sq.), et c'est bien sous les traits du pilier de l'Eglise prompt à pourchasser l'hérésie que Dominique apparaît au pape dans la vision miraculeuse qui doit achever de le convaincre (16, v. 1013-1045). Ce dernier se rend promptement à l'évidence: c'est à cause de sa négligence que l'hérésie a gagné du terrain, et que sa «loy oblique» menace désormais les fondements mêmes de la foi (17, v. 1046 sq.). Au soutien de la hiérarchie ecclésiastique se superpose la garantie de la faveur divine qu'apportent à saint Dominique les apôtres Pierre et Paul dont la brève manifestation a pour effet de le rendre

> Plus [...] fortificatif
> Et sur contre loy heretique (21, v. 1217-18).

Ce spectre de l'adversaire à combattre reparaît enfin dans l'épisode de la vocation de Regnault, mais sous la forme visualisée d'un dialogue entre Sathan et sa fille, évaluant leurs chances face aux nouveaux champions de la doctrine chrétienne (33): le temps n'est plus où Heresie pouvait se reposer sur une liste de suppôts que rien ne semblait devoir interrompre!

L'omniprésence du motif semble en effet commandée par ce premier tête-à-tête révélateur de la complicité d'Hérésie et de Sathan (5). Nous y avons déjà relevé ce curieux rappel des points marqués par les sinistres acolytes, Hérésie se prévalant notamment de tous les faux docteurs qui, sous son inspiration, n'ont eu de cesse de semer le trouble parmi les chrétiens (5, v. 322-336). Nous avons également noté l'allusion à l' «Albigois» (v. 343) qui contribue à inscrire au cœur de l'histoire l'antagonisme révélé par l'allégorie. On remarquera cependant qu'il s'agit en l'occurrence de l'unique mention à l'erreur précise que tenteront d'extirper les prêcheurs. Précision toute relative, du reste, puisque la doctrine diabolique n'est guère évoquée qu'à travers les zones géographiques (Cologne, la Lombardie, v. 344) qui lui ont fait bon accueil. Quoi de plus paradoxal, à la limite, que ce mystère dédié à saint Dominique dont le principal souci semble être de faire l'impasse sur l'identité des cathares[46]? Le paradoxe s'éclaire partiellement toutefois si l'on s'avise que cette quasi absence relève moins d'une volonté de discrétion ou de dissimulation que d'une interprétation différente de la stature du saint prêcheur.

Mise en valeur par l'allégorie, dénoncée à chaque instant comme l'une des projections les plus redoutables de l'adversaire infernal, l'hérésie n'est de loin pas seule à défier l'enthousiasme combatif des hérauts de la foi. Pas plus, du reste, qu'elle n'est la cause unique du déplorable état du monde que brossent les premières pages de l'œuvre. Le discours d'Obstinacion, qui proclame sa mainmise sur tous les trois états, montre bien au contraire la solidarité de tous les vices ordonnés à la perte du monde (2). Dans son projet, le triomphe de la «secte heretique» (v. 71) demeure

---

[46]   Voir l'étude de Jean Batany, «Les interférences entre 'mystères' et 'moralités': le cas des personnages allégoriques des 'Trois Etats'», *op. cit.*, p. 133. Selon ce critique, l'évacuation des circonstances historiques précises de la fondation de l'ordre dominicain contribue, dans notre mystère, à «transformer une pièce historique en pièce d'actualité».

en effet étroitement lié aux ravages causés par «orgueil, avarice et luxure» (65), les trois concupiscibles dénoncés dans la première Epître de saint Jean[47]. Le jeu des yeux bandés (v. '94 sq.), qui enferme chacun des états dans la logique immobile de ses inclinations perverses, résume cette vision d'un monde corrompu et apparemment irrécupérable. On comprend à la lecture de cette scène l'indifférence de notre auteur à l'endroit des circonstances historiques concrètes qui encadrent la vocation de saint Dominique. L'ordre des Prêcheurs a sans doute été conçu pour enrayer une menace précise qui a pesé sur l'Eglise à un moment défini de son histoire, mais ce n'est pas cela qui compte vraiment à ses yeux. L'hérésie cathare et le danger qu'elle représente pour le peuple chrétien ne sont qu'une incarnation, parmi tant d'autres, des ténèbres qui, jusqu'à la fin des temps, feront obstacle à la percée de la foi. Les remous de l'histoire se voient de la sorte absorbés par cette lecture uniformisante dont l'ascétisme désabusé ramène le réel à un schéma topique.

La petite chorégraphie infernale (6) qui fait suite au dialogue entre Sathan et Heresie confirme notre analyse. Obstinacion entretient l'aveuglement des trois états qu'elle avoue, en aparté, mener à leur perte:

> En la fin j'en serai bouchere! (v. 376)

Cette scène est bâtie sur un rondeau, dont les refrains suggèrent la répétition sans fin du même procédé: Eglise, Noblesse et Labour s'enfoncent dans leurs convictions frelatées – «Il n'est que de faire grant chere!» – tandis qu'Obstinacion mène avec entrain leur danse sans issue. Sathan et Heresie assistent au spectacle, si l'on en croit la didascalie du vers 367: «Icy Sathan et Heresie s'en iront vers Obstinacion et se melleront parmy les trois estas», mais ils demeurent singulièrement en retrait. Comment justifier une discrétion qui, au premier abord, ne semblait pas s'imposer?

---

[47] 1 Jn, 2, 16.

Au contraire, un ballet tapageur où se croiseraient les trois états et les trois puissances maléfiques acquerrait à cet endroit une incontestable valeur expressive.

En réalité, cette réserve de Sathan et Heresie, de même que l'ordre d'arrivée des personnages allégoriques dans la pièce, trahissent une certaine confusion dans la mise en place de la hiérarchie maléfique. Obstinacion vient d'abord, qui apparaît comme un substitut de Sathan – une «dyablesse», dit la didascalie du vers 44 – , tant par sa nature que par ses actes. Sathan lui fait suite, figure conventionnelle et inévitable dont le rôle est significativement minimisé. Tout au long du mystère, ses interventions se limitent aux injures lancées à tout vent, dont la banalité se double d'une inefficacité garantie. On a l'impression que l'auteur ne mise pas véritablement sur le personnage, mais se contente de payer son tribut à la tradition[48]. Troisième manifestation du pouvoir infernal, Heresie est appelée par les circonstances historiques liées au sujet[49]. Le retour d'Obstinacion, qui domine la fin du prélude allégorique (6) relègue toutefois la fonction d'Heresie dans l'ordre des phénomènes superficiels: c'est parce qu'ils s'obstinent dans leur perversion – simonie, luxure, révolte – que les trois états risquent la damnation, et non en raison de leurs opinions doctrinales. Il y a donc une contradiction latente dans l'exposé successif des «scènes» 2 et 5. La première est dominée par le discours satirique et moral qui évacue la donnée historique pour se concentrer sur le conflit immémorial entre les forces de l'enfer et l'espérance de la rédemption. Elle appartient par définition à l'univers de la moralité, que régit l'allégorie des vices et des vertus. Par contraste, le recours au personnage d'Heresie (5) traduit un

---

[48]   On verra cependant comment, sous un autre angle, notre auteur récupère la signification du personnage. Cf. *infra*, p. 86 sq.

[49]   L'allégorie d'Hérésie ne semble pas apparaître avant les moralités expressément commandées par la controverse religieuse Voir J. Beck, *Théâtre et propagande au début de la Réforme, op. cit.*

effort pour intégrer la représentation traditionnelle du « monde perdu » à une circonstance historique définie. L'allégorie rejoint l'histoire, dont elle devient le principe explicatif. Dans cette optique, les aberrations doctrinales que s'apprêtent à combattre les prêcheurs s'inscrivent dans la série des déviations qu'a suscitées, tout au long de l'histoire, l'influence désastreuse d'Hérésie. Mais une telle réconciliation des deux perspectives est ici suggérée plutôt que réellement amorcée. L'unique référence aux Albigeois n'est accrochée que par un fil bien léger aux réalités concrètes de l'histoire. Si, comme on l'a relevé, l'hérésie est souvent évoquée comme l'objectif explicite de la croisade spirituelle qu'entreprend Dominique, ses méfaits apparaissent plus souvent encore en étroite association avec les autres vices qui accablent la société chrétienne.

Cette double polarisation, au gré de laquelle l'hérésie ne figure guère que comme un symptôme de la condition pécheresse des hommes, se manifeste déjà dans le message de l'archange Michel envoyé par Notre-Dame pour soutenir Dominique dans son projet de fondation (8):

> Clers et docteurs de vie tresmunde
> Avecques toy assembleras,
> Et par ce moyen construyras
> Une saincte religion,
> Et sera leur vocation
> De prescher, *pecheurs convertir,*
> *Et tous hereses avertir*
> *De l'erreur qu'ils ont en la foy.* (v. 593-600).

On retrouve la même ambiguïté dans le programme d'action que soumet Dominique à ses premiers disciples (11). A l'en croire, leur prédication aura comme but essentiel de

> [...] faire abolir *les pechés*
> Dont tous *estas* sont *entechés* (v. 701-702),

tandis que Maistre Mathieu se prévaut déjà de l'excellente formation théologique qui permettra aux futurs prêcheurs de contrecarrer

> [...] toute mauldicte inference
> Par *faux hereses* trop accrue (v. 718-719).

Au cours du conseil qu'il tient avec ses cardinaux pour examiner la requête de saint Dominique (15), le pape souligne la double hypothèque qui pèse sur la chrétienté. Dans le sillage de l'hérésie, les vices se multiplient comme par voie de conséquence:

> Grant planté y a d'*heretiques*
> En l'Eglise, par voyes iniques
> Foullant par trop Foy catholique;
> *En après*, art dyabolique
> Tient *tous estas en si grans vices,*
> Et si excessives *delices*
> Qu'ils soient *corrompus* de tout point. (v. 906-912).

La solidarité des deux motifs est d'autant plus intéressante qu'il s'agit ici d'une scène capitale par rapport à l'économie du drame. Aussi n'est-ce pas par hasard qu'au moment de remettre la bulle de fondation à saint Dominique (19), le pape lui rappelle les deux missions conjuguées de l'Ordre: «convertir pecheurs» (v. 1174) et «refuter les voies heretiques» (v. 1175).

Le rapprochement des deux termes prend par la suite d'autres nuances. Dans la prière de saint Regnault, par exemple, l'hérésie est vue comme une conséquence du mauvais gouvernement de l'Eglise, interprétation qui traduit une fois de plus cette tendance à lire les faits à l'aune de la satire traditionnelle (24, v. 1400-1409). Lorsque Divine Inspiration exhorte le brillant universitaire à renoncer à sa carrière et à tous les agréments matériels et intellectuels qu'elle suppose pour sauver l'Eglise de l'emprise des hérétiques (27), elle ne fait que souligner la prépondérance de l'idéologie ascétique qui, dans notre *Institucion*, gouverne le récit des événements. Regnault adhère parfaitement à cette vision des choses: au moment de prendre congé de ses étudiants, il insiste sur l'abandon du monde, condition essentielle du combat pour la foi (29, v. 1651-1653).

On pourrait multiplier à loisir de tels exemples, qui d'une manière ou d'une autre attestent l'alternance, quand ce n'est l'interpénétration de motifs relevant chacun d'un registre différent. L'épisode du convers exorcisé (66, 68), dans lequel on pourrait ne voir qu'un divertissement rapporté, matérialise de manière fort opportune la double polarité de l'œuvre. Il est annoncé par les lamentations des religieux de Bologne, que ponctuent des arguments désormais familiers: le monde s'en va en perdition, l'Eglise est corrompue et l'hérésie progresse chaque jour davantage (v. 3503-3510). Or voici que cette amère litanie destinée, semble-t-il, à se perdre dans la grisaille sans issue des propos sans objet, s'incarne subitement dans la figure du jeune convers possédé par Sathan. Par son refus d'obéir à la règle de l'Ordre et surtout par l'ironique désinvolture qu'il oppose aux injonctions de ses supérieurs, il symbolise indirectement l'hérésie. Parallèlement, sur sa conduite dépravée se reflètent la révolte de Labour, l'avidité d'Eglise et la concupiscence de Noblesse. L'exorcisme haut en couleur qu'administre Regnault au jeune religieux (68) ne traduit-il pas une prise en compte réaliste de l'enracinement charnel qui fonde toute rébellion de l'esprit? Le choix de la bastonnade au mépris de toute démonstration théologique se révèle assez significatif à cet égard.

L'hérésie contre laquelle Dominique et ses compagnons se préparent à mener le combat n'est en définitive que la fine pointe de l'iceberg. Ainsi que l'établira Regnault au terme de son sermon (72), elle n'est qu'un ingrédient mineur dans l'abondante zizanie répandue sur le champ de l'Eglise. L'état déplorable du monde s'explique avant tout par l'abondance des péchés «courants», symbolisés par Orgueil, Avarice et Luxure, les concupiscibles de l'épître johannique. Certes, Heresie complète la liste, mais la mention explicite des «*trois* pechez de Dieu maulditz» (v. 4139) qui précède cette liste la situe en porte-à-faux, à la manière d'un ajout hors-catégorie. Qu'est-ce à dire, sinon que la fidélité à la chronique impose, tout au long du mystère, les

allusions répétées au danger que représente l'hérésie, mais
que les événements rapportés par cette même chronique
demeurent l'objet d'une appréciation calquée sur des critères habituels? Si Dominique et ses frères répondent aux
sollicitations d'une situation d'urgence, celle-ci est de tous
les temps. Aussi aura-t-on naturellement recours, pour
rendre compte de leur action, à ce découpage un peu crispé
de la réalité, couramment désigné par le terme de spiritua-
lité ascétique. A ce taux-là, il n'était sans doute guère utile
de brosser plus en détails la physionomie de l'adversaire
cathare.

b) *Identité problématique d'un fondateur*

Une comparaison entre les faits pris en compte dans
l'exposé de l'*Institucion* et le récit de la fondation de
l'Ordre, tel qu'il est enregistré par la mémoire dominicaine
à partir du *Libellus* de Jourdain de Saxe[50], révèle d'abord
chez notre auteur une tendance délibérée à la simplifica-
tion. Nous avons déjà constaté que saint Dominique, au
début du mystère, n'appartient à l'histoire que sous une
forme conventionnelle. Son nom seul l'identifie au personnage historique attesté par la tradition des *vitæ*, mais on ne
sait rien de lui, sinon qu'il se lamente devant le destin des
hommes en perdition. L'association du père des Prêcheurs
à la peinture allégorique de l'état du monde élimine tous les
traits qui tendent à inscrire son œuvre dans des circonstances concrètes. Tandis que Jourdain et ses successeurs
s'attachaient à situer l'acte de fondation de l'Ordre comme
la résultante de médiations diverses, l'initiative en revient,
dans notre texte, au seul Dominique. Ne figureront à ses
côtés ni Diègue d'Osma, ni Foulques de Toulouse, dont on

---

[50]   On pourra lire ce texte, ainsi que d'autres *vitæ* contemporaines,
dans la version française du P. M.-H. Vicaire, *Saint Dominique de Caleruega d'après les documents du XIIIᵉ siècle*, Paris, Cerf, 1955.

sait pourtant la part essentielle dans l'évolution et la réalisation de son projet. De même, les premiers compagnons sont réduits aux figures presque emblématiques de Mathieu et Bertrand, choix qui n'a peut-être rien d'aléatoire puisque ces deux frères sont en réalité les fondateurs du couvent de Paris. En dernier lieu, les interventions successives d'Innocent III et d'Honorius III sont synthétisées dans l'octroi de la bulle par un pape dont l'identité n'est pas précisée. A ces lacunes évidentes dans la liste des *dramatis personæ* correspond un refus systématique de s'arrêter aux diverses circonstances, si richement célébrées par la légende et l'iconographie, de la vie du saint fondateur. La réduction de l'hérésie cathare à une variante des trois concupiscibles explique l'impasse faite sur l'expérience de la prédication dans un Languedoc bouleversé par la croisade albigeoise. On peut à la rigueur admettre que les tribulations solitaires dans lesquelles mûrit la vocation du prêcheur ne bénéficient pas d'un caractère dramaturgique très accusé. Il n'en est pas de même, en revanche, du miracle de Fanjeaux[51] dont les ressources théâtrales sautent aux yeux. D'autres épisodes figurant l'opposition de frère Dominique et des tenants de l'hérésie présentaient des virtualités analogues. Ce n'est probablement pas faute de les connaître que notre auteur n'en a pas fait usage : selon toute évidence, son intérêt le dirige ailleurs.

Nous avons déjà relevé un contraste suggestif entre la peinture achevée qui consigne Dominique dans son rôle canonique et les esquisses beaucoup plus nuancées au travers desquelles Regnault apparaît bien davantage comme un être en devenir. Cette tension stylistique traduit en fait l'option thématique qui signe l'originalité de notre texte. On s'en convaincra en suivant pas à pas l'itinéraire de Regnault, dont il faudra examiner attentivement par

---

[51] Miracle illustré, dans notre imprimé, par la vignette décrite plus haut, p. 12-13.

ailleurs les rapports qu'il entretient avec son compagnon Dominique.

Comme saint Dominique, saint Regnault entre en scène par le biais d'une profession de foi: son monologue introductif, distinct en cela de la manière traditionnelle, omet tout détail relatif à son identité pour se concentrer sur un programme de vie dominé par la lutte contre l'oisiveté. Comme pour mieux signifier l'exigence fondamentale qui fait qu'un chrétien doit sans cesse rendre compte de son temps, il enjoint son chapelain de lui apporter son «decret» (22, v. 1276-1296). A l'inverse cependant de son futur maître, Regnault ne tisse pas son discours des vues pénétrantes et abstraites qui enveloppent la totalité des expériences humaines. C'est moins le héraut universel de la foi, qui s'exprime en lui, qu'un universitaire de bon vouloir, ébranlé à ses heures par la tentation de la nonchalance – à moins qu'il ne soit tout simplement fatigué –, et qui tente de se ressaisir en invoquant les impératifs de son devoir d'état. Le ton de ces vers coïncide parfaitement avec la prochaine entrée en scène des figures familières de la vie universitaire parmi lesquelles on va voir évoluer le «docteur tresdiscret» (v. 1344). Cependant, la conscience de Regnault ne saurait se ramener à l'aune de cette morale pragmatique. La prière qu'il adresse à Dieu, puis à la Vierge (24, v. 1367-1415), traduit une vie spirituelle ardente, avide des consolations de la grâce. Le jugement désabusé porté sur le monde en proie à l'hérésie et sur les failles de l'Eglise doit se comprendre comme une conséquence de sa soif de perfection. Regnault trouve en quelque sorte dans son amour du ciel la nécessaire distanciation qui l'invite à jeter sur le monde chaotique un regard de véritable compassion. Cette hauteur de vue, qui appelle une réponse céleste par l'entremise de Divine Inspiracion (25, 27), fait de Regnault sinon un double, du moins une figure parallèle à celle de saint Dominique, dont il se distingue en revanche par sa dimension beaucoup plus «incarnée». Il faut toujours garder à l'esprit ce double rapport de symétrie et de dissemblance entre les deux héros, qui recèle sans doute l'un des principes dynamiques les plus intéressants de notre mystère.

Les deux scènes des adieux au monde soulignent l'appartenance de Regnault au registre du concret en même temps qu'elles suggèrent une conformité frappante entre sa vocation et et celle de Dominique. La sérénité totale qui préside à la dernière leçon en Sorbonne est obscurcie par les plaintes teintées d'amertume des écoliers qui se sentent abandonnés par leur maître, auxquelles s'ajoutent les récriminations voilées du chapelain bousculé dans ses habitudes (31, v. 1683 sq.): si Regnault s'éloigne sans un regard en arrière, l'attitude de ses proches en dit long sur les attaches qu'il a dû trancher. L'affection que vouent à leur doyen les chanoines de Saint-Aignan n'est pas moins encombrante. Mais Regnault a prévenu leur désapprobation en exposant, comme il l'a fait dans son discours aux écoliers, les raisons profondes de sa démarche: grâce à Divine Inspiracion, il a compris qu'il ne lui servirait à rien de se lamenter sur la négligence des clercs s'il n'entreprenait lui-même, par une réforme personnelle, d'y porter remède. Mais tandis qu'il insistait surtout, en s'adressant à ses pairs, sur la nécessité du renoncement au monde pour combattre efficacement l'hérésie (29, v. 1694 sq.), il dévoile l'ensemble de son programme au chapitre de Saint-Aignan: son prochain départ pour Rome y apparaît explicitement lié au projet de fondation d'un Ordre de prêcheurs, dont il entend proposer au pape les grandes lignes (33, v. 1889-1893). Tant par sa prise de conscience des besoins urgents de la chrétienté que par la réponse précise et efficace que suscitent en lui les malheurs du monde, Regnault figure dans cette scène comme un exact substitut de Dominique. Ainsi formulée, sa vocation personnelle apparaît, dans l'économie générale de la pièce, comme une étrange redondance dont on ne voit pas immédiatement la raison d'être. Ce phénomène de substitution est renforcé par la réapparition de saint Dominique sur la scène (39). On l'avait quitté dans une phase triomphale, alors que ses projets de fondateur se voyaient

couronnés par l'approbation de saint Pierre et saint Paul
(21). Or voici que ces glorieuses perspectives se sont muées
en tergiversations sans objet: on «muse», selon l'expression de maître Bertrand (39, v. 2100), alors qu'il faudrait
faire avancer les choses et travailler à la diffusion du nouvel
Ordre. Cette étonnante inertie, dont on ne voit guère à quel
épisode historique elle peut correspondre, se justifie dans
un éclairage dramaturgique. Elle suscite l'obstacle qui
attend de Regnault une intervention providentielle. Obstacle non seulement artificiel, mais expressément ordonné
à la valorisation de celui qui doit l'aplanir. Ce curieux renversement des perspectives révèle clairement l'intention de
l'auteur, qui va désormais transférer à la personne de
Regnault le charisme du véritable fondateur. L'on conçoit
mieux dès lors que, malgré l'atmosphère de concorde cha-
leureuse qui la caractérise, l'entrevue des deux protagonistes ne débouche que sur de vagues projets (41). Un dramaturge moins incisif, ou moins pénétré de l'orientation
singulière de son dessein, les aurait sans doute envoyés tous
deux auprès du Saint-Père, dont la bénédiction renouvelée
aurait consacré la fécondité d'une amitié pleine de promesses. Notre auteur récuse cet épilogue banal qui aurait
fait de Regnault l'*alter ego* de Dominique. Ce n'est décidément pas sur le modèle topique du compagnonnage qu'il
entrevoit la relation de ses deux héros.

Regnault et Dominique se séparent donc sur la perspective bien imprécise d'un prochain revoir, et cela au terme
d'une rencontre qu'ils considèrent l'un et l'autre comme un
signe de la bienveillance divine. Ce paradoxe délibéré favorise une suspension de l'action au gré de laquelle l'auteur
pourra développer le «miracle de Notre-Dame» inscrit au
cœur de la légende du bienheureux Réginald. Nous ne com-
menterons pas dans tous ses détails cette section E qui
constitue à elle seule un drame autonome. Ses dimensions
considérables – elle totalise 1116 vers, soit approximative-
ment le quart de l'ensemble du texte – attestent l'influence
prépondérante de Regnault dont le rôle tend à éclipser

celui de Dominique, réduit à la simple fonction d'adjuvant. C'est désormais sur lui que repose non seulement l'avenir des prêcheurs, mais la réalisation de l'acte de fondation dont on a soudain l'impression qu'il est l'unique garant. Convaincu de sa mort imminente Regnault se lamente en effet de n'avoir pas pu mener à bien un projet que Notre-Dame avait elle-même cautionné:

> Helas, Vierge, en si grant joye,
> Pour la saincte Foy catholique,
> Avoye entreprins ceste voye,
> Et je voy que Morts si me picque! (49, v. 2598-2601)

Et Dominique de prendre à son tour la Vierge à témoin de la perte irréparable que constituerait pour l'Ordre en formation le décès subit de son compagnon:

> Las, ta sainte religion
> En union
> Avoit si bon commencement,
> Et je voy la destruction
> Ce se syon
> Par mort prent son diffinement. (52, v. 2756-2761).

On remarquera que, dans les faits, Regnault reste encore un parfait inconnu pour Mathieu et Bertrand qui symbolisent la communauté primitive. De même l'engagement qui le lie à cette communauté relève, pour l'instant, du seul désir (41, v. 2284-2291). Ces considérations n'empêchent nullement saint Dominique de révérer en lui un «haut pillier de la foy» (v. 2767-68), usant symptomatiquement à son endroit de la formule qui jusqu'ici avait servi à le désigner lui-même (cf. v. 1017, 1155, 1167 et *passim*). Le terme de «pillier» revient (v. 2776) dans la requête de Notre-Dame à son Fils, lequel enverra une nouvelle fois l'archange Michel auprès de Dominique et de ses frères pour leur communiquer la guérison prochaine de l'agonisant. Le soulagement des religieux est alors unanime: si Regnault échappe à la mort, l'avenir de l'Ordre est sauvé:

> Bien s'apppreuve notoirement
> Ceste sainte religion (54, v. 2849-2850).

Une fois de plus, rien dans la réalité n'autorise cette mise en valeur exceptionnelle du rôle de Regnault. L'ascendant de l'ancien docteur s'impose comme une donnée irrationnelle, dont l'apparition de la Vierge et de sa troupe céleste confirme avec éclat la pure gratuité.

Certains détails de la miraculeuse «visitacion» (58) entérinent cette suprématie momentanée de Regnault. Après l'avoir enduit de l'onguent qui le délivrera de sa fièvre maligne (v. 3020 sq.), Notre-Dame pratique sur son corps une seconde onction «en valleur tresespecialle» (v. 3047), explicitement ordonnée à sa mission de prêcheur. Ce don particulier se manifeste dans un rituel comparable à celui des derniers sacrements, mais dont la signification ultime est peut-être plus proche de celle d'un adoubement. C'est en tout cas ce que laisse deviner la métaphore qui couronne cette première phase de la cérémonie :

> Tu es mon escu et ma lance
> Pour combattre mes adversaires (v. 3105-3106).

Chevalier de Notre-Dame, Regnault devient l'interprète privilégié de celle qui se proclame «pure fondaresse» (v. 3162) de l'ordre des Prêcheurs. C'est donc par son intermédiaire qu'elle transmettra aux religieux et au monde le signe irrécusable de son alliance, cet habit dont la blancheur évoque la virginité. Dépositaire du vêtement céleste, Regnault se voit du coup investi de la responsabilité de tous ceux qui seront appelés à le porter. Dominique n'est pas complètement oublié, certes, mais il vient significativement en seconde place dans les recommandations de Notre-Dame (v. 3181-84). Lorsque Regnault lui rendra compte des grâces dont il vient d'être l'objet, Dominique s'inclinera avec révérence. Non seulement il adoptera le nouvel habit, mais il y verra le gage de la véritable fondation :

> Las, vous dictes vray :
> Tout presentement vestiray
> Cestuy cy pour *commancer* l'ordre. (59, v. 3255-3257)

Que peut encore signifier une bulle pontificale quand le ciel vous manifeste si généreusement sa confiance?

A la persévérance du premier fondateur s'est insensiblement substituée la patience du miraculé. Cette seconde naissance de l'Ordre n'en annule pas pour autant la première, pas plus que saint Regnault n'éclipse définitivement saint Dominique qui, on l'aura noté, conserve tout au long de l'épisode un rôle primordial d'intercesseur. En se donnant comme véritable fondatrice de l'Ordre, la Vierge souligne une hiérarchie des causes propre à relativiser la portée des travaux et des projets humains. Cette dimension n'est certes pas absente dans le reste de la pièce. Néanmoins, notre auteur va se servir de la légende du bienheureux Réginald pour exprimer la forte intuition qui anime sa lecture des faits: l'homme n'est jamais qu'un instrument de la Providence. C'est dès lors moins de la substitution du second fondateur au premier qu'il convient de parler, que de la superposition de deux visages complémentaires de la sainteté. Nulle rivalité entre Regnault et Dominique, puisque aucun d'entre eux ne saurait s'approprier l'inspiration qui les guide. Dans l'espace scénique où elles se relayent, leurs silhouettes conjuguées suggèrent le riche paradoxe du serviteur dont la récompense outrepasse sans mesure les efforts et la peine.

En intégrant à son récit une figure bien connue de la chronique dominicaine, notre auteur n'a vraisemblablement pas cherché avant tout à flatter l'attente de son public. Même si, comme nous l'avons vu dans la partie historique de notre introduction, les besoins de l'apologie restent une explication plausible du rôle disproportionné qu'il réserve, dans sa version des faits, à un religieux français, Parisien d'adoption et gloire de l'Université, la signification de l'œuvre achevée excède de beaucoup ces préoccupations immédiates. Si notre mystère acquiert, à travers le personnage de Regnault, une nuance «gallo-centrique» difficilement niable, il lui est davantage encore redevable de l'originalité de sa facture et de son autentique dimension

spirituelle. L'auteur d'un tel accomplissement n'a pas
hésité, pour y parvenir, à désintégrer la tradition dont il est
dépositaire. Pour associer le bienheureux Réginald à la fondation de l'Ordre, il lui a été indispensable, par exemple, de
reléguer la chronologie aux oubliettes. Son récit paraîtra
bien suspect à qui se souvient que la première entrevue de
Réginald avec son futur maître n'a lieu qu'en 1218, que son
séjour à Rome n'a pas le moindre rapport avec un quelconque projet de fondation, et que son entrée dans l'Ordre
intervient, sur les instances de saint Dominique, au cours de
sa maladie. Au mépris de l'exactitude historique, l'auteur
de l'*Institucion* réinsère dans une structure nouvelle des
composantes narratives dont il actualise par là-même les
virtualités sémantiques insoupçonnées. Regnault l'intéresse moins en vertu de ses qualités propres que dans la
mesure où il lui permet de vivifier le personnage de Dominique par l'évocation d'un destin en devenir, et surtout de
prolonger sa commémoration de la geste dominicaine par
une méditation sur les voies déconcertantes de la grâce.
Quoi qu'en ait pensé Petit de Julleville, l'indépendance
hardie avec laquelle cet écrivain use de son matériau n'est
pas la marque spécifique d'un plumitif laborieux.

Cela dit, cette liberté prise à l'endroit de la chronique ne
dispense pas de certaines contraintes. On ne compose pas
un mystère comme une série de variations libres sur un
thème donné, et il faut bien que le public, familier du personnage ou de l'événement qu'il est venu voir célébrer, s'y
retrouve au bout du compte. Les accommodations du texte
canonique doivent donc, pour rester légitimes, se faire
oublier dans la perfection de l'accord final qui résoudra
tous les décalages intermédiaires. En termes plus concrets,
la prépondérance momentanée de Regnault sur Dominique ne peut que s'estomper dès l'instant où elle a livré sa
signification spirituelle. Le récit fait alors allégeance à la
chronique dans un épisode à la logique légèrement claudi-
cante (64), où Dominique recouvre son prestige de fondateur, ce qui lui permet de désigner en Regnault le «*second*

pillier de l'Ordre» (v. 3448-49). On ne disputera pas à la fantaisie de l'auteur ce dernier détail qui, s'il n'est pas accrédité par la tradition, lui facilite la réorganisation de ses pions sur l'échiquier de l'Histoire. Plus risquée est la juxta-position, dans cette séquence dramatique, de la prise d'ha-bit collective qui «enterine» (v. 3390) solennellement la naissance de l'Ordre et du discours de saint Dominique mentionnant les couvents déjà prospères de Toulouse, Bologne et Paris (v. 3435 sq.) auxquels il convient d'annon-cer le miracle. Manifestement, la réconciliation du récit et de la chronique n'évite pas certaines turbulences. Mais cette distorsion de la facture n'est pas le fait de la nonchalance ou de l'étourderie. Si maladroit qu'il apparaisse, ce relais de l'histoire est nécessaire à la validation de la fable. Autrement dit, l'interprétation des faits que propose l'*Institucion des Prescheurs* n'a de valeur et de sens, dans sa singularité même, que dans la mesure où elle se rattache à une réalité autorisée qui la ratifie.

Le «couvant de Paris» (v. 3450) qui se profile au terme de la mission confiée à Regnault ponctue de sa matérialité familière les magies d'un espace scénique où se sont croisés le ciel et la terre. La *mimesis* atteint un point limite lorsque, par le truchement d'un lieu aisément identifiable, le spec-tacle se voit privé d'une partie des indices qui assurent sa discontinuité par rapport au réel. La distance théâtrale est alors, sinon supprimée, du moins fortement compromise. C'est dans cette perspective que semble évoluer notre mys-tère, au terme de sa réconciliation avec l'histoire. Sans doute n'est-ce pas par hasard que ce même couvent de Saint-Jacques serve de toile de fond à l'ultime scène.

Les conséquences ultimes de l'option mimétique

Nous avions vu, dans un premier temps, comment la *mimesis* prenait le relais de la figuration allégorique du monde, qu'elle traduisait dans une perspective concrète.

Cependant, cette insistance sur la dimension immédiate du réel n'implique pas une subordination absolue à l'endroit des faits. Ainsi qu'on a pu le constater, la représentation mimétique correspond le plus souvent à une reconstruction de l'histoire. Il n'empêche que leur alliance reste la marque d'une création qui ne jouit plus d'une autonomie complète à l'endroit de la réalité. Eclairé dans sa dynamique essentielle par l'allégorie mais transposé dans sa complexité par la *mimesis*, l'univers reconstitué sur la scène maintient avec la réalité commune des liens de solidarité qui interdisent de le réduire à un système. Telle est du moins l'interprétation que suggèrent certains traits saillants de l'écriture dramatique, qui nous ont paru fonder la spécificité de notre mystère. Nous nous limiterons à l'examen de deux constantes formelles particulièrement significatives: la réapparition cyclique de certains thèmes ou de certains personnages, d'une part, et de l'autre le fait que notre texte se dérobe à toute forme de conclusion.

Une composition de type cyclique

Comme dans la plupart des mystères, Sathan doit se contenter d'interventions ponctuelles. Si haute en couleur que soit sa figure, si tonitruantes que soient ses interventions, l'économie même de l'œuvre limite son rôle à la portion congrue. Il lui arrive certes de dominer la scène, mais ce n'est qu'à titre épisodique, et sans que sa maîtrise ne s'étende jamais à la totalité de l'univers qu'enclôt et symbolise l'espace théâtral. Aussi sa première prise de parole (4) le confine-t-elle symptomatiquement dans une attitude défensive:

> Comment? Est mis jus ma puissance?
> N'ay ge plus de pouvoir au monde? (4, v. 187-188)

Le dialogue de Sathan avec Hérésie (5) traduit à son tour un scepticisme qui contraste curieusement avec le bilan somme toute très satisfaisant des ravages perpétrés dans le monde. «Mais on fait machinacion ...» (5, v. 303), et la fine stratégie des puissances maléfiques doit s'incliner devant la contre-attaque de ce «papellart» (v. 306), de ce «bigot inique» (v. 310), de ce «paillart matin» qui «veult prescher» (v. 311). Au moment où Regnault quitte Paris, les deux comparses reviennent sur la scène (32) pour une déploration bruyante qui, conformément à l'usage des mystères, contribue à enregistrer les victoires du champion de la foi. Un nouveau conseil de guerre réunit bientôt Heresie et Obstinacion aux côtés de Sathan (37) pour supputer les chances de poursuivre, en dépit de l'adversaire de taille que l'on reconnaît en Regnault, l'asservissement des trois états. Là encore, l'optimisme qu'affectent Heresie et Obstinacion – «Hau, Sathan, ne t'en soucie goutte !» – ne saurait faire illusion. Sathan est bien contraint de se reconnaître en méchante posture. Le mieux est peut-être de se faire oublier: son éclipse durable – ni lui ni ses alliés ne troublent le déroulement des sections D (rencontre des deux fondateurs) et E (miracle de l'onction) – pourrait s'interpréter comme le fait d'un calcul subtil, qui lui permet de revenir en force au seuil du dernier épisode (65). En effet, au moment où Heresie fait mine de le lâcher, Sathan recouvre paradoxalement toute sa verve pour fomenter un nouveau complot: il précédera Regnault à Bologne pour y séduire un frère convers. Les conséquences de ce dernier sursaut d'énergie s'annoncent en principe dérisoires: un épisode adventice qui procurera au héros l'occasion de démontrer sa bravoure à peu de frais (68). Mais il faut prêter attention aux menaces que profère Sathan expulsé par Regnault:

> A Paris devant toy iray,
> Et si tresbien laboureray
> Que point ne l'aura davantage. (v. 3678-3680)

Non seulement Sathan ne s'avoue pas vaincu mais, tandis que le mystère s'avance à grands pas vers sa conclusion, l'inquiétante évidence se voit explicitement soulignée: il court toujours !

Si elle répond en tout point à la convention, cette esquisse d'un Sathan constamment sur la brèche, inquiet et fondamentalement impuissant, n'est pas univoque. On y reconnaît sans doute la sanction du théâtre médiéval qui n'exalte la tyrannie fantasmagorique des diables que pour mieux en dénoncer la vanité[52]. Toutefois, les dernières interventions de Sathan invitent à considérer en lui davantage qu'un bouffon terrifiant et finalement inoffensif. Sans doute les puissances infernales n'échapperont jamais à cette situation de manque qui donne à chacune de leurs initiatives une allure de revanche insatisfaite. C'est la fameuse *invidia*, qu'ont amplement analysée les commentateurs médiévaux. Mais dans leur faiblesse même s'ancre un principe d'énergie redoutable. Le monstrueux appétit que rien ne saurait assouvir suppose une dynamique permanente, dont les effets peuvent faire frémir. Il ne suffit pas de ridiculiser Sathan. Il faut aussi compter avec ce personnage dont les retours périodiques suggèrent la dangereuse permanence[53]. Délivrer un jeune religieux de l'ennemi qui l'obsède n'équivaut pas encore à exorciser l'espace théâtral. Puissance de l'impuissant: tel est le paradoxe que projette, sur toute la conception de l'œuvre, ce Sathan décidément moins banal et moins anodin qu'il n'y paraît.

Aux allées et venues de Sathan et ses pairs correspond assez étroitement la récurrence thématique du «monde

---

[52]   Voir Jean Subrenat, «La *Mesnie Lucifer*, une société *bestournée* dans le théâtre religieux du XVe siècle», *Littérature et religion au Moyen Age et à la Renaissance,* Etudes recueillies par Jean-Claude Vallecalle *et al.*, *Annales Littéraires de l'Université de Besançon*, Presses universitaires de Lyon, 1996, p. 129-149.

[53]   Ce regard sur Sathan contribue à distinguer l'*Institucion* de la perspective que proposent les passions: ces dernières ont tout loisir de tourner en ridicule l'impuissance des forces infernales, dans la mesure où ce qu'elles célèbrent, c'est d'abord une certitude théologique, la victoire du Christ sur le Mal. Dans la visée historique qui est la sienne, notre mystère privilégie le temps humain où l'influence de Sathan n'est pas encore conjurée.

comme il va». Ce regard désabusé sur les malheurs du temps régit, comme on l'a constaté, toute la première partie de la pièce, tantôt visualisée par l'allégorie, tantôt verbalisée par la complainte de saint Dominique. Il demeure à l'arrière-plan des vocations parallèles de Dominique et Regnault, qui décident de quitter, pour mieux pourvoir à son salut, un monde où tout va de travers. Cet accent resurgit avec une intensité plus marquée au seuil de l'épilogue (66), où l'on assiste aux lamentations des trois religieux bolonais. La brièveté de leur propos trouve une compensation significative dans la mise en forme, un triolet dont le refrain résume les deux motifs de leurs griefs :

> Saincte Esglise est moult esperdue,
> Le Monde est perdu en tout point. (v. 3503-4; 3509-10)

L'auteur souligne par ce biais le parallèle explicite qu'il établit entre cette déploration et le constat initial de saint Dominique, que ponctuait une formule rigoureusement semblable: «Le Monde est perdu!» (1, v. 12, 24, 36). De même, lorsque Regnault rejoint ses frères du couvent Saint-Jacques, ceux-ci l'accueillent comme leur ultime sauvegarde face aux périls d'un monde dévoyé (71, v. 3823-3834). Or la configuration de cette scène – retour du bedeau et des écoliers, annonce du sermon – en fait l'exact parallèle du tableau parisien qui avait servi de cadre à la vocation de Regnault (31). A quoi tendent de tels parallélismes, sinon à contrebalancer tout ce qui, dans notre mystère, suggère une idée de progression conquérante, par le rappel de l'obstacle qui reste à vaincre? L'inertie du monde aveuglé et enchaîné par Obstinacion demeure, au terme de l'aventure, un défi considérable pour Dominique et ses frères. C'est l'urgence de ce défi qui confère à l'exhortation finale non seulement sa vivacité persuasive mais encore, en dépit des impératifs de cette structure close qu'est le sermon, sa valeur essentiellement suspensive.

Une forme ouverte

Au moment où Regnault monte en chaire pour s'adresser à son auditoire d'antan, nous savons donc expressément que Sathan court encore le monde, *«quærens quem devoret»* ainsi qu'on le répète chaque soir en ce temps de chrétienté. L'institution des prêcheurs dont, par un paradoxe inhérent à la structure de l'œuvre, l'annonce a pour cadre le couvent de Saint-Jacques, apparaît comme un signe d'espérance bien plus que comme une solution définitive. Rien ne permet encore aux serviteurs de la vraie foi de célébrer leur victoire. Notre auteur se démarque en cela de la majorité des mystères hagiographiques que couronne le martyre ou la mort édifiante du héros[54]. Mais son œuvre se distingue

---

[54]   Le mystère suppose par définition la mise en évidence de l'échec de l'Enfer et de ses suppôts. Cependant, certaines réalisations célèbres traduisent cette défaite sous un jour nuancé. Dans la *Passion du Palatinus*, par exemple, la mise à mal de Sathanas ne coïncide pas avec son éviction définitive mais équivaut, selon l'heureuse expression de J.-P. Bordier («Lectures du *Palatinus*», *Le Moyen Age*, 80, 1974, p. 469, n. 38.), à une «conversion régressive du diable en Juif, médiatisée par l'argent»:

> Or m'en irai en Lumbardie
> A touz jours mais user ma vie (Ed. cit., v. 1418-19).

De même, un remaniement tardif de la *Passion de Semur* (voir G. A. Runnalls, «The Evolution of a Passion Play, la *Passion de Semur*», *Le Moyen Français*, 19, 1986, p. 163-202), met simultanément l'accent sur la déroute des puissances infernales et sur leur riposte désespérée. A l'aveu d'échec de Sathan (éd. Roy, v. 8693 sq.) répond l'assurance vengeresse du démon Tempest qui, grâce à ses «sept chevaliers bien appris» (v. 8766), entendons les sept péchés capitaux, se fait fort de remplir la chaudière d'Infernus (v. 8779-8780).

Dans un tout autre registre, l'interpolation du ms. E du *Roman de Fauvel* traduit la même ambivalence: au terme d'une psychomachie dont plusieurs passages sont empruntés au *Tournoiement d'Antéchrist* de Huon de Méry, Fortune, qui est une figure de la Providence divine, impose aux vertus triomphantes d'interrompre leur combat: il convient de laisser régner pour un temps Fauvel et ses zélateurs, quelles qu'en soient les conséquences. Par leur humble présence dans un siècle voué aux puis-

tout aussi bien des moralités centrées sur le motif des fins
dernières, et cela en dépit de l'importance fondamentale
que revêt à ses yeux la question du salut. On attendra en
vain, dans notre texte, le renversement des perspectives
qui, résolvant la tension entre les deux forces adverses,
rétablit l'ordre et dote les protagonistes du destin qu'ils
méritent. A l'encontre de la célébration commémorative ou
de la leçon morale qui, tout en signalant l'accomplissement
du spectacle, l'investissent d'un sens clair, le sermon final
prolonge les incertitudes de la pièce. On s'en rendra peut-
être mieux compte à travers la lecture linéaire qui permettra d'en apprécier en détail la teneur.

Comme la majorité des sermons introduits dans des
œuvres dramatiques, celui que prononce saint Regnault
présente, dans une construction rigoureuse, une variante de
ce qu'Hervé Martin intitule la «formule classique simplifiée»[55]. L'exorde, que conclut traditionnellement la récita-
tion de l'*Ave Maria*, y développe le «thème» tiré de l'Epître
aux Galates (6, 7): *Quæ seminaverit homo hæc et mettet*,
sous la forme d'une narration circonstanciée qui emprunte
une partie de son bien à la parabole de l'ivraie (Mt 13, 24-
30). La dimension exemplaire de ce récit initial est soulignée par le rythme des strophes ternaires qui, après la
«chute à l'*ave*», feront place à des couplets d'octosyllabes.
Dès l'exorde on assiste, sinon à un gauchissement, du moins
à une orientation très marquée de la source évangélique. A
la leçon de patience qui se dégage de la parabole, l'auteur
préfère d'emblée une interprétation plus dramatisée: la

---

sances du mal, les vertus se borneront à guider les fragiles humains dans la
voie du salut (éd. A. Långfors, Paris, SATF, 1914-1919, p. 187, v. 1444 sq.).

Si le mystère commémore par vocation le triomphe du Rédempteur
sur les forces du mal, il lui arrive donc de suggérer parallèlement les
risques inhérents au «temps du salut», durant lequel Satan n'a pas fini
d'imposer sa loi au monde. Nous remercions MM. J.-P. Bordier et D. Hüe
qui ont attiré notre attention sur ces textes.

[55]   *Le métier de prédicateur, op. cit.*, p. 242 et surtout 574 sq.

zizanie semée par l'ennemi du «pere de famille» étouffe le bon grain et compromet sans appel toute la récolte.

Conformément à l'ordre traditionnel, le développement s'ouvre sur l'exposé de sa propre division en trois points: le prédicateur s'arrêtera d'abord au sens de *seminaverit*, puis de *mettet* pour conclure par un enseignement moral. Le verbe semer est riche en suggestions: à la suite d'Adam, qui a contaminé toute la terre en y semant le péché, le Rédempteur a répandu, par la vertu de sa passion, une semence nouvelle dans le champ de l'Eglise, en même temps qu'il a institué des serviteurs pour prolonger son œuvre et préserver la récolte. Mais les fruits de la semence divine sont aujourd'hui plus que jamais menacés par la zizanie, c'est-à-dire l'hérésie, l'hypocrisie, la simonie et autres parasites d'origine diabolique. Nous voilà une fois de plus confrontés à ce déplorable état du monde, et à la menace corollaire du glaive prêt à frapper. Seuls échapperont à cette perspective terrible les chrétiens soucieux de fuir le monde et de semer dans leur cœur la parole divine, après en avoir extirpé toutes les racines perverses.

Cette première résolution définit le ton du second point: *hæc et mettet*. Qui sème le péché s'apprête à recueillir la damnation. La logique implacable d'un tel constat débouche sur une exclamation pathétique:

> Helas, pecheurs, tremblés, tremblés,
> Et pleurs en vos cueurs assemblés,
> Redoubtés sentence divine,
> Que sur vous el ne se termine
> Disant: *ite, maledicti,*
> *In ignem eternum.* (v. 4085-90)

On reconnaît sans peine ici le fameux motif du *Pœnitentiam agite*, qui amène par contraste une évocation de la miséricorde divine à l'endroit des pécheurs prompts au repentir. D'un point à l'autre, le prédicateur a réussi à placer son auditoire en face d'une situation de catastrophe imminente. La structure méthodique à laquelle il soumet son discours en souligne curieusement la substance: au fil des procédés rhétoriques associés au genre du sermon, c'est toute la problématique suggérée par l'allégorie initiale qui reparaît dans ces lignes, problématique dont l'urgence est rehaussée encore par le recours systématique à l'apostrophe.

A défaut d'un beaume rassurant, le troisième point proposera au pêcheur victime de ses penchants mauvais la perspective d'un soutien non négligeable, sous la forme de l'Ordre nouveau fondé par saint Dominique. L'octroi de la bulle pontificale et le don de l'habit miraculeux en confirment, chacun dans son registre propre, la source authentique. Bien plus, l'institution des prêcheurs est rattachée, par un tour fort habile du prédicateur, à la mise sur pied des serviteurs que le Père de famille destine à la culture et à la protection de son champ. Ce retour à la parabole initiale se ressent, toutefois, de la nuance tragique qui en a imprégné la glose : de l'exemple de l'ivraie et du bon grain, on passe subitement à l'épisode des vignerons meurtriers (Mt 21, 33-43 ; Mc 12, 1-12 ; Lc 20, 9-19). A vrai dire, la modulation étonne à peine, tant elle s'accorde au climat général de l'œuvre. Sans doute la dernière page de notre mystère n'est-elle pas dénuée d'espérance. Si la situation du monde est désastreuse, les Jacobins ont déjà retroussé leurs manches, et il n'est que de les suivre et de les soutenir pour retrouver la voie de Paradis. C'est du reste la vision pacifiante du Royaume promis à tous que l'on reconnaît, en dépit de sa formulation très alambiquée, dans l'envoi conclusif. Cependant le prêcheur décline cette promesse sur le mode optatif, sous-entendant par là que la victoire sur les forces du mal n'est pas encore acquise.

Nous proposions d'envisager cette interpolation du sermon dans l'œuvre dramatique, procédé en soi très banal, comme une variante avant la lettre de la structure du «spectacle dans le spectacle»[56]. L'hypothèse gagnerait toutefois à être précisée sur un point : contrairement aux insinuations

---

[56]   Voir *supra*, p. 42.

du jeu baroque qui incluront la réalité dans le champ de la
représentation illusoire – *theatrum mundi* – , le réel reprend
ici ses droits sur l'illusion[57]. Associé initialement au temps
commémoré du récit ou de la chronique, le personnage de
Regnault, à la faveur notamment de l'habit qui le confond
avec tant de Jacobins parcourant la cité, émerge soudain
dans l'actualité la plus immédiate. A quel indice distingue-
rait-on désormais la figure du bienheureux de la silhouette
familière d'un prêcheur anonyme? Converti à l'aune commune, Regnault se retrouve par conséquent aux frontières
de l'espace théâtral et de la zone urbaine. Au contact de la
réalité, il perd sans doute une part du prestige que lui valait
son identité hagiographique. Sacrifice habilement calculé
puisque, par compensation, Regnault projette sur sa
réplique contemporaine l'autorité que lui vaut sa légende.
A travers sa personne, c'est non seulement l'histoire de
l'Ordre et la carrure exceptionnelle de son fondateur qui
valorisent les prêcheurs du quotidien, mais surtout ce
miracle *in extremis*, manifestation privilégiée du projet
rédempteur lié à l'existence des fils de saint Dominique.
Cependant, ce phénomène de projection valorisante n'engage pas que les seuls frères prêcheurs: au-delà de l'Ordre
célébré, c'est l'œuvre de prédication dans son ensemble qui
bénéficie de l'attestation d'excellence que lui confèrent les
exemples choisis de Dominique et Regnault. Et il n'est pas

---

[57]   A cet égard, notre mystère répond exactement à ce que Georges
Forestier désigne comme la «conception médiévale du théâtre du
monde»: «Le monde est une grande pièce à laquelle Dieu participe par
l'intermédiaire de son fils ou des saints, hommes-acteurs qu'il a choisis
pour montrer la voie aux autres hommes. Aussi n'y avait-il pas de différence, dans ce genre dramatique, entre les acteurs et les spectateurs:
c'était un spectacle de participation, comme on le dit, non seulement à
cause des échanges entre l'aire scénique et le public, mais surtout parce
que celui-ci, tout en regardant le spectacle, jouait un rôle, son propre rôle
de peuple», *Le Théâtre dans le théâtre sur la scène française du XVIIe
siècle*, Genève, Droz, 1981, p. 40, n. 68.

exclu de voir dans une semblable ratification l'un des messages essentiels véhiculés par notre mystère.

«Qui parle?» interroge Hervé Martin au terme d'un relevé systématique de tous les grands thèmes conducteurs de la prédication des XIVe et XVe siècles[58]. A travers cette formule, l'historien désigne non seulement l'univocité de la doctrine, mais encore l'uniformité des attitudes psychologiques et morales qui sous-tendent un discours où les inflexions singulières se font extrêmement rares. Or l'articulation dichotomique de notre *Institucion* reflète de manière privilégiée cette *koinè* des prédicateurs, accueillante entre toutes aux valeurs ascétiques. A l'image du sermon final de saint Regnault, couronnement d'une démarche individuelle et collective qui en garantit la portée, le sermon du prédicateur ordinaire trouve dans l'histoire des frères prêcheurs une crédibilité nouvelle. Autrement dit, le modèle que sa forme versifiée maintient dans le domaine idéal du théâtre dirige le regard du spectateur vers les réalisations en prose qui lui sont constamment offertes à l'église ou sur la place publique.

C'est pourquoi il n'est finalement pas abusif de considérer notre texte comme une œuvre de propagande, à condition toutefois de ne pas entendre ce terme dans un sens trop étriqué. Il ne s'agit pas de minimiser la place de saint Dominique et de ses premiers disciples, ni celle de Regnault qui reste prépondérante et assure au mystère sa spécificité thématique et structurelle. Mais au-delà de l'apologie d'une famille religieuse, notre auteur vise probablement une cause plus essentielle, qui est l'avènement du Royaume. Et en fin de compte, le salut du monde n'est pas tant l'affaire des Jacobins ou de leurs concurrents que des hommes qu'ils essaient d'atteindre et de convaincre[59]. On comprend

---

[58] *Op. cit.*, p. 243: «Le discours est tenu par une grande voix impersonnelle qui récite des fragments d'un immense intertexte, constitué au fil des siècles.»

[59] A. Knight distingue (*op. cit.*, p. 23) la fonction *étiologique* d'un théâtre dont la vocation serait essentiellement de commémorer l'histoire

mieux, sous cet éclairage, la théâtralisation de l'urgence qui, à la faveur de procédés multiples, informe en permanence notre mystère. Dominique et ses premiers compagnons sont devenus les porte-parole privilégiés du nécessaire combat qui demeure celui de leurs successeurs. Et par un tour de rhétorique qui est aussi, et peut-être essentiellement, un réflexe de pénétration, notre auteur, éludant toute tentation d'apothéose triomphaliste, suspend délibérément leur effort à une question sans réponse[60].

Les ressources de la facture traditionnelle

Quelques indications relatives à la mise en scène

A l'inverse des textes dramatiques associés à une représentation enregistrée par la chronique, notre édition comporte peu d'éléments susceptibles d'éclairer les conditions d'une mise en scène. On en est réduit aux conjectures qu'autorisent quelques indications paratextuelles auxquelles s'ajoutent, plus abondants et souvent parfaitement limpides, les renseignement fournis par le texte lui-même[61].

---

ou le mythe, de la fonction *téléologique* qui serait plutôt liée à la moralité. Or nous sommes ici en présence d'une commémoration qui débouche explicitement sur l'admonestation: en cela aussi réside peut-être une des spécificités de notre texte.

[60]   Sur ce point, notre texte se distingue du mystère purement hagiographique. Tandis que le personnage du saint commémoré peut à lui seul résumer tout l'enjeu du salut, les figures fondatrices de Dominique et Regnault perdurent, au-delà de leur existence propre, dans l'ordre des prêcheurs. Ce dernier n'étant pas, il s'en faut, au terme de sa mission terrestre, il serait inopportun de conclure la pièce par le traditionnel *Te Deum*. Le chant de triomphe qui ponctue la passion ou la vie des martyrs renvoie à la signification surnaturelle du spectacle. Dans la perspective de l'*Institucion*, c'est moins la victoire définitive du Christ qui est au centre de la réflexion que l'invite adressée à l'homme de faire sienne cette victoire.

[61]   L'analyse de notre texte confirme les vues que L. Burgoyne dégage de la *Vie de Mgr Sainct Louis*: le caractère très informatif de l'écriture

Table des personnages

Notre mystère comprend trente-sept personnages, ce qui ne représente pas un nombre très considérable au vu de son étendue. On pourrait même ramener le nombre des acteurs à une petite trentaine si l'on admet que certains rôles peuvent être pris en charge par les mêmes personnes. Ce serait le cas, par exemple, des groupes ternaires – écoliers de Paris, chanoines de Saint-Aignan et religieux de Bologne – dont les parties sont suffisamment autonomes pour être tenues à chaque fois par les trois mêmes acteurs. Un rapide coup d'œil au répertoire de Petit de Julleville permet de déduire, pour les œuvres du XVe siècle, un rapport assez constant entre le nombre de vers et le nombre de personnages. A cet égard, notre texte correspondrait bien à la norme. Ses dimensions n'excédant pas la mesure d'une «journée», on situera par conséquent l'*Institucion des Freres Prescheurs* parmi les compositions de modeste envergure, pour lesquelles ils convient d'imaginer une infrastructure technique minimale. En ce sens, elle est à rapprocher des œuvres composées à l'intention d'une confrérie, ou d'un autre groupe restreint, par opposition aux mystères destinés à l'ensemble d'une cité.

Il est naturellement bien délicat de cerner la nature du public auquel le spectacle pouvait s'adresser. La relative complexité structurelle du texte, le recours aux modes littéraires de même que l'emploi d'un latin plus ou moins parodique suggère la présence d'un auditoire ciblé. On songe par définition aux premiers intéressés: l'œuvre aurait-elle été conçue à l'intérieur d'une communauté dominicaine, ou du moins à son usage? Les documents font semble-t-il défaut pour autoriser la poursuite d'une hypothèse à première vue très vraisemblable.

---

dramatique réduit considérablement l'utilité de la plupart des didascalies. Voir «La rime mnémonique et la structuration du texte dramatique médiéval», *op. cit.*, p. 7.

Didascalies

Les didascalies ne représentent pas une ressource très utile pour ce qui a trait à l'agencement général du spectacle. On y chercherait en vain les termes de métier si judicieusement analysés par Henri Rey-Flaud: loge, eschaffaut, hourd etc. Tout au plus apprend-on, à un moment donné, que l'archange Michel ramène Dominique «en son lieu» (v. 1045'). Faut-il comprendre «lieu» comme un équivalent de la loge où se tiennent les acteurs quand leur rôle ne les appelle pas sur l'espace du jeu[62]? Une telle interprétation exigerait le concours d'autres indices, dont on ne dispose pas en l'occurrence.

L'espace théâtral revêt, grâce à des éléments de figuration probablement assez sommaires, des significations distinctes ou contrastées. Ainsi les «escolles» vers lesquelles se dirigent les disciples de Regnault (v. 1473) se résument-elles probablement à la «chaire» (v. 1537') sur laquelle montera le professeur pour prononcer sa leçon. De même, le «lit» où repose Regnault durant sa maladie (cf. v. '3190) sert à marquer l'emplacement de l'hôtellerie dans laquelle il trouve refuge. On ignore en revanche la manière dont étaient signalés les chapitres de Saint-Aignan (v. 1852) et de Bologne (v. '3573), mais il ne paraît pas trop risqué de supposer la mise en place d'un siège comparable à la chaire de Sorbonne, qu'occupait un des chanoines ou des religieux assimilé au prieur.

Les didascalies fournissent également quelques données relatives aux costumes. Obstinacion (v. '44) doit porter un grand manteau de «dyablesse» dont elle couvrira les trois états. Cette description très précise ne vise évidemment pas au pittoresque: on reconnaît sans peine dans l'accoutre-

---

[62]   Nous songeons à cet égard à l'hypothèse des *logeis* circulaires proposée par G. A. Runnalls dans son édition du *Cycle des Mystères des Premiers Martyrs du ms. 1131 de la Bibliothèque Sainte-Geneviève, op. cit.*, p. 41 et surtout 46.

ment dont s'affuble l'allégorie une contrefaçon perverse de la Vierge au manteau[63]. Cet exemple est bien caractéristique de la fonction des quelques didascalies véritablement significatives de notre texte: elles ont moins pour but de guider les initiatives d'un hypothétique régisseur que de permettre une lecture correcte du texte. Tel est également le sens des deux autres précisions vestimentaires: que Dominique apparaisse, selon le titre, «vestu en habit de chanoyne regulier» et Regnault «habillé richement comme un docteur an decret» (v. '1276) ne relève pas exclusivement de la «monstre»; il s'agit bien plutôt de ménager un contraste significatif avec l'habit miraculeux qu'ils vont l'un et l'autre revêtir par la suite.

On retrouve cette valeur sémantique du détail matériel dans les didascalies relatives à la disposition des personnages sur la scène. C'est un véritable tableau parlant qu'esquisse, dans la pure tradition des moralités allégoriques, la longue didascalie du vers 44: l'opposition symétrique de saint Dominique en prière et d'Obstination flanquée de ses trois victimes résume, en les visualisant, les enjeux du mystère. Tout aussi détaillées, les indications précisant l'ordre de l'entrée solennelle du «docteur an decret» dans sa salle de cours (v. 1525) visent surtout à alimenter l'imagination du lecteur. On peut s'étonner, en revanche, de l'extrême discrétion d'autres didascalies introduisant des scènes pourtant capitales. L'apparition de la Vierge au chevet de Regnault, par exemple, n'est assortie que de maigres explications dont la plupart sont du reste déductibles du texte (58, v. 2959-3225). De même, la profession religieuse des nouveaux dominicains est mentionnée comme telle (v. '3394, 3397') sans que n'apparaissent les modalités de son déroulement. Faut-il supposer que l'auteur s'adresse par priorité à un public suffisamment familier d'un tel rituel? Mais cette raison ne rend pas compte de l'exemple

---

[63] Sur la Vierge de Miséricorde, nous renvoyons à l'annotation du vers '44.

précédent. Une fois de plus, ces prétendues lacunes soulignent la portée singulière des didascalies qui, dans notre
texte, semblent avant tout s'adresser à un lecteur appliqué
non seulement à voir, mais aussi à comprendre.

Il suffira de mentionner, sans s'y attarder davantage, la
longue série des didascalies plus immédiatement utilitaires,
désignant tantôt un geste – «Ostinacion bandera les yeulx
aux trois estas» (v. '94) – , tantôt une attitude – Sathan
«comme hors de sens» (v. '195) – ou une action – le bedeau
«denonce lecton» (v. '1343). Les déplacements mentionnés
par des didascalies ont généralement lieu à l'intérieur d'un
espace donné. D'autres déplacements, comme on le verra
par la suite, sont uniquement suggérés par le texte. Les nombreux passages entre le ciel et la terre ne donnent jamais lieu
à des indications concrètes. Que l'on compare, par exemple,
le retour de la Vierge après l'accomplissement de son
miracle avec un déplacement ascensionnel analogue – lié en
l'occurrence à la scène de la Transfiguration – dans la *Passion* de Jean Michel. Tandis que notre auteur se contente
d'une formule élémentaire: «Lors s'en yra Nostre Dame et
sa compaignie sans plus parler» (v. 3225'), Jean Michel
donne toutes les précisions techniques souhaitables: Jésus
entre d'abord dans la montagne, s'y revêt d'une robe
blanche, «puis sera levé hault en l'air par ung subtil contre-
poys»[64]. On pourrait multiplier de semblables parallèles qui
permettent de mieux saisir la différence entre une didascalie
fonctionnelle, dictée par des considérations pratiques liées à
la conception d'un spectacle, et une didascalie d'apparence
plus gratuite, dont la vocation consiste tantôt à souligner les
valeurs du texte, tantôt à faciliter l'équivalent du «spectacle
dans un fauteuil». Telle qu'elle nous est parvenue, l'*Institucion* ne porte pas trace d'un quelconque intérêt qu'aurait
manifesté son auteur pour la réalisation ou, si l'on risque le
néologisme, la «faisabilité» de son œuvre[65].

---

[64]   Ed. cit., p. 125, v. 9279'.

[65]   Cette sobriété n'a absolument rien d'étonnant dans un texte
imprimé, ainsi que nous l'a fait remarquer M. G. A. Runnalls.

Indications contenues dans le texte

Si l'intelligence du texte est parfois facilitée par les didascalies, on peut toutefois considérer que ce dernier se suffit presque toujours à lui-même. Du contenu de certaines répliques, on infère d'abord la localisation des diverses sections, à la réserve naturellement de la première qui se situe en quelque sorte hors de l'espace. En entendant maître Bertrand inviter saint Dominique à présenter sans plus tarder le projet de fondation au saint Père (12, v. 800 sq.), on comprendra par exemple que le début de l'action se situe à Rome. Si Regnault n'était pas désigné comme «demourant à Paris» par la didascalie (v. '1276), sa ville d'origine n'en serait pas moins aisément repérable aux multiples allusions à l'université. Par la suite, il sera fréquemment présenté comme «venant tout fin droit de Paris» (43, v. 2337 et *passim*), sa qualité de Parisien accroissant selon toute évidence son prestige. Les départs pour Orléans (31, v. 1687), puis pour Rome (36, v. 1977) sont explicitement signalés, de même que le retour à Paris (64, v. 3454) en passant par Bologne (v. 3456). Spectateurs et lecteurs sont donc à même de situer parfaitement les mouvements des personnages, voire de suppléer au défaut ou aux insuffisances de l'image pour établir le cadre des différentes actions.

Du texte, on tirera par ailleurs plusieurs renseignements sur la technique des déplacements, pierre de touche s'il en est de l'habileté du fatiste. A cet égard, il n'y a pas lieu d'établir une distinction entre les déplacements d'un lieu à l'autre et ceux qui s'effectuent à l'intérieur d'un espace donné. Dans un cas comme dans l'autre, le dramaturge doit faire face au même défi, à savoir la simulation de l'espace parcouru et, en corollaire, l'expression d'une durée fictive. Il existe naturellement une solution élémentaire qui consiste à signaler le déplacement par une didascalie. On en trouve, au début du *Geu de Saint Denis*, un échantillon saisissant. La traversée d'Athènes à Rome par Denis et son compagnon ainsi que leur première rencontre avec le pape sont entièrement prises en charge par la didascalie:

> *Lors voisent s. Denis et s. Rieule à Romme. S. Denis a genous en besant s. Clement en la main:*
>> Dieu vous croisse honneur, tres s. Pere (v. 36' – 37, éd. cit. p. 74)

Ce procédé n'équivaut pas nécessairement à une technique rudimentaire, pas plus qu'il n'est l'indice d'une facture non-chalante. Le fatiste s'en remet simplement aux compé-tences du régisseur.

Telle n'est cependant pas l'option de notre auteur, qui s'efforcera toujours de traduire par l'entremise de son texte la dimension de l'espace et de la durée. Pour ce faire, il dispose de plusieurs recettes, à commencer par la plus «naturelle», qui se trouve être chez lui la plus fréquente: l'élaboration de répliques susceptibles d'accompagner le déplacement. Chemin faisant, les personnages s'entretien-nent sur l'objet de leur démarche. Ces propos, dont la charge sémantique est plutôt faible, se signalent généR ale-ment par leur sobriété. Il s'agit moins de créer une «impres-sion de réel» que de marquer, de façon toute convention-nelle, le franchissement d'un espace. C'est dans ce sens qu'on interprétera les brèves conversations entre Mathieu, Dominique et Bertrand se rendant auprès du saint Père (12, v. 804-819), ou s'avançant vers les cardinaux (18, v. 1124-1133), les pronostics désabusés des deux médecins en route vers le logis de leur malade (60, v. 3291-3294), le rapide monologue de Sathan précédant Regnault au couvent de Bologne (66, v. 3499-3500), ou encore les demi-confidences des religieux entraînant Regnault vers la salle du chapitre (67, v. 3566-3572). Pour demeurer en dehors du texte pro-prement dit, les chants de la compagnie céleste approchant la chambre de l'agonisant (56, v. 2925-2926) ne sont qu'une variante du même artifice. Musicale ou simplement ver-bale, la paraphrase du mouvement scénique se voit parfois ponctuée d'un constat signalant l'arrivée au but:

> Je l'aperçoy en son demeure,

dit saint Dominique à la vue du pape (12, v. 810). De même saint Regnault, parvenu au terme de son premier voyage :

> Dieu mercis, sans aucun deffault
> A Orleans sommes venus (33, v. 1775-76).

Son arrivée à Rome (38, v. 2056-59) ou à Bologne (67, v. 3525-3526) ainsi que son retour à Paris (71, v. 3753-54) donnent lieu à des commentaires analogues, qui suppléent aux ressources limitées des décors, voire à l'absence du spectacle.

Pour traduire la valeur temporelle, le dramaturge peut également recourir à des scènes de transition, dont le déroulement est censé correspondre à la durée d'un déplacement. Ces scènes se situeront tantôt dans le prolongement du passé immédiat, tantôt dans l'anticipation des événements à venir. Dans le premier cas, le cadre demeure celui que le personnage «mobile» vient de quitter. Ainsi la courte prière de Regnault à la Vierge (33, v. 1791-1798) donne au chapelain le loisir d'aller annoncer aux chanoines la prochaine arrivée de leur doyen. Au partir d'Orléans, les lamentations déchirantes du collège de Saint-Aignan (36, v. 1986-1993) ont une destination analogue, soulignée par l'emploi du latin et la forme du triolet. Cependant notre auteur ne néglige pas non plus les transitions de type prospectif, qui préparent en quelque sorte l'arrivée du personnage à sa destination et accentuent de ce fait la dynamique des mouvements scéniques. Non seulement l'oraison qui scelle la vocation de Dominique (8, v. 561-576) facilite à l'archange Michel son envolée vers la retraite du futur prêcheur, mais elle annonce l'humble disponibilité avec laquelle ce dernier accueillera le message céleste[66]. Dans un

---

[66] Nous n'avons pas analysé expressément la figure du messager divin, car elle relève d'un procédé extrêmement répandu, aussi bien dans le corpus des moralités que dans celui du mystère. Voir à titre indicatif,

registre plus commun, le bref aperçu de l'atmosphère
angoissée qui prévaut au chevet de Regnault agonisant (46,
v. 2496-2527) accorde aux deux médecins le délai que
requiert leur naturelle indolence, en même temps qu'il suggère l'impatience avec laquelle on attend leur secours. La
scène de transition peut enfin être assurée par un protago-
niste que sa fonction n'associe pas au déplacement. Le duo
entre Sathan et Heresie intervient par deux fois pour ponc-
tuer le voyage qui conduit Regnault et ses compagnons
d'abord à Orléans (32, v. 1756-1774), puis à Rome (37,
v. 2000-2055). On observera, en cette dernière occurrence,
la longueur de l'intermède, d'autant plus remarquable qu'il
succède lui-même à un épisode transitoire : qui sait si une
telle accumulation ne correspond pas à un effort pour signifier l'importance du trajet ?

   Selon toute évidence, l'auteur de l'*Institucion* n'est pas
indifférent à la cohérence des divers mouvements au gré
desquels s'articulent l'espace et le temps de son drame. Le
soin qu'il apporte à justifier les déplacements de ses personnages ne l'induira pourtant jamais aux élaborations
méticuleuses dans lesquelles se complaisent certains de ses
contemporains. Une comparaison de son texte avec certains passages du *Mystère de Saint Martin* d'Andrieu de La
Vigne, par exemple[67], qui non seulement inscrivent une
scène de transition aux deux extrémités d'un trajet, mais
encore relatent la conversation des voyageurs sur leur chemin, permet d'apprécier la sobriété de sa manière. S'il ne
néglige jamais de souligner les déplacements par un procédé textuel, il se refuse en revanche à multiplier de semblables indices. Une fois encore, la lisibilité de son œuvre
semble lui importer davantage que la crédibilité du spectacle.

L'Omme pecheur, éd. cit., p. 129 ; *L'Homme juste et l'Homme mondain*, éd.
cit., p. 4449 sq. ; *Le Geu de Saint Denis*, éd. cit., p. 144, v. 1324 sq. ; *Le Mystère de Saint Sébastien*, p. 105, v. 2346.

   [67]   Voir à titre indicatif les v. 769-845, p. 34-35 de l'éd. cit.

Il nous reste à examiner un dernier procédé théâtral repérable à la lecture du texte : la mise en regard d'unités scéniques parallèles visant à rendre une impression de simultanéité. Les préparatifs de la leçon en Sorbonne (28) présentent une bonne illustration de cette manière : voyant que le magister tarde à venir, le bedeau s'enquiert de la situation auprès du chapelain (v. 1510-1517), lequel somme Regnault de se hâter (v. 1520-1525) tandis que, de leur côté, les écoliers s'impatientent (v. 1525-1530) avant de saluer enfin l'arrivée de leur maître (v. 1535 sq.). Ce scénario très animé, dans lequel nous avons reconnu précédemment un exemple de la mimésis « complexe », a pour objet de souligner à travers la coexistence de plans distincts – le ciel, avec lequel saint Regnault est en communication par sa prière, et le monde, assimilé ici aux honneurs universitaires – l'enjeu d'une vocation essentiellement liée au sacrifice.

Dans un registre différent, l'épisode de la maladie de Regnault (46) repose également sur l'alternance des scènes simultanées. Tandis que Dominique se met en quête du docteur parisien qu'il souhaite ardemment revoir (v. 2496-2501), l'agonisant se confie à la sauvegarde du Christ et de sa Mère (v. 2505 sq.). Sans doute les deux répliques ne sont-elles pas rigoureusement superposées, mais leur immédiate succession laisse deviner une double polarisation de l'espace théâtral. Cette technique aboutit d'une part à accélérer le rythme de l'action, et d'autre part à souligner, par la juxtaposition de deux situations apparemment sans issues, les impondérables de la divine providence.

La même disposition réapparaît un peu plus tard : Dominique est toujours à la recherche de son nouveau compagnon (48, v. 2542-2547) lequel, sentant la mort approcher, souhaite se confesser au père des prêcheurs (v. 2448-2449). Le chapelain est alors envoyé à sa recherche et parvient à réunir les deux héros, résolvant par là-même la dichotomie scénique. La guérison de Regnauld donne lieu à une variante du même procédé :

tandis que les témoins du miracle expriment leur allé-
gresse (59, v. 3226 sq.), le chapelain et le clerc, qui
s'étaient retirés de la chambre du malade, demeurent dans
l'expectative (v. 3246-3254): ils ont si peu d'illusions sur la
santé de leur maître qu'ils croient voir un fantôme quand
ils l'aperçoivent sain et sauf, revêtu de son nouvel habit
(v. 3260). Rien de gratuit, bien sûr, dans ce détail comique
au gré duquel le public appréciera mieux le caractère surnaturel de l'événement auquel il vient d'assister. La simultanéité peut acquérir une valeur légèrement grinçante,
comme c'est le cas de la halte bolonaise (67) où, en écho
aux actions de grâce de Regnault et de ses compagnons de
voyage (v. 3525-3532), on perçoit les grivoiseries du
convers (v. 3333 sq.).

L'auteur use d'une dernière fois du procédé dans sa relation de l'arrivée de Regnault à Paris (71). Il divise l'espace
scénique en deux sphères, l'une religieuse et l'autre laïque.
Dans la première évoluent Regnault et son chapelain, abor-
dant au couvent de Saint-Jacques la jeune communauté
dominicaine dont ils viennent confirmer l'élan. Dans la
seconde on retrouve le bedeau de l'Université, auquel le
clerc enjoint d'annoncer aux anciens disciples de Regnault
le sermon que ce dernier s'apprête à prononcer. Là aussi,
l'un des espaces se verra absorber par l'autre: le mystère
s'achèvera dans un cadre ecclésial, où le prédicateur aura
réussi à convier la cité.

Cette analyse de la dramaturgie de l'*Institucion* mérite-
rait évidemment d'être poursuivie et affinée. Les quelques
exemples que nous avons présentés à titre indicatif procu-
rent à tout le moins une indication capitale: le choix d'une
solution technique correspond presque toujours, chez notre
auteur, à l'expression ou à la mise en valeur d'un sens.
Homme de métier, il ne se borne pas à l'exercice ingénieux
de ses talents, mais tend à subordonner son art à la vision
du monde à la fois pénétrante et complexe qu'il s'efforce de
transmettre.

Une théâtralité inscrite dans le texte

Au-delà des recettes éprouvées qui caractérisent sa facture, l'*Institucion des Prescheurs* présente une série de particularités stylistiques qui ont pu susciter des appréciations hâtives. Petit de Julleville s'irritait, par exemple, de la multiplication des passages en latin, ou encore de la complexité syntaxique outrancière de certains morceaux de bravoure[68]. C'était négliger une dimension essentielle que notre auteur partage avec les poètes contemporains dont son œuvre traduit l'influence: la saisie du langage comme source et lieu de l'expression dramatique.

Cette constante se manifeste de façon privilégiée dans le tableau allégorique qui introduit le mystère, et dont l'une des articulations majeures repose sur ce que W. Helmich appelle un «vers ambigu»[69]: «tous estas vont en ostinacion» (v. 62). Par le truchement de l'allégorie, l'expression abstraite est immédiatement visualisée. On sait, grâce à la didascalie qui précède (v. '44), que les trois états se sont blottis contre Obstinacion qui les tient à l'abri sous son manteau. Leur aberration est dénoncée par cette image pervertie de la Vierge de miséricorde, dont la présence se justifie elle-même comme une équivalence explicite de la locution. En d'autres termes, le langage appelle la mise en scène, qui conduit à son tour au jugement de valeur.

Le jeu des yeux bandés propose une autre variante de la parole ambiguë. En dépit de son symbolisme transparent, le bandeau est paradoxalement associé à des qualificatifs euphorisants – «beau», «joyeux» (v. 85), «de plaisance» (v. 88) – qui réclament une mise en scène parlante: c'est le

---

[68]   *Op. cit.*, t. 2, p. 524.

[69]   *Op. cit.*, p. 45-46. «In den *vers ambigus* vereinigen sich die beiden Grundkomponenten jeder allegorischen Darstellung, Bild und Bedeutung, für kurze Zeit zu mehrdeutigen sprachlichen Formeln, wie sich etwa zwei komplementäre Lichtstrahlen in einem Brennpunkt zu weissem Licht bündeln lassen.»

cœur léger que les trois états vont se soumettre à l'opération qui les prive de la vue[70]. Sans doute la substance d'une semblable représentation est-elle des plus banales. On y reconnaît la vieille métaphore du serpent caché sous les fleurs, ou du fruit dont l'amertume ne se révèle qu'après les délices du premier morceau. Mais la leçon est ici revitalisée par la coïncidence entre le discours et le spectacle.

Sous un angle plus discret, la récurrence des symétries formelles qui ponctuent notre mystère recèle de son côté les germes d'une mise en scène caractérisée. Dans la plupart des cas, cette disposition apparaît d'abord comme une particularité propre à l'esthétique du mystère. Comme ses contemporains, notre auteur aime l'alternance précise et régulière des répliques, cela surtout dans les scènes d'apparat ou dans les passages conventionnels dont la portée sémantique reste assez vague. Voyons à titre d'exemple l'unité dramaturgique 12. La substance en est plutôt maigre : Dominique et ses deux compagnons décident de se rendre auprès du saint Père et se mettent en route. Nous avons déjà considéré ce passage au nombre des déplacements dont la durée est suggérée par un discours d'accompagnement. De quoi sera fait ce discours, sinon de souhaits de circonstance fondés, une fois de plus, sur le recours à la protection de la Vierge ? A la relative pâleur du propos se substitue l'agencement étudié des répliques. L'évocation du départ intercale les propos de Mathieu et Bertrand entre deux interventions de Dominique (v. 796-805), tandis que l'arrivée à destination voit se succéder les interlocuteurs dans l'ordre suivant : Mathieu, Dominique / Bertrand, Dominique / Mathieu, Bertrand (v. 805-819). Une semblable chorégraphie verbale régit l'entretien de Dominique avec le pape et ses cardinaux (13, v. 836 sq), que l'on peut schématiser de la sorte :

---

[70]   Jean Batany, *op. cit.*, p. 132-33, analyse en détail ce jeu du «capifol». Voir à ce sujet l'annotation des v. 83 sq.

le pape / Dominique / le pape //
le premier cardinal / le second cardinal / Dominique / le pape //
le premier cardinal / le second cardinal / Dominique / le pape //
Dominique / le pape //
Dominique / le pape //

Sous une forme plus élémentaire, l'apparition de saint Pierre et saint Paul à Dominique traduit également une symétrie soigneusement élaborée (21, v. 1239 sq.): l'exhortation de chaque apôtre y est ponctuée par l'acquiescement de Dominique qui s'étend à chaque fois sur un quatrain. L'entrevue de Regnault et des chanoines de Saint-Aignan (33) s'ouvre de même sur des salutations très rituelles dont la disposition rigoureusement alternée est en outre articulée par deux rondeaux successifs (v. 1799 sq., v. 1835 sq.). Voici l'enchaînement de ces variations sur un thème diplomatique:

1. (v. 1799-1831)   le chapelain / le chantre //
                    le chapelain / le trésorier //
                    le chapelain / le chantre //
                    le chapelain / le tresorier //
                    le chantre / le tresorier //
                    le chevecier / le chantre / le tresorier//
2. (v. 1832-1857)   Regnault / le chantre //
                    le tresorier / Regnault / le chevecier //
                    Regnault / le chantre //
                    Regnault / le tresorier //
                    Regnault / le chevecier //
                    Regnault / le chantre //

Mais ces symétries du discours, que l'on imagine fort bien répercutées dans la mise en scène, n'ont pas qu'une vocation décorative. L'auteur réussit souvent à les intégrer à la signification profonde de son œuvre. Nous avons déjà eu l'occasion de signaler le parallélisme entre les deux unités dramaturgiques qui font de Dominique le témoin d'abord des ravages perpétrés par Obstinacion (2), puis de la colère divine (7). Dans un cas comme dans l'autre, l'*ekphrasis* du personnage principal constitue une ballade dont les strophes sont entrecoupées par le commentaire atterré

de Dominique sous forme de septains (2) ou de quatrains
(7). La construction symétrique n'est plus ici une simple
question de savoir-faire[71]. Par ce biais, notre auteur suggère
les véritables enjeux du drame, la rage maléfique d'Obstinacion appelant par nécessité la menace du châtiment
divin. Là encore, il n'est pas interdit d'imaginer, dans la
mise en scène, une série de dispositifs susceptibles de réaliser les suggestions du texte.

Les symétries formelles porteuses de sens peuvent également fonctionner dans un registre plus limité. Tel est le
cas de la profession de foi que prononcent, en alternance,
les trois états aveuglés par Obstinacion (3). Leur commune
apologie présente une structure d'une rare cohérence: une
série de trois huitains, dont chaque unité est circonscrite
par le refrain du vers initial et du vers final (v. 123-146); une
seconde série de trois huitains construits sur la même formule, mais sans refrain (v. 147-170); enfin un rondeau
conclusif que sa répartition entre les trois interlocuteurs
divise en quatrains, conférant à l'ensemble un effet de
miroir par l'exacte superposition de la première et de la
dernière strophe (v. 171-186). A cette clôture parfaite de la
forme correspond, sur le plan sémantique, le motif de l'erreur fatale et sans issue que cautionne précisément l'allégorie d'Obstinacion. Au cours des trois premières répliques,
chacun des états décline, à la manière d'un plan de vie, la
conduite absurde que lui inspire celle qui vient de lui bander les yeux: l'avare Eglise accumulera les biens et prati-
quera la simonie; Noblesse s'adonnera au pillage pour
satisfaire à ses goûts dispendieux; Labour fomentera partout la discorde. L'illusion, ou plus exactement la fausse
lucidité qui imprègne ces vantardises assimile les trois états
à des pantins ridicules, convaincus de prendre l'initiative
d'un comportement qui leur est imposé. La seconde série

---

[71]   Le procédé de la ballade interrompue par des strophes interca-
laires figure notamment dans le *Miracle d'une Jeune Fille laquelle se voulut habandonner à peché,* éd. cit., p. 74 sq., v. 1565 sq.

des huitains reprend les mêmes propos, mais sous un angle plus concret. Au projet général se substituent les détails de son application: Eglise évalue déjà les «rouelles jaunes» (v. 152) que lui vaudront l'impressionnant appareil de ses bénéfices; Noblesse est sur le point de réaliser les exactions que lui impose son art de vivre; Labour enfin proclame la violence brutale consécutive à son état de révolte permanente. Au terme de cet intermède pragmatique, le rondeau conclusif dégage, sur un mode proverbial, le principe universel de chaque déviance, ce plaisir chimérique qui assure, au-delà de leurs intérêts contradictoires, la solidarité malencontreuse des trois états. L'étroite connivence du thématique et du formel ramène ainsi tout ce passage à l'expression paradoxale de l'agitation immobile. L'attitude mentale des états fourvoyés y rappelle l'impatience stérile que traduit la coutumière turbulence des suppôts de l'Enfer. Un régisseur attentif ne laissera vraisemblablement pas échapper de si précieuses indications.

C'est pareillement sous le signe de la symétrie et de la clôture formelle que se déroule la première rencontre entre Dominique et Regnault (41). En alternance avec les séries de huitains en rimes suivies, associées aux communications d'ordre pratique, les formes fixes traduisent dans un langage moins contingent la grâce surnaturelle qui préside à cet entretien. Les salutations d'usage appellent presque automatiquement le secours d'un rondeau (v. 2198-2213) dont on notera l'allure un peu particulière: encadrés par les ritournelles, quatre vers correspondent à des phrases inachevées, comme si l'auteur voulait établir un contraste entre la précipitation un peu désordonnée de l'enthousiasme humain et la sérénité émanant d'un plus haut dessein, le second langage l'emportant sur le premier selon les nécessités de la forme.

Lorsque Regnault a pu confier à Dominique le projet qui l'amène à Rome, on assiste à une sorte de duo triomphal par lequel les deux saints émerveillés de la miraculeuse conjonction de leurs désirs rendent louange à la

Vierge. Cette seconde pause requiert à nouveau un cadre strophique, en l'occurrence un dizain layé auquel s'enchaîne un huitain (v. 2234-2251). La longue action de grâce que prononce Regnault suspend une dernière fois le cours de la conversation ordinaire, sous la forme d'un vingtain en vers layés (v. 2262-2281). Si l'on voit moins nettement le parti que, sur le plan scénique, l'on pourrait tirer d'un semblable découpage formel, l'intentionnalité précise qui régit l'alternance des ensembles strophiques et des couplets d'octosyllabes ne fait pas de doute. Alors que, dans le passage envisagé précédemment, la succession des strophes enfermait le sens dans une ornière, leur disposition plus sélective les associe ici à l'expression des voies providentielles qui guident et soutiennent le bon vouloir des humains. Symétrie et clôture ne sont plus la traduction d'un mécanisme fatal et sans issue, mais elles manifestent l'accomplissement surnaturel des initiatives terrestres.

Il convient, pour terminer, d'aborder ces fameuses récurrences du «style rhétoriqueur» dans lesquelles nous voyons également une réalisation théâtrale de la parole. Une fois encore, la présentation d'un ou deux exemples précis l'emportera sur les considérations générales. L'apparition successive sur la scène d'Obstinacion (2) et de Dieu (7), dont nous avons relevé précédemment le parallélisme significatif, se réalise à chaque fois par le truchement d'une ballade très sophistiquée. Si l'usage de la rime fratrisée ne compromet pas véritablement la relative clarté syntaxique de la ballade d'Obstinacion (v. 44 sq.), le discours de Dieu (v. 395 sq.) manifeste en revanche une vive tension entre la subtilité de sa forme et le sens souvent abscons que celle-ci véhicule. On s'escrimera en vain à risquer une paraphrase de ces périodes alambiquées où les épithètes à suffixes savants, jointes aux rimes battelées et fratrisées, font chatoyer les perfections de l'essence divine. Cette association de l'obscur et de l'obvie tend moins à la communication d'un message précis qu'à la mise en présence d'un mystère.

Par quel moyen signifier la parole de Dieu sur lui-même, sinon en la faisant reconnaître comme inconnaissable ? La virtuosité verbale que l'on continue, bon an mal an, d'associer à la prétendue école des «Grands Rhétoriqueurs», représente à cet égard un expédient de choix, dans la mesure où elle récupère dans l'éclat de l'apparence une large part du sens sacrifié. Nombreuses sont du reste les occurrences, dans les mystères contemporains, où les protagonistes influents s'expriment en Grands Rhétoriqueurs[72]. Par ailleurs, au-delà de cette valeur spécifique de la subtilité formelle, l'accent porté exclusivement sur la prouesse verbale correspond ici à un déclin momentané du spectacle. A l'exception de quelque gestes, l'*ekphrasis* d'un personnage central équivaut le plus souvent à une suspension du mouvement scénique. C'est ce temps creux de la représentation qu'il s'agit d'équilibrer par un feu d'artifice langagier : les effets dont est privé le regard sont en quelque sorte transposés dans l'ingénieuse fantaisie qui flatte l'oreille.

On retrouve une circonstance analogue à chaque fois qu'un des héros interrompt le progrès de l'action par une prière. Prenons à titre d'exemple la louange qu'adresse Regnault au «Triomphateur du firmament», au terme de son premier dialogue avec Dominique (41, v. 2262-2281). Entre les salutations, les compliments mutuels et les mises au point sur les perspectives de la nouvelle religion, le bilan de l'épisode se révèle théâtralement plutôt maigre. A défaut d'une animation extérieure factice, c'est sur une sorte de spectacle verbal que l'auteur porte son dévolu. On pourrait en dire autant du dizain en rimes fratrisées dont les

---

[72] On comparera par exemple l'*ekphrasis* de Povoir Divin dans la moralité intitulée *Nature, Loy de Rigueur, Divin Povoir* (Ms. *La Vallière 46*) à la ballade traduisant la colère divine. A la limite, les artifices du discours peuvent même traduire le sommet de l'émotion, comme c'est le cas dans le *Sacrifice d'Abraham* de 1539, p. p. B. M. Craig, *op. cit.*, p. 259-60, v. 1253 sq. Il n'est pas impensable, comme nous le suggère aimablement M. Jean Subrenat, qu'un mystère consacré à des spécialistes du verbe, ait exploité la veine des grands Rhétoriqueurs dans un esprit teinté d'humour.

apostrophes un rien spécieuses traduisent l'enthousiasme de Dominique, qui vient de relater à ses frères les fruits de la rencontre providentielle (43, v. 2352-2361). Sans doute n'est-ce pas par hasard que cette prière si copieusement enluminée marque la clôture de la quatrième partie de notre mystère. La dynamique fonctionnelle des morceaux de bravoure qui ponctuent régulièrement l'*Institucion des Prescheurs* interdit donc de réduire leur présence à un simple souci de décoration. Il n'est pas exclu que notre auteur ait trouvé dans une option poétique qui, aux yeux de ses pairs, confine au sommet de l'art, une façon de valoriser son œuvre. On ne saurait cependant l'accuser de pure complaisance, puisque le recours aux recettes de la Grande Rhétorique répond chez lui à une exigence parfaitement ciblée, qu'il s'agisse d'amplifier un message élémentaire ou de compenser le statisme d'une scène. Sur ce plan encore, notre mystère ne résiste pas si mal aux critiques impulsives qu'il a pu provoquer.

*
* *

La sobriété des commentaires qui accompagnent ordinairement l'édition de textes dramaturgiques médiévaux fera trouver notre introduction bien bavarde. Etait-il vraiment la peine de scruter de si près une œuvre dont la facture se conforme, somme toute, à l'étalon de la production contemporaine ? Or c'est précisément cette notion de conformité, voire de conformisme, qui nous a imposé la lecture attentive dont ces pages ont essayé de rendre compte. Il suffit en effet d'aborder successivement plusieurs mystères hagiographiques du XVe siècle pour éprouver très vite le sentiment que tous sont conçus sur le même modèle et réalisés dans le même langage. On a l'impression d'avoir affaire à un art essentiellement conventionnel dont, à la réserve d'auteurs plus ou moins habiles, les illustrations singulières rendent toutes le même son. Il paraissait utile, par conséquent, de se demander, à partir d'un exemple étudié de près, si la facture d'un mystère se réduit uniquement à l'application de recettes éprouvées.

Dans l'*Institucion des Prescheurs*, la part de l'héritage commun n'était pas à démontrer : comme partout ailleurs, elle saute aux yeux. Mais nous avons pu détecter, entre le moule obligé et l'objet fini, les interstices discrets dans lesquels se glisse la personnalité créatrice de notre auteur. N'en exagérons pas la vertu, mais reconnaissons tout aussi bien la maîtrise avec laquelle il soumet l'héritage commun aux inflexions propres de sa vision des choses. On ne parlera pas d'originalité, puisque l'on sait qu'il n'en a cure. A défaut de signature, cependant, son œuvre porte la marque d'un ouvrier dont l'art est clairvoyant et la pensée parfois subtile. En apercevant peu à peu, avec une surprise souvent teintée de ravissement, la solide cohérence d'une économie dramatique rigoureusement méditée, en répertoriant les adaptations raisonnées du matériau thématique, nous avons réalisé l'apport intéressant que pouvait représenter, pour l'histoire du théâtre de cette époque, la pratique de l'analyse textuelle. Pour n'être pas résolument nouvelle[73], cette voie d'approche qui privilégie les interactions complexes du sens et de la forme nous paraît encore pleine de promesses.

S. R.

LANGUE

La langue du *Mistere de l'Institucion de l'Ordre des Freres Prescheurs* ne présente guère de formes régionales qui permettraient de localiser avec précision notre texte ;

---

[73]   Nous pensons en particulier aux thèses monumentales de Maurice Accarie et de Jean-Pierre Bordier, ainsi qu'aux études de Jean Subrenat dont la valeur et la nouveauté s'appuient largement sur l'attention portée au texte.

dans l'ensemble, elle reflète la langue littéraire de l'époque.
Nous nous bornerons à en relever quelques particularités.

A. Morphologie

Articles

A côté de la forme de l'article contracté *aux*, on trouve
fréquemment *es* (v. 802, 1246, 3529, etc. *es cieulx*; v. 1413,
1473', 1521, etc. *es escolles*). Il y a souvent confusion entre
la forme contractée de l'article *au* et *ou* (v. 2736, 2792, 3987,
4196).

Adjectifs épicènes

Grant

La forme la plus fréquemment attestée pour le masculin
singulier est *grant* (plus de soixante occurrences); la graphie *grand* apparaît quatre fois (v. 1685, 2839, 3853, 3860).
Pour le féminin singulier, nous trouvons 73 fois *grant*, 3
fois *grand* (v. 1428, 1481, 2302), et 5 fois *grande* (v. 1303,
1723, 2458, 3174, 3769).
Au pluriel, les formes anciennes sont encore majoritaires: *grans*, attesté 20 fois, dont 7 pour des féminins, mais
parallèlement, nous avons quatre exemples de la forme
grandes pour le féminin pluriel (v. 150, 1480, 3827, 4007).

Brief, grief, souef

Ces adjectifs présentent des féminins *briefve* (v. 2466),
griefve (v. 147, 2362, 2465, 2773), *souefve*(s) (v. 97, 3081).

Tel, quel

A côté de formes féminines *telle*, *quelle*, il faut remarquer que *tel* et *quel* se singularisent par la survivance de

féminins non analogiques (v. 1061 *de tel vision*, v. 1410 *tel vertu*, etc., v. 938 *de quel rigle*), à côté de formes avec *-e* (ex. v. 215 *telle langueur*, v. 976 *telle vision*, etc., v. 2492 *quelle maladie*).

Quant aux adjectifs *fort*, *nul*, les seules formes féminines attestées sont *forte* (v. 2540) et *nulle* (v. 139).

Pronoms personnels

Le pronom personnel masculin singulier de la troisième personne (CS) et le pronom neutre des verbes impersonnels est ordinairement *il* (ex. v. 96, 109, 134, etc.) ; on relève également *i* (v. 466, 496, 554, etc.) ou *y* (v. 3848).

Le pronom personnel masculin pluriel de la troisième personne (CS) est *ilz* (attesté 14 fois), *ils* (attesté 3 fois), *il* (une seule occurrence, n. v. 3999).

Nous trouvons ordinairement *elle* pour la forme du pronom personnel féminin singulier de la troisième personne (CS), quelquefois *el* (v. 1411, 1948, 2986, etc.), l'auteur utilisant une forme mono- ou bisyllabique selon les exigences métriques.

Le pronom personnel masculin pluriel de la troisième personne (CR), utilisé après un impératif, est graphié *lay*, ex. *Admenés lay !* (v. 2390, 2396, 2573, 2672, 2752, 3604, 3610).

Pronoms et adjectifs démonstratifs

Cestuy apparaît aussi bien comme pronom (v. 91, 3257) que dans l'emploi adjectival (v. 1896), mais la forme *cest / ceste* est de loin la plus utilisée comme adjectif (plus de soixante occurrences). L'imprimé atteste deux fois la forme *iceluy* (ex. *Et d'Iceluy est confermee*, v. 1042, *Iceluy maistre Dominique*, v. 2177) et deux fois la forme *celuy*, précédée

d'une préposition (v. 1273 et 3182). Le pronom féminin singulier est naturellement *celle* (v. 121, 1002, 1793, 2743); le
pronom neutre *cela* (v. 872, 2931).

Genre des substantifs

Il y a une grande fluctuation dans le genre des substantifs, particulièrement dans la classe de l'inanimé. Certains
substantifs peuvent avoir les deux genres; nous ne relève-
rons que ceux qui diffèrent de l'usage du français moderne;
dans quelques cas, cependant, il n'est pas possible de déterminer s'ils sont masculins ou féminins:

– *affaire* (masc.: v. 795, 904, 1684, 1896; fém.: v. 1811); les
  autres occurrences sont indéterminées.

– *attainte* (masc.: v. 2061).

– *demeure* (sens de «logis») (masc.: v. 810, 2088, 2499,
  2854, 3774); (sens de «retard, délai») (fém.: v. 1342,
  1694), les autres cas sont indéterminés.

– *exemplaire* (masc.: v. 20, 1840; fém.: v. 2164).

– *heure* (masc.: v. 2500; fém.: v. 1341, 1439, 1527, 2087,
  2787, 3775, 3805); les autres cas sont indéterminés. Il
  faut noter que dans l'exemple du v. 2500, le substantif
  est précédé du démonstratif *cest*.

– *leçon / lecton* (masc.: v. 133, 180), toutes les autres occurrences sont au féminin.

– *montjoye* (pour le sens, voir le glossaire) (masc.: v. 227;
  fém.: v. 1723, 3781).

– *necessité* (masc.: v. 2446).

– *office* (fém.: v. 150), les autres cas sont incertains.

– *ordre* (fém.: v. 1841, 2799, 3177, 3424, 3425), les autres
  occurrences sont indéterminées.

– *ou(l)trage* (fém.: v. 2431), les autres occurrences sont à la forme masculine.

Voir nos remarques sur les adjectifs épicènes *tel* et *quel*.

B. Morphologie verbale

Présent de l'indicatif

La première personne du singulier des verbes de la première conjugaison présente généralement un *-e* analogique: ex. *je procure* (v. 70), *je m'acorde* (v. 435), *je vous le presente* (v. 526), etc.; le verbe *remercier* présente toujours la forme *remercie*, à l'exception du v. 544, où nous avons *remercy;* il y a alternance pour les verbes *prier*: *pri* (v. 1623, 2184, 3234), *prie* (v. 1745, 2364, 3290, 3406), *pry* (v. 1339, 2475, 2727, 3692, 4182); quant au verbe *crier*, il se conjugue toujours sans *-e* analogique: *cry.*

Aller: première personne du singulier, *voys* (v. 1341, 1694, 2495, 2557, 3792, 3855) et *vois* (v. 2195, 2552, 2689, 3495, 3774).

Les verbes des conjugaisons II et III se signalent par l'absence fréquente de l'*-s* analogique à la première personne du singulier: ex. *je voy* (v. 19), *je croy* (v. 100), *je sçay* (toutes les occurrences), *je l'aperçoy* (v. 810), etc. Par contre, nous trouvons toujours *je tiens* (avec *-s*), *je requiers* (17 exemples avec *-s*), *je prens* (un seul cas sans *-s*, v. 3929), *je congnois* (toutes les occurrences), *je rens* (les quatre occurrences ont un *-s* analogique).

La deuxième personne du pluriel du présent de l'indicatif, ainsi que la deuxième personne du pluriel de l'impératif, est graphiée environ à 50 % *-és* et à 50 % *-ez.*

Futur et conditionnel

La première personne du singulier du futur est graphiée *-ay* ou *-é*; ex. *je banderay* (v. 83), *je luy montreray* (v. 157), *je trouveray* (v. 192), *je vous diray* (v. 666), etc., et *bailleré* (verbe bailler) (v. 3030), *oindré* (verbe oindre) (v. 3034), *je vous tendré* (verbe tenir) (v. 3625).

La deuxième personne du pluriel du futur est graphiée *-és* ou *-ez*; ex. *aurés* (v. 139), *aurez* (v. 2696).

Le fatiste utilise les formes avec *-e-* ou sans *-e-* intercalaire; ex. *deveroit* (v. 1527, 3352) et *devroit* (v. 4012); les deux formes sont bisyllabiques.

Cueudre (cueillir): nous trouvons encore les anciennes formes: troisième personne du singulier *cuydra* (v. 4078); première personne du pluriel, *cueudrons* (v. 4084) et deuxième personne du pluriel, *cueudrés* (v. 4105).

Mener: troisième personne du singulier, *menra* (sans *-e-* intercalaire) (v. 511).

Mescheoir: troisième personne du singulier, *mescherra* (trisyllabique) (v. 1922, 3497).

Remener: troisième personne du singulier, *remenra* (sans *-e-* intercalaire) (v. 1045').

Venir: troisième personne du singulier, *venra* (absence du *-d-* épenthétique) (v. 1813); troisième personne du pluriel, *venront* (absence du *-d-* épenthétique) (v.'1235, 3665); deuxième personne du pluriel *vendrés* (présence du *-d-* épenthétique) (v. 3620).
Les autres formes du futur ne présentent aucune particularité.

Présent du subjonctif

Les formes sont régulières; nous ne noterons que celle du verbe *aller*: première personne du singulier, *voyse* (v. 2867).

Parfait

On remarquera une forme particulière de la première personne du singulier du parfait faible de la première conjugaison en –*é*: ex. *je formé* (v. 478); il y aurait équivalence entre les graphies –*é* et –*ay;* (à rapprocher de la graphie du participe passé *demouray*, v. 1612).

Participe passé

Prendre et dérivés: *prins* (v. [1621], 2388, 2473, 3981), *entreprins* (v. 1825, 2600), *reprins* (v. 2092).

C. Syntaxe

Utilisation modale

Nous trouvons encore le subjonctif imparfait employé en système conditionnel, là où la langue actuelle utiliserait un conditionnel: *Il ne fust pas temps de muser* (v. 2100), *Medecine fust necessaire* (v. 2416), *Par quoy le grain fust en grant indigence* (v. 3917).

Tutoiement et vouvoiement

Nous observons encore, comme en ancien français, le passage du *tu* au *vous*, le pronom au singulier et le verbe au pluriel, parfois dans la même phrase. L'anacoluthe est fréquente dans le dialogue théâtral.

Ex.   *Se tu estiez droiturier rigoureux* (v. 80).
             Dominique, resjoy toy / Et soyez toujours constant...
             (v. 1253-1254).

D. Phonétique

-eu- > -u-

Bien que la graphie reste presque toujours *-eu-*, la versification atteste qu'il existe un certain nombre de cas où le hiatus est réduit :

a) Les adjectifs et adverbes

seurement (v. 1718, 2052, 2933, etc.), parallèlement à *surement* (v. 2696, 3042); *seur Obstinacion* (v. 302), *seurs compaignons* (v. 619), *seure teneur* (v. 790), etc., à côté de *voye plus sure* (v. 1312), *la plus sure medecine* (v. 2694).

b) Les substantifs

asseureté (v. 791), *esleuz* (v. 2613), *asseurance* (v. 2765, 3345), mais *assurance* (v. 800, 1754).

c) Les participes passés

aperceu (v. 1863, 2400, 2620, etc.), *congneu* (v. 609, 1428, 1482, etc.), *deceupz* (v. 4152), *deu* (v. 3455), *esleuz* (v. 4151), *eu* (v. 901, 1090), *meu* (v. 845, 2138), *receu* (v. 487, 3114, 3152, etc.), *sceu* (v. 2098, 2528, 2619, etc.), *veu* (v. 540, 545, 913, etc.).

d) Les formes verbales

eust (v. 2487, 2663, 3148), *eussent* (v. 3898); à noter que le v. 877 présente une graphie inverse : *qu'i feussent*; *peust* (v. 715, 960, 3913).

e) Les rimes

On peut noter quelques particularités à la rime:

1. Les rimes *-asme: -ame, -aste: -atte, -este: -ete, -ist: -it, -oust: -out, -este: -aicte* démontrent que *s* devant consonne sourde n'était plus prononcé:

a) **-asme: -ame:** v. 3812: 3816: 3818: 3819 *ame: blasme: ame: Dame*

b) **-aste: -at(t)e:** v. 284: 285 *patte: paste*, v. 1009: 1010 *advocate: haste*

c) **-aicte: -este:** v. 2995: 2997: 2998 *perfaicte: faicte: feste*

d) **-este: -ete:** v.260: 261 *prophete: feste*

e) **-ist: -it:** v. 4123: 4124 *Jesucrist: abit*

f) **-oust: -out:** v. 3512: 3513 *tout: goust*

2. Dans les rimes suivantes, le *r* n'a pas de valeur phonétique ou correspond à une prononciation très affaiblie:

a) **-ars: -as:** v. 443: 444: 446: 447 *dars: dars: espars: pas*

b) **-esse: -erse:** v. 422: 423 *tristesse: perse*

c) **-omme: ourme:** v. 2321: 2322 *preudhomme: refourme*

3. L'équivalence entre *-aige* et *-age* s'observe dans de nombreuses rimes:

v. 1825: 1826 *voyage: saige*, v. 2431: 2433: 2434: 2436 *oultrage: aventaige: sauvage: rage*, v. 2577: 2578 *dommage: couraige*, v. 2713: 2715: 2716 *dommaige: oultrage: couraige*, v. 3612: 3613 *rage: couraige*, v. 3680: 3681 *davantage: enraige*

4. Les rimes montrent l'équivalence de *un* et de *on* pour la transcription de la voyelle nasale *on*:

v. 256: 257 *monde: immunde,* v. 424: 426 *immunde: Monde,* v. 591: 592 *monde: tresmunde,* v. 683: 684 *monde: immunde,* v. 1447: 1448 *Monde: munde,* v. 1873: 1874 *Monde: immunde*

5. Nous trouvons l'équivalence de *-ance* et de *-ence:*

v. 386: 388: 389: 391: 394: 395: 396: 398: 399 *congnoissance: inconstance: assistance: mesch(e)ance: balence: muance: essance: assistence: preeminance,* v. 1250: 1251 *constance: essence,* v. 1260: 1261 *science: signifiance,* v. 1618: 1619 *preferance: apparence,* v. 1919: 1920 *esperance: apparence,* v. 2075: 2076 *equipolence: congnoissance,* v. 2571: 2572 *residence: esperance,* v. 2607: 2608 *patience: fiance,* v. 3058: 3060: 3061 *signifiance: conscience: sapience,* v. 3316: 3317 *experience: resjouysance,* v. 3748: 3749 *reverance: apparence,* v. 4055: 4056 *semence: habondance*

6. Nous constatons l'équivalence de *-andre* et de *-endre:*

v. 2049: 2051: 2052: 2054 *estandre: pretendre: tendre: tendre*

7. Les rimes montrent l'équivalence de *-ant* et de *-ent:*

v. 3324: 3325 *dolent: excellant,* v. 3792: 3793 *incontinent: maintenant*

8. Nous trouvons l'équivalence de *-ample* et *-emple:*

v. 3582: 3583 *exemple: ample*

9. D'après les rimes, *ai* et *e* sont équivalents:

v. 1503: 1504 *effect: tresparfait* (cf. la valeur de *-c-* dans la syllabe finale), v. 1692: 1693 *fait: effect,* v. 2038: 2041: 2042: 2043 *fait: effect: parfait: parfait,* v. 2898: 2899 *plaist: nest* (verbe naître), v. 3624: 3625 *rendray: tendré*

[je], v. 3856: 3857 *parfait: effect,* v. 3930: 3931: 3932 *par-fet: effait: mettet*

10. Les graphies *-aine* et *-eine* sont équivalentes:

v. 482: 483 *humaine: peine,* v. 502: 503 *peine: plaine*

11. Dans de nombreuses rimes, nous trouvons l'équivalence *e: ai:*

v. 492: 493 *remede: aide,* v. 1887: 1888 *remede: aide,* v. 2447: 2448 *remede: aide,* v. 2519: 2520 *remede: aide*

Par contre, dans la seconde partie de notre texte, nous constatons:

v. 2537: 2538 [*remide*]: *aïde,* v. 2621: 2622 [*remide*]: *aïde,* v. 2721: 2722 [*remide*]: *aïde,* v. 3284: 3285 *remide: aïde,* v. 3665: 3666 *aïde:* [*remide*]

12. En syllabe préfinale, *-o-* rime avec *-ou-*:

v. 3253: 3254 *demouré: honnoré*

13. A la rime, *-emmes* est l'équivalent de *-ames*:

v. 3178: 3179 *femmes: diffames*

14. A la rime, *-y-* est l'équivalent de *-i-*:

v. 1396: 1397 *dissolucions: syons,* v. 2469: 2470 *Paris: pays,* v. 2515: 2517 *transsi: mercy,* v. 3269: 3270: 3271 *transsi: mercy: soucy*

15. L'étude des rimes nous montre que certaines consonnes n'ont pas de valeur phonétique et sont des lettres para-sites, quelquefois étymologiques (C, L, P):

C:

v. 1503:1504 *effect: tresparfait,* v. 1692: 1693 *fait: effect,*

v. 2038: 2041: 2042: 2043 *fait: effect: parfait: parfait,*
v. 3856: 3857 *parfait: effect,* v. 3924: 3928: 3929 *predictes:
redictes: eslites*

La consonne simple rime avec la consonne double:

v. 4185: 4186 *predictes: eslittes*

G:

v. 4011: 4012 *chascun: ung*

L:

v. 2223: 2224 *vous: genoulx* (cf. équivalent *-s: -x*)
v. 3436: 3437 *Paris: perilz* (cf. aussi équivalent *-s: -z*)

P:

v. 2940: 2941 *temps: combatans*
v. 3352: 3353 *conte: compte*
v. 4152: 4153 *esleuz: deceupz*
v. 3924: 3927 *predictes: escriptes*

16. A la finale, *-TZ* est l'équivalent de *-S*:

v. 1454: 1455: 1456: 1459: 1460 *paradis: dis: contreditz:
estourdis*
v. 3013: 3014 [je me] *submes: prometz*
v. 3952: 3953 *pointz: poins*
v. 4139: 4140 *maulditz: entredis*

17. A la finale, *-X* est l'équivalent de *-S*:

v. 1971: 1972 *nous: Espoux,* v. 2311: 2312 *vous: couroux,*
v. 2411: 2413: 2414 *vous: nous: couroux,* v. 3342: 3343
vous: courroux, v. 3560: 3561 *vous: couroux,* v. 3720:
3721 *nous: courroux*

et de *-LX:*

v. 2223: 2224 *vous: genoulx*

18. A la finale, **-Z** est l'équivalent de **-S**:

v. 2149: 2150 *predites: entreditez,* v. 2449: 2450 *venez: entendés,* v. 3436: 3437 *Paris: perilz* (cf. aussi la consonne *-l* à la finale), v. 4041: 4042 *cassés: brisez*

19. La consonne double rime avec la consonne simple:

v. 2161: 2162 *charité: equitté*

20. L'étude des rimes montre l'équivalence de **-GN-** et **-N-**:

v. 3904: 3907: 3908 *racine: digne: fine,* v. 3988: 3989 *dignes: fines*

21. Nous constatons l'équivalence entre **C** marquant la siffante sourde et **S, SS**:

v. 715: 716 *grace: parface,* v. 879: 880 *efficasse: espace,* v. 1194: 1195: 1196: 1197: 1199: 1200: 1201: 1206: 1210: 1211: 1213 *face: face: efface: grace: espasse: compasse: trespasse: casse: face: parface: face,* v. 1861: 1862 *grace: casse,* v. 2515: 2517 *transsi: mercy,* v. 2523: 2524 *grace: place,* v. 2697: 2698 *grace: parface,* v. 3082: 3084 *efficase: efface,* v. 3269: 3270: 3271 *transsi: mercy: soucy,* v. 3364: 3365 *grace: face,* v. 3374: 3375 *grace: face ,* v. 3404: 3405 *grace: place,* v. 3474: 3475 *grace: face,* v. 3724: 3725 *propice: acomplisse*

22. **-E-** en hiatus ne se prononce pas:

v. 2613: 2614 *esleuz: Jhesus,* v. 4151: 4156 *esleuz: deceupz*

Outre les indications phonétiques procurées par l'étude des rimes, on notera la graphie *qui* [qu'i] pour *qu'il,* (ex. v. 466, 496, 554, etc.) ainsi que *y* pour *il* (v. 3849).

Par ailleurs, le fatiste emploie sans distinction *ce* pour *si* (v. 2366, 3011); *cy* pour *si* (adverbe) (v. 2167, 3002, 3119); *se* pour *ce* (v. 2986).

VERSIFICATION

Le jugement sans appel de L. Petit de Julleville représente, en quelque sorte, un défi pour nous: celui de montrer
la richesse métrique de ce texte dans lequel «on [ne] trouverait pas plus d'un bon vers qu'une seule situation un peu
dramatique »[74].

Disposition des mètres et des rimes

Vers trisyllabiques

v. 201-206 (sizain), 566, 570, 574, 942, 945, 948, 952, 955,
958, 1055, 1056, 1059, 1060, 1063, 1064, 1067, 1068, 1368,
1371, 1381, 1382, 1386, 1387, 1395, 2001, 2004, 2007, 2011,
2014, 2017, 2021, 2024, 2027, 2273, 2274, 2278, 2279, 2735,
2736, 2739, 2740, 2743, 2744, 2747, 2748, 2751, 2754, 2757 et
2760 (55 trisyllabes; ce qui correspond à 1,31 % des vers).

Vers tétrasyllabiques

v. 213-218 (sizain), 225-230 (sizain), 562, 771, 775, 779,
783, 787, 791, 1374, 1377, 1391, 1393, 1401, 1405, 1409, 1757,
1758, 1761, 1762, 2264, 2265, 2268, 2269 (34 tétrasyllabes;
0,80 % des vers).

Vers pentasyllabiques

v. 7-12 (sizain), 19-24 (sizain), 31-36 (sizain), 1195-1210,
1738-1749 (douzain), 1938-1955 (3 douzains), 2582-2593
(douzain), 2708-2715 (huitain), 2806-2816 (sizain + quintil),
3048-3054, 3057-3063, 3066-3074, 3125-3144, 3685-3696
(douzain) (168 pentasyllabes, 4 % des vers).

---

[74]   L. Petit de Julleville, *op. cit.*, p. 524.

Vers octosyllabiques

Les vers octosyllabiques sont largement majoritaires: c'est le vers-type des compositions dramatiques de cette époque; ils représentent 85,25 % du texte. Ils sont généralement à rimes suivies ou plates, avec la possibilité d'un redoublement dans le cas de la rime mnémonique.

Vers décasyllabiques

v. 1-6 (sizain), 13-18 (sizain), 25-30 (sizain), 44-106, 395-406 (douzain), 411-422 (douzain), 427-438 (douzain), 443-448 (sizain), 820-838, 2110-2127, 2737-2738, 2741-2742, 2745-2746, 2749, 3076-3079, 3081-3084 (quatrain), 3087-3090 (quatrain), 3092-3095 (quatrain), 3097-3100 (quatrain), 3892-3942 (236 décasyllabes; 5,62 % des vers).

Vers latins (ne sont pris en compte ni les titres, ni les expressions isolées qui ne forment pas un vers entier)

v. 453-454, 463, 893-894, 1274, 1275, 1321, 1322, 1348, 1352, 1353, 1538-1593 (leçon de Regnault), 1630-1631-1632, 1637-1638, 1986-1993 (rondeau latin), 3055-3056, 3064-3065, 3075, 3080, 3085-3086, 3091, 3096, 3189, 3537, 3652, 3662, 3887-3891 (sermon), 3932, 3943, 3967, 3968, 4000, 4027, 4028, 4034, 4035, 4047, 4048, 4051, 4052, 4060, 4074, 4089, 4099, 4110, 4111, 4171, 4172, 4173, 4176, 4177, 4180, 4181, 4188 (126 vers entiers, soit 3 % des vers).

Vers hypométriques et hypermétriques

Les vers métriquement incorrects sont très peu nombreux; les rares cas d'hypométrie et d'hypermétrie peuvent être amendés par de légères modifications proposées dans les notes. Seuls résistent aux éventuelles corrections les vers hypométriques 1370 et 1535 et le vers hypermétrique 61.

Rimes équivoquées

puissance: puis sans ce (v. 250-251, 573-574, 1182-1183);
dire: d'ire (v. 264-265); Justice: juste isse (v. 471-472);
maintenue: main tenue (v. 1190-1191); chandelle: chant
d'elle (v. 1770-1771); pastour: pas tour (v. 1923-1924);
finalle: fine alle (v. 4195-4196).

Rimes fratrisées

v. 43-44 Gouvernement, 74-75 basilique, 93-94 Basilicque, 146-147 discorde, 219-220 fureur, 220-221 cueur,
222-223 pueur, 223-224 liqueur, 410-411 adresse, 1226-1227
recours, 2009-2010 à chef, 2029-2030 sçavoir, 2356-2357
repas, 2357-2358 serain, 2429-2430 mort, 3911-3912 zezanie,
4019-4020 zizanie.

Rimes annexées ou enchaînées

v. 388-389 ...inconstance / Inconstant..., 389-390 ...assis-
tance / Assistant..., 390-391 ...Obstinacion / Obstins..., 391-
392 ...mescheance / Meschans..., 1791-1792 ...virginité / Virginal..., 1792-1793 ...Ancelle / Celle..., 1793-1794 ...herité /
L'eritage..., 1794-1795 ...celle / Ne celle..., 2352-2353 ...com-
pas / Compassant..., 2353-2354 ...trepas / Trespassant...,
2355-2356 ...pas / Pasteur..., 2358-2359 ...plain / Plainement..., 3479-3480 ...dyablerie / Dyables..., 3480-3481
...secours / Secourez..., 3481-3482 Heresie... / Herese...,
3482-3483-3484 ...cours / Acours / Acours...

Rimes dérivatives

v. 16-17 emplis: remplis, 18-19 retraire: substraire, 38-41
complainte: plainte, 49-50-51 refonde: fonde: tresparfonde,
101-102 lié: deslié, 120-122-123-125-128-130-131-133-136-
138-139-141-144-146 misericorde: corde: concorde: corde:
acorde: concorde: acorde: recorde: encorde: acorde: discorde: discorde corde: discorde, 124-126-127-129 accorder:
accorder: encorder: recorder, 140-142-143-145 discorder:

corder: concorder: encorder, 132-135-137 recors: accors: discors, 147-149 efforce: force, 174-175-186 resjouyssance: jouyssance: resjouyssance, 187-189 puissance: impuissance, 198-199 mort: s'amort, 200-202 raige: enraige, 208-210 puissans: impuissans, 253-253 venue: desconvenue, 262-263 perdu: esperdu, 272-273 differer: inferer, 274-275 plaindre: complaindre, 298-299 demusellee: emmusellee, 318-319 barbe: rebarbe,332-333 force: efforce, 427-428-430 Justice: justice: injustice, 429-432-433-434-436-437 accorde: concorde: corde: Misericorde: racorde: corde, 469-471-474 Justice: justice: injustice (r. identique, r. équiv.), 488-489 humain: tresinhumain, 526-527 presente: represente, 530-531 faire: satifaire, 550-551 sçavoir: assavoir, 569-570 resjouissance: jouyssance, 588-589 charge: encharge, 598-599 convertir: avertir, 604-605 entreprendre: prendre, 620-621 entreprise: reprise, 630-632-635 reprouver: prouver: esprouver, 634-636-641 confondre: refondre: fondre, 637-639-640-643 respondre: correspondre: respondre: respondre (r. ident.), 646-647 pliquer: respliquer, 653-654 plaire: complaire, 667-668 entendre: tendre, 691-692 prier: deprier, 713-714 advertir: convertir, 725-726 noter: denoter, 741-742 aprouver: resprouver, 743-744 contredire: dire, 779-780 faire: parfaire, 783-784-785-786 conferme: ferme: aferme: defferme, 805-806 sauvegarde: garde, 807-808 demonstre: remonstre, 855-856 licite: illicite, 865-866 entendre: pretendre, 873-874 faire: deffaire, 940-942 faire: parfaire, 944-945 atraire: pourtraire, 951-952 recommande: commande, 959-960 fermer: confermer, 966-969 demonstrer: monstrer, 1037-1038 aprouver: resprouver, 1043-1044 fermer: confermer, 1059-1060 esmouvoir: resmouvoir, 1093-1094 aprouvé: esprouvé, 1115-1116 faire: parfaire, 1149-1150 entretenir: soubstenir, 1151-1152 confermés: fermés, 1157-1158 redressans: adressans, 1186-1187 donne: habandonne, 1194-1196 face (verbe): efface, 1200-1201 compasse: trespasse, 1202-1203-1204-1205 maintiens: soubstiens: entretiens: retiens, 1258-1259 port: support, 1272-1273 recommandons: commandons, 1276-1278 entendre: pretendre, 1280-1282 atraire: retraire, 1296-1298 acquitte: quitte, 1297-1299-1300-1302 meffais: faiz: tresparfaiz: fez, 1307-1314 doctriner: endoctriner, 1309-1310 asçavoir: sçavoir, 1317-1318 sourt: resourt, 1326-1336 noncer: denoncer, 1333-1334 possible: impossible, 1347-1354 s'aplique: replique, 1384-1385-1388 figure: figure: defigure (r. id.), 1391-1393 maine: demaine, 1405-1406-1407-1408 conduitte: conduitte: reduitte: deduitte (r. id.), 1412-1418 apport: support, 1421-1424-1426 donner: donner: habandonner (r. id.),1433-1434 entreprendre: comprendre, 1453-1454 remonstre: demonstre, 1456-1459 dis: contreditz, 1469-1470 doctrine: endoctrine, 1477-1478 soustenir: tenir, 1532-1533 science: conscience, 1534-1535 demonstre: monstre, 1536-1537 place: deplace, 1614-1615 science: conscience, 1633-1634 science: conscience, 1659-1601 livre: delivre, 1676-1677 soubz: dessoubz, 1684-1685 affaire: faire, 1690-1691 desplaisir: plaisir, 1722-1723 resjoye: monjoye, 1734-1735 sauvegarde: garde, 1815-1816 faulte: deffaulte, 1827-1828 conscience: science, 1865-1866 descharge: charge, 1867-1868 chargé: deschargé (en chiasme), 1869-1870 charger: descharger, 1871-1872 deschargeurs: chargeurs (en chiasme), 1881-1882 maulditte: entreditte, 1907-1908 pardonner: donner, 1911-1912 fin: affin, 1929-1930 repreuve: espreuve, 1957-1958-1959-1960 greve: greve: greve: ragreve (r. id.), 2012-2015 cordelle: rencordelle, 2035-2036-2037 pourtraire: traire: retraire, 2047-2048-2050 tendus: estandus: prestandus, 2049-2051-2052-2054 estandre: pretendre: tendre: tendre (r. id.), 2059-2060 pretendu: tendu, 2063-2064 fait: parfait, 2083-2084 adresser: dresser, 2089-2090 plaist: desplaist, 2111-2117-2118 joye: joye: resjoye (r. id.), 2139-2140 apliquer: repliquer, 2141-2142 voye: desvoye, 2149-2150 predites: entreditez, 2167-2168 euvre: desceuvre, 2173-2174 point: espoint, 2193-2194 porte: supporte, 2195-2196 adresser: dresser, 2245-2247-2248-2250 entretienne: tienne: maintienne: tienne (r. id.), 2257-2258 nouvelle: renouvelle, 2289-2290 donné: habandonné, 2293-2294 venue: seurvenue, 2313-2314 deffaulte:

faulte, 2324-2327-2328 dispose: dispose: repose: dispose (r. id.), 2345-2346 conformer: renformer, 2401-2402 reposer: poser, 2405-2406-2309-2410-2412 fait: deffait: deffait: forfait: deffait (r. id.), 2483-2484 possible: impossible, 2507-2509-2510-2512-2513-2514-2516 fait: fait: effait: forfait: effait: deffait: effait (r. id.), 2543-2544 venu: advenu, 2587-2589 espieu: apieu, 2634-2636 ensemble: s'asemblc, 2647-2648 abandonne: donne, 2677-2678 aucun: chascun, 2681-2682 faire: parfaire, 2687-2688 recommande: commande, 2750-2751-2753-2754 affine: fine: fine: fine (r. id.), 2777-2778-2780 famé: diffamé: affamé, 2967-2969 forfaitz: faitz, 2980-2982 don: habandon, 2984-2986-2988 charge: charge: descharge (r. id.), 2995-2997 perfaicte: faicte, 3009-3010 aprouver: esprouver, 3017-3018 redolant: [dolant], 3100-3101 faiz: parfaitz, 3112-3115 conjoint (verbe): joint (p.p.), 3166-3167 contrefaire: parfaire, 3168-3169 apporté: porté, 3193-3194 Adresse: dresse, 3196-3197 Pasture: prature, 3199-3200 procure: cure, 3203-3204 nom: renom, 3218-3220 lesse: delesse, 3223-3225 recommandé: commandé, 3243-3244 demonstre: monstre, 3245-3246 garde: regarde, 3302-3303 dictes: contredictes, 3336-3337 commandé: recommandé, 3392-3393 faire: parfaire, 3468-3469 possible: impossible, 3490-3491 face: chicheface, 3502-3503 perdue: esperdue, 3510-3511 point: contrepoint, 3546-3547 plaisir: desplaisir, 3562-3563 advenu: venu, 3570-3571 chef: meschef, 3590-3591 concorde: discorde, 3722-3723 partir: despartir, 3731-3732 meschief: chef, 3744-3745 demonstré: remonstré, 3780-3781 joye: monjoye, 3784-3788-3790 conserver: preserv[er]: conserver (r. id.), 3804-3805 revenu: venu, 3902-3903 tourner: atourner, 3913-3915 ferme: tresenferme, 3922-3923-3926 point: point: contrepoint (r. id.), 3924-3928 predictes: redictes, 3935-3938 influe: afflue, 3960-3961 cueullir: recueullir, 4011-4012 chascun: en ung, 4015-4016 las: helas, 4057-4058 terre: deterre, 4075-4076 notés: denotés, 4157-4158 conscience: science, 4159-4160 concorde: misericorde, 4169-4170 voye: desvoye, 4183-4184 pas: compas, 4193-4194 parfin: fin, 4197-4198 deffiner: finer.

Formes fixes et formes strophiques

v. 44-55 douzain *aabaabbbcbbc* (décasyllabes), « ballade d'Obstinacion ».

Henri Chatelain[75] répertorie plusieurs auteurs qui ont utilisé ce schéma métrique avec des vers décasyllabiques. Pour ce qui est des œuvres dramatiques, signalons: *La Vie et la Passion de Mgr Sainct Didier* par Guillaume Flameng (éd. J. Carnandet), 338, 346; *Le Mystere des Trois Doms* (éd. P. Em. Giraud et U. Chevalier), v. 685, 4 douzains, 3261, 5275, 5824, 9174, 9429; Jacques Milet, *La Destruction de Troye la Grant* (éd. E. Stengel), 193, 3 d., 477, 776, 5 d., 1677, 3 d., 2089, 2152, 3867, 10 d., 4230, 7 d., 4731, 8 d., 5528, 3 d., 7228, 2 d., 7560, 10428, 13229, 18110, 5 d., 18682, 2 d., 19090, 2 d., 19559, 5 d.

v. 56-62 septain *ababbcc* (décasyllabes)

v. 63-74 douzain *aabaabbbcbbc* (décasyllabes), v. 74: 75, la rime mnémonique est remplacée par la rime fratrisée.

v. 75-81 septain *ababbcc* (décasyllabes)

v. 82-93 douzain *aabaabbbcbbc* (décasyllabes), v. 93: 94, la rime mnémonique est remplacée par la rime fratrisée.

v. 94-100 septain *ababbcc* (décasyllabes)

v. 107-114 huitain *ababbcbc* (octosyllabes)

De nombreux auteurs utilisent ce schéma particulièrement fréquent, mentionnons pour mémoire, *La vie et la passion de Mgr Sainct Didier, La Passion de Semur, La Passion d'Arras, La Passion* de Gréban, *Le Mystere de Saint Laurent, Le Mystere de Saint Remi, Le Mistere de Saint Quentin, Le Mistere de Saint Bernard de Menthon, Le Mystere des Trois Doms, La Destruction de Troye la Grant, Le Mystere du Siege d'Orleans,* etc.

---

[75] H. Chatelain, *Recherches sur le vers français au XVe siècle. Rimes, mètres et strophes*, Paris, 1907, Slatkine Reprint, Genève, 1974, p. 114-115.

v. 115-122 huitain *ababbcbc* (octosyllabes)

v. 123-130 huitain *ababbaba* (octosyllabes)

Henri Chatelain[76] indique que cette forme de huitain se rencontre dans les œuvres dramatiques au milieu des groupes *ababbcbc*.

v. 131-138 huitain *ababbaba* (octosyllabes)

v. 139-146 huitain *ababbaba* (octosyllabes)

v. 147-154 huitain *ababbcbc* (octosyllabes)

v. 155-162 huitain *ababbcbc* (octosyllabes)

v. 171-184 rondeau *ABBAabABabbaABBA* (octosyllabes)

H. Chatelain[77] cite 20 rondeaux de la *Passion* de Gréban, 11 rondeaux du *Mistere du Viel Testament*, 8 rondeaux de *La Vie et la Passion de Mgr Sainct Didier*, 30 rondeaux du *Mystere du Siege d'Orleans*, 6 rondeaux de *La Destruction de Troye la Grant*, 3 rondeaux de la *Passion d'Arras*, 9 rondeaux du *Mystere de Saint Laurent*, un rondeau du *Mystere des Trois Doms*, deux rondeaux du *Mystere de Saint Remi*, 10 rondeaux du *Mistere de Saint Quentin*, et 9 rondeaux du *Mystere de Saint Louis* de Gringore.

v. 239-246 rondeau / triolet *ABaAabAB* (octosyllabes)

H. Chatelain[78] en a relevé six dans les *Miracles de Notre-Dame*, 55 dans la *Passion* de Gréban, 14 dans le *Mistere du Viel Testament*, 84 dans la *Vie et la Passion de Mgr Sainct Didier*, 4 dans *Saint Nicolas*, 17 dans le *Mystere du Siege d'Orleans*, 38 dans *La Destruction de Troye la Grant*, 67 dans le *Mystere de Saint Christofle*, 29 dans le *Mystere de*

---

[76]   *Ibid.*, p. 90-91.

[77]   *Ibid.*, p. 204-205.

[78]   *Ibid.*, p. 201.

Saint Louis, 6 dans le *Mystere de Saint Sebastien*, 10 dans le *Mystere de Saint Vincent*, 12 dans la *Passion d'Arras*, 10 dans le *Mystere de Saint Laurent*, 2 dans le *Mystere de Saint Clement*, 90 dans le *Mystere des Trois Doms*, 23 dans le *Mystere de Saint Remi*, 110 dans le *Mistere de Saint Quentin*, 16 dans le *Livre et mystere du glorieux seigneur et martir Saint Adrien*.

v. 359-366 rondeau final / triolet *ABaAabAB* (octosyllabes)

v. 367-380 rondeau *ABBAabABabbaABBA* (octosyllabes)

v. 395-406 douzain, ballade *aabaabbbcbbc* (décasyllabes) « ballade de Dieu »

v. 407-410 quatrain *ABba* (octosyllabes); rimes embrassées; on retrouve ce schéma dans la *Passion d'Arras*, la *Passion de Semur*, le *Mystere de Saint Remi*, la *Destruction de Troye la Grant*, la *Vie et la Passion de Mgr Sainct Didier*, etc.

v. 411-422 douzain, ballade *aabaabbbcbbc* (décasyllabes) « ballade de Dieu »

v. 423-426 quatrain *abAB* (octosyllabes); rimes croisées. On trouve cette forme dans la *Passion de Semur* et dans le *Mistere de Saint Bernard de Menthon*.

v. 427-438 douzain, ballade *aabaabbbcbbc* (décasyllabes) « ballade de Dieu »

v. 439-442 quatrain *abba* (octosyllabes)

v. 443-448 sizain *aabaab* (décasyllabes). Nous pouvons mentionner le *Mystere des Trois Doms*, 115, 6 str., 504, 5854, 5908, 7100, 4 str., 8944, 4 str., 9349, 4 str., 10030; *La vie et la passion de Mgr Sainct Didier*, p. 277, 278, 389, 385-386; *La Destruction de Troye la Grant*, 10440; *Le livre et mystere du glorieux seigneur et martir Saint Adrien*, 6397.

v. 449-452 quatrain *abba* (octosyllabes)

v. 468-471 quatrain *abab* (octosyllabes), rimes croisées, quatrains enchaînés.

v. 472-475 quatrain *bcbc* (octosyllabes), rimes croisées, quatrains enchaînés.

v. 535-542 huitain *ababbcbc* (octosyllabes)

v. 561-576 seizain *aa⁴abaa³abbb³bab³ba* (octosyllabes entrecoupés d'un tétrasyllabe et de trisyllabes)

v. 621-628 huitain *ababbcbc* (octosyllabes)

v. 629-636 huitain *ababbcbc* (octosyllabes)

v. 637-644 rondeau /triolet *ABaAabAB* (octosyllabes)

v. 645-648 quatrain *bccb* (octosyllabes)

v. 650-665 rondeau *ABBAabABabbaABBA* (octosyllabes)

v. 820-835 rondeau *ABBAabABabbaABBA* (décasyllabes)

v. 941-950 dizain *aa³baa³bbb³cc* (octosyllabes hétérométriques entrecoupés de trisyllabes)

v. 951-960 dizain *aa³baa³bbb³cc* (octosyllabes hétérométriques entrecoupés de trisyllabes)

v.961-968 huitain *ababbaba* (octosyllabes)

v. 988-991 quatrain *abba* (octosyllabes), rimes embrassées, suite de quatrains enchaînés.

v. 992-995 quatrain *abbc* (octosyllabes)

v. 996-999 quatrain *cddc* (octosyllabes)

v. 1000-1004 quatrain *ceec* (octosyllabes)

v. 1046-1053 huitain hétérométrique *aa³a³baa³a³b* (octosyllabes entrecoupés de trisyllabes). On retrouve cette forme dans *La Vie et la Passion de Mgr Sainct Didier*, p. 65

v. 1054-1061 huitain hétérométrique $aa^3a^3baa^3a^3b$ (octo-syllabes entrecoupés de trisyllabes)

v. 1062-1069 huitain hétérométrique $aa^3a^3baa^3a^3b$ (octo-syllabes entrecoupés de trisyllabes)

v. 1070-1077 huitain *ababbcbc* (octosyllabes).

v. 1138-1147 rondeau *ABabbaabAB* (dizain d'octosyl-labes)

v. 1154-1169 rondeau *ABBAabABabbaABBA* (octosyl-labes)

v. 1195-1210 deux huitains de pentasyllabes « en miroir » *AaabaaabbbbabbbA*

v. 1211-1218 huitain *ababbcbc* (octosyllabes)

v. 1219-1226 huitain *ababbcbc* (octosyllabes)

v. 1227-1230 quatrain *abba* (octosyllabes)

v. 1231-1234 quatrain *abba* (octosyllabes)

v. 1235-1238 quatrain *abba* (octosyllabes)

v. 1276-1283/ 1284-1291/ 1292-1299/ 1300-1307 quatre huitains enchaînés *ababbcbc/ cdcddede*, etc. (octosyllabes)

v. 1416-1419/ 1420-1423/ 1424-1427/ 1428-1431 quatre quatrains enchaînés *abab/bcbc*, etc. (octosyllabes)

v.1460-1468 rondeau / triolet *ABaAabAB* (octosyllabes)

v. 1656-1662 septain *abaabab*

v. 1663-1682 rondeau *ABBAabABabbaabbaABBA* (octosyllabes)

v. 1738-1749 deux sizains enchaînés *aabaab/bbcbbc* (pentasyllabes)

v. 1756-1763 huitain *aaabaaab* (octosyllabes)

v. 1771-1774 quatrain abab (octosyllabes)

v. 1791-1798 huitain ababbcbc (octosyllabes)

v. 1799-1807 rondeau / triolet ABabbabAB (octosyllabes)

v. 1832-1847 rondeau ABBAabABabbaABBA (octosyllabes)

v. 1848-1855 huitain ababbaba (octosyllabes)

v. 1938-1955 trois sizains aabaab (pentasyllabes)

v. 1956-1959 quatrain abab (octosyllabes)

v. 1964-1971 rondeau / triolet ABaAabAB (octosyllabes)

v. 1986-1993 *rondeau latin ABaAabAB*

v.1994-1999 sizain *abbcbc* (octosyllabes)

v. 2000-2009 / 2010-2019 / 2020-2029 trois dizains hétérométriques *aa³baa³bbb³cc* (octosyllabes entrecoupés de trisyllabes)

v. 2030-2032 / 2033-2035 / 2036-2038 / 2039-2041 / 2042-2044 / 2045-2047 six tercets enchaînés *aab* (pentasyllabes)

v. 2048-2055 huitain *ababbcbc* (octosyllabes)

v. 2110-2117 rondeau / triolet *ABaAabAB* (décasyllabes)

v. 2118-2121 / 2122-2125 deux quatrains enchaînés *abbc* (décasyllabes)

v. 2198-2213 rondeau *ABBAabABabbaABBA* (octosyllabes)

v. 2234-2243 dizain hétérométrique *aa³baa³bbb³cc* (octosyllabes entrecoupés de trisyllabes)

v. 2244-2251 huitain *ababbcbc* (octosyllabes)

v. 2262-2281 vingtain hétérométrique $Aaa^4a^4baa^4a^4ab^7$ $bb^3b^3bbbb^3b^3bAa$ (octosyllabes entrecoupés de tétrasyllabes et de trisyllabes et d'un vers de sept syllabes)

v. 2324-2331 rondeau / triolet $ABaAabAB$ (octosyllabes)

v. 2352-2361 dizain *aabaacccdd* (octosyllabes)

v. 2362-2369 huitain *ababbcbc* (octosyllabes)

v. 2406-2413 rondeau / triolet $ABaAabAB$ (octosyllabes)

v. 2430-2437 huitain *ababbcbc* (octosyllabes)

v. 2502-2509 huitain *ababbcbc* (octosyllabes)

v. 2510-2517 rondeau / triolet $ABaAabAB$ (octosyllabes)

v. 2582-2587 / 2588-2593 deux sizains *aabaab* (pentasyllabes)

v. 2594-2601 huitain *ababbcbc* (octosyllabes)

v. 2632-2639 rondeau / triolet $ABaAabAB$ (octosyllabes)

v. 2654-2661 rondeau / triolet $ABaAabAB$ (octosyllabes)

v. 2708-2715 huitain *ababbcbc* (pentasyllabes)

v. 2734-2741 / 2742-2749 deux huitains enchaînés hétérométriques $a^8a^3a^3b^{10}a^{10}a^3a^3b^{10}$

v. 2750-2755 / 2756-2761 deux sizains hétérométriques aa^3baa^3b (octosyllabes entrecoupés de trisyllabes)

v. 2770-2777 / 2778-2785 / 2786-2793 / 2794-2801 quatre huitains *ababbcbc* (octosyllabes)

v. 2802-2805 quatrain *abba* (octosyllabes)

v. 2806-2816 onzain *aabaabbcbbc* (pentasyllabes). Ce schéma se retrouve dans la *Passion d'Arras* et la *Passion* de Gréban, mais avec des octosyllabes.

v. 2832-2840 rondeau / triolet *ABaAabAB* (octosyllabes)

v. 2959-2966 rondeau / triolet *AbaAabAB* (octosyllabes)

v. 2967-2970 / 2971-2974 / 2975-2978 / 2979-2982 / 2983-2986 / 2987-2989 / 2990-2993 sept quatrains enchaînés *abab* (octosyllabes)

v. 3048-3054 septain *ababbaa* (pentasyllabes)

v. 3057-3063 septain *ababbaa* (pentasyllabes)

v. 3066-3074 neuvain *aabaabbcc* (pentasyllabes)

v. 3076-3079 / 3081-3084 / 3087-3090 / 3092-3095 / 3097-3100 cinq quatrain *abab* (décasyllabes)

v. 3109-3116 / 3117-3124 deux huitains *ababbcbc* (octosyllabes)

v. 3125-3129 / 3130-3134 / 3135-3139 / 3140-3144 quatre quintains *aaaab* (pentasyllabes).On retrouve ce schéma dans le *Mistere de Saint Quentin*, 18766.

v. 3145-3148 quatrain *abab* (octosyllabes)

v. 3190-3195 / 3196-3201 deux sizains «en miroir» *Aabaab/bbabbA* (octosyllabes)

v. 3202-3217 rondeau *ABBAabABabbaABBA* (octosyllabes)

v. 3218-3221 / 3222-3225 / 3226-3229 / 3230-3233 quatre quatrains *abab* (octosyllabes)

v. 3266-3270 rondeau / triolet irrégulier *AbbaA*

v. 3305-3312 rondeau / triolet *ABaAabAB* (octosyllabes)

v. 3377-3384 rondeau / triolet *ABaAabAB* (octosyllabes)

v. 3479-3486 huitain *ababbcbc* (octosyllabes)

v. 3503-3510 rondeau / triolet *ABaAabAB* (octosyllabes)

v. 3549-3556 rondeau / triolet *ABaAabAB* (octosyllabes)

v. 3667-3674 rondeau / triolet *ABaAabAB* (octosyllabes)

v. 3685-3690 / 3691-3696 deux sizains *aabaab* (pentasyllabes)

v. 3701-3708 rondeau / triolet irrégulier *ABaaAbAB* (octosyllabes)

v. 3783-3790 rondeau / triolet *ABaAabAB* (octosyllabes)

v. 3811-3818 rondeau / triolet *AAaAabAB* (octosyllabes)

v. 3839-3854 rondeau *ABBAabABabbaABBA* (octosyllabes)

v. 3892-3901 / 3902-3911 / 3912-3921 / 3922-3931 / 3933-9342 cinq dizains *aabaabbccc* (décasyllabes).

Cette liste à elle seule permet de contredire les allégations un peu légères de L. Petit de Julleville. A titre de comparaison, dans le *Mistere de l'Institucion de l'Ordre des Freres Prescheurs*, nous avons 34 rondeaux, dont un en latin, pour 4198 vers; dans la *Passion* d'Arnoul Gréban, éditée par Omer Jodogne, en 1965, nous comptons 107 rondeaux pour 34.429 vers; dans le *Mystere de la Résurrection d'Angers*, publiée en 1993 par Pierre Servet, nous n'avons que six rondeaux pour 19.896 vers; dans le *Mistere d'une jeune fille laquelle se voulut habandonner a peché,* édité en

1976 par Lenita et Michael Locey il y a neuf rondeaux pour 1769 vers, pour ne citer que quelques textes dramatiques.

Une partie des rondeaux de notre texte s'intègre totalement au dialogue et les répliques s'appellent les unes les autres. Les formules de salutations, échangées lors de l'arrivée ou du départ d'un personnage, sont réparties par rapport à la structure du rondeau et aux personnages en présence.

M.-C. G.-Z.

Le pape et saint Dominique.

NOTE SUR L'ÉTABLISSEMENT
DU TEXTE

Nous reproduisons fidèlement l'imprimé de Trepperel, dont la correction laisse parfois à désirer. Les leçons amendées figurent dans l'appareil critique. Nos interventions sont signalées entre crochets. Au-delà des rectifications qu'appellent des coquilles évidentes, elles visent à rendre le texte aussi lisible que possible. Aussi n'avons-nous pas hésité à introduire, quand cela nous paraissait faisable, la leçon susceptible de rétablir la mesure d'un vers, ou la légère modification qui permet l'intelligence d'un passage obscur. Nous avons eu soin toutefois de limiter ces conjectures à des faits linguistiques peu significatifs. Les suggestions moins anodines sont proposées en note. Le texte de l'original est reproduit dans l'appareil critique sans ponctuation ni signes diacritiques.

La ponctuation se limite, dans l'imprimé, à quelques barres obliques et aux deux points dont la fonction n'est pas toujours claire. Notre ponctuation s'efforce avant tout de faciliter l'approche du texte, encore que nous soyons bien conscients que, dans les passages les plus scabreux, elle s'assimile déjà à une forme d'interprétation.

Toujours dans un souci de clarification, nous accentuons les monosyllabes ainsi que les -e et -es finals des substantifs, des adjectifs et des participes passés. De même, l'ajout de la cédille et de l'apostrophe n'est pas signalé expressément. Les formes abrégées sont systématiquement résolues. Enfin, conformément à l'usage, nous distinguons *i* et *j*, *u* et *v*.

Les majuscules sont distribuées de manière très aléatoire dans l'imprimé. Nous limitons leur usage aux noms propres et aux allégories. La graphie de l'original est respectée dans sa variété. Seules quelques disparates résultant manifestement d'une bévue ont été régularisées. L'appareil critique procure dans ce cas la leçon de l'original.

Le foliotage est indiqué en marge. Nous avons en outre introduit les chiffres arabes qui désignent les unités dramaturgiques, conformément au découpage proposé dans notre introduction.

MISTERE DE L'INSTITUCION DE L'ORDRE DES FRERES PRESCHEURS

[A .i.]

S'ensuit ung miste | re de l'institucion de | L'ordre des freres | prescheurs Et commen | ce Sainct dominique Luy estant | a Romme vestu en habit de chanoy | ne Regulier. A .xxxvi. personnai | ges Dont les noms s'ensuivent cy après |

S'ensuit la table des noms des personnaiges   [A .i. v°]

Et premierement	
Saint Dominique	*Le .ii. escollier*
Obstinacion	*Le .iii. escollier*
L'Eglise	*Divine Inspiracion*
Noblesse	*Le clerc*
Labour	*Le chantre de sainct Aignan*
Sathan	*Le tresorier*
Heresie[*]	*Le chevecier*
Dieu	*L'ospitalier*
Nostre Dame[**]	*Maistre Ypocras .i. medecin*
Michel	*Maistre Avicenne*
Maistre Mathieu	*Magdalaine*
Maistre Bertrand	*Saincte Katherine*

---

[*] La lettre *i* est inversée

[**] Nostre *game*

Le pape	*Le .i. religieux*
Le .i. cardinal	*Le .ii. religieux*
Le .ii. cardinal	*Le .iii. religieux*
Saint Pierre	*Le convers*
Sainct Pol	
Saint Regnault	
Le chapelain	*Sy finisent les noms*
Le bedeau	*des personnages*
Le .i. escollier	

Sainct Dominique commence

[A 1]

SAINCT DOMINIQUE *commence*   A .ii.

Voyant le cours des griefz maulx excessis
Dont à rebours, en grans pechiez massis
En cueurs transis, par maleureux meffaire,
Sans nul secours en outrages transis,
5   Tous estas sours, de sang froit et rasis,
Sans nul mercis je suis contraint d'en braire.
L'Eglise voy taire,
Divin luminaire
Du tout confondu ;
10 Heresie atraire :
Sans point la distraire
Le Monde est perdu !
Las, se jourd'uy en oultrages delitz,
En orguelz ris, je [voy]* encevelis,
15 Tous abolis en peril mortuaire,
Les plus beaulz fruis de pouriture emplis,
En piteus plis de trop cuider remplis
Dont jus delis fait sa douleur retraire.
Je voy bons substraire,

_____

14   *vous*

20   Mauvais exemplaire
        Au jourd'huy tendu
        Aux mauvais complaire;
        Sans dire au contraire:
        Le Monde est perdu!
25   En ce jourd'uy, savoir est au bas mis;
        En ce jourd'uy, vrays clers sont endormis;
        En ce jourd'uy, l'ung et l'autre aversaire
        [En]* ce jourd'uy regnent grans loups [famis]*;
        En ce jourd'uy chacun, lache et remis,
30   En ce jourd'uy n'est rien pierre angulaire.
        Droit universaire,
        Souverain repaire
        Tresmal estandu,
        Jhesus debonnaire
35   Vouldra tout deffaire:
        Le Monde est perdu!
        Ton povre servent entendu,
        Roy des roys, soit de sa complainte;
        Ton precieulx sang espendu
40   N'a pas esté sans douleur mainte:
        Helas, [helas]*! reçoy ma plainte,
        Donne au Monde advertissement
        Pour muer son gouvernement.

*Adonc Dominique se mettra à genoulx en faisant
maniere de prier. Obstinacion, laquelle doit avoir
empres elle les trois estas, c'est assavoir l'Eglise,
Noblesse et Labour. Et doit avoir Obstinacion habit
comme une dyablesse et ung grant mantel duquel elle
couvrera lesdits trois estas, et dira Obstinacion en en
[parlant] * effrayement.*

---

28   *et*
28   *finis*
41   *helas las*
'44   *parlane*

[A 2]

OBSTINACION

Gouvernement j'ay par grant jouisance,
45   En jouissant du tout à ma plaisance,
Tresplaisamment des trois estas du Monde :
Le Monde tiens [et par force]* et puissance,
Sans ce que nul m'en puist faire grevance.
Grieve Atletho du tout mon fait refonde,
50   Fondement ay de Proserpine, fonde
En refondant Lachesis tresparfonde
Parfonde suis, [et] de science inique
Iniquement de Medusa suis bonde :
Bout habondant où amertume habonde.
55   Ma nature ? droit regard basilique !

S. DOMINIQUE, *à genoulx*   [A .ii. v°]

O doulx Jesus, reconfort pacifique,
O doulx Jesus, refuge singulier
O doulx Jesus, essence deifique,
O doulx Jesus, immobile pillier,
60   Par ta bonté te plaise deslier
Et jus bouter cette faulce estimacion,
Dont tous estas vont en ostinacion.

OSTINACION

Je tiens de fait en ma possession
Les trois estas en grant corrupcion,
65   En grant orgueil, avarice et luxure.
Premierement en dissolucion
Tiens l'Eglise, dont augmentacion.
A l'exemple, tiens le peuple en ma cure,
Par machiner l'ung sus l'autre laidure.

---

47   *tiens par farce*

70 Par detracter, science je procure
    De les tirer en la secte heretique;
    Cueurs obstinés par oblicque lecture
    Couvertement maintiennent ma droiture.
    Ma nature? droit regart basilique!

S. Dominique

75 Basilique Jesus, monstre ta face
    Pour combatre cette fiere diablesse.
    Piteux, clement, Misericorde face
    Que Justice povres pecheurs ne blesse:
    Ta Passion seroit de grant feblesse
80 Se tu estiez droiturier rigoureux.
    Soyes aux pecheurs misericordieux!

Ostinacion

    Pour seurement jouer à qui mieulx mieulx,
    Aux trois estas je banderay les yeux
    A eviter l'aguet de congnoissance!
85 De symonie ce beau bandeau joyeux
    [Couvertement]* d'avarice [je veux]*
    Pour les suppos de l'Eglise: aisance;
    A Noblesse: ce bandeau de plaisance
    – Piller partout sur chascun à oultrance –
90 Tout à present fault [que à]* euvre l'aplicque;
    Et [cestuy]* cy, qui est dit decevance,
    Pour murmure à Labour sera chance.
    Ma nature? droit regart basilique!

    Lors Ostinacion bandera les [yeulx] aux trois estas*

---

86   *couvertemen*
86   *les yeux*
90   *que euvre*
91   *cestny*
93' *les eulx*

S. Dominique

Basilicque regard plus que mauldit !
95   Doulce Vierge, refuge des pecheurs,
Las, ton [sainct]* laict sera il interdit
Dont allectas si souefves liqueurs ?
Mere de Dieu, helas, euvre leurs cueurs :
Que ton saint nom si soit magnifié
100   Comme je croy qu'il est glorifié !

Ostinacion

Ung chascun d'eux est d'ung bandeau lié
Sans à jamais que nul soit deslié.
Les trois estas ay commis par pratique,
Tous mes cinq sens ay à coup employé :
105   Qui vive qui de mon nom [est oyé]*!
Ma nature ? droit regard basilique !

S. Dominique, *à genoulx*

Encontre toy feray replicque
Envers la Vierge glorieuse.
Fault il que loy [dyabolique]*
110   Suppedicte là joye eureuse ?
Misericorde plantureuse,
Las, Marie, las tu [es]* perdue :
Contre voye si ruyneuse,
Ma priere soit entendue.
115   Que nature soit secourue
Par ton moyen, Vierge pucelle,

---

96   *sain et*
105   *estoye*
109   *dyaoblique*
112   *tu perdue*

Aultrement elle est corrumpue
Car en tout peché el chancelle.
De ta grace une etincelle   A .iii.
120 Remplie de misericorde,
Vierge, seullement : tu es celle
Qui ostes de pechié la corde !

[A 3]
L'EGLISE

Pour avoir aujourd'huy concorde,
Avec le temps fault accorder,
125 Car qui de tromperie ne corde
Jamais ne pourra accorder.
Pour [benefices]* encorder,
Simonnette fille l'acorde,
Gyezi convient recorder
130 Pour avoir aujourd'huy concorde.

NOBLESSE

L'Esglise, [avecque]* toy m'acorde,
A ! par Deu, les jolis recors !
Voulentiers tel leçon recorde :
Il n'est que prendre aise de corps !
135 Pour faire mes plaisans accors,
Ne vueil que pillerie encorde.
Pour encorder en [tel]* discors :
L'Eglise, avec toy m'acorde !

LABOUR

Par moy n'aurés nulle discorde.
140 A butin sans point discorder :

---

127   *benefice*
131   *avec toy*
137   *en discors*

Je suis Labour, qui tout discorde
Par plaisans contreditz corder;
En tous vos faitz vueil concorder
Car, quant j'auray cordé ma corde,
145 Cordes me verrés encorder.
Par moy n'aurés nulle discorde!

L'EGLISE

Par discorde et griefve efforce
Je vueil avoir des benefices,
Dignités, dix, douze, par force
150 En commande, grandes offices!
Derriere jus les maleffices,
Ces rouelles jaunes, en coffre,
Pour serviteurs, fines espices,
Qui de laides grognes font offre!

NOBLESSE

155 S'il est villain qui à moy s'offre
Pour me grongner mot ne demy,
Je luy montreray si vive offre
Que mon seigneur sera cremy!
On ne tienne aujourd'huy amy
160 Que sa bourse par quoy fault faire
De son amy son ennemy,
Sans tenir compte de hault braire!

LABOUR

A Labour il est necessaire
Les biens de terre tenir cher,
165 Et de *nego* sçavoir l'affaire,
Et fort le corps Dieu detrancher,
Mentir, renyer, aracher
Les yeux l'ung de l'autre à oultrance,
Et en couvert les nés moucher
170 Aux morveux qui dorment en trance.

L'EGLISE

Que vault vivre qui n'a plaisance ?
En tous plaisirs prens ma paisson,
Car jeune chair et viel poisson
Si me donnent resjouyssance !

NOBLESSE

175 Qui de joye n'a jouyssance,
Au Monde pert toute saison.
Que vault vivre qui n'a plaisance ?
En tous plaisirs prens ma paisson !

LABOUR

L'Esglise a trop biens d'abondance :
180 Payer les dismes, quel leçon ?
Il fault user d'autre fasson :
Ne fault il pas que Labour dance ?

L'EGLISE

Que vault vivre qui n'a plaisance ?
En tous plaisir prens ma paisson ;
185 Car jeune chair et viel poisson   [A .iii. v°]
Si me donnent resjouissance !

[A 4]

SATHAN

Comment ? est mis jus ma puissance ?
N'ay ge plus de pouvoir au monde ?
Dyables sont ilz en impuissance ?
190 Je n'entens point douce redonde !
Si convient que je oeuvre ma bonde :
Je trouveray assés support.
Diables, chascun si me responde,
Venés me donner reconfort !

Il doit faire maniere comme hors du sens

195   Ire m'a tiré de renfort
      Renforcé d'ung abisme fort,
      Transi [je suis]* en dur oultrage
      Oultrageusement; me sens mort
      D'ung mors mordent que trop s'amort
200   De m'amortir en fine raige.
      Mon couraige
      Si enraige
      En tout sens:
      Que ferai ge?
205   Deviendrai ge
      Hors du sens?
      Fort et ferme assés je me sens
      En tous maulx, et plus que puissans;
      Et foy des crestiens voy fleurir
210   De vraye charité impuissans,
      Mais par trop desobeissans,
      Murmure fait mon cueur meurtrir:
      Oncques martir
      Ne peult souffrir
215   Telle langueur!
      Diables à courir,
      Pour secourir,
      Prenés bon cueur!
      D'enraigee fiere fureur,
220   Fureur persecutant mon cueur
      Cueur incensé, sulphureal,
      Souffre enflambé en vil pueur,
      Pueur d'infernalle liqueur,
      Liqueur de goust tartareal,
225   M'est ung dur mal,
      Fier reagal,

---

197   *transi en dur o.*

De tel montjoye,
Bruit si total,
En mal egal
230 De telle [voye]*!
Il fault que tous les dyables employe
Pour parvenir à mon attainte,
Et que tout mon tresor desploye
A Loy crestienne rendre estainte.
235 Songer me convient une emprainte
A parfaire mon entreprise,
Aultrement point ne sera crainte
Ma puissance que n'en desprise.

[A 5]

HERESIE

Bon cueur!

SATHAN

Fier despit m'atise!

HERESIE

240 Regardez moy!

SATHAN

Dueil trop me mort

HERESIE

Escoutez!

SATHAN

Quoy?

---

230   *voy*

HERESIE

            Maniere exquise !

Bon cueur !

SATHAN

        Fier despit m'atise !

Qui es tu, dy ?

HERESIE

          Grace requise !   A .iiii.

SATHAN

Ditz ton nom !

HERESIE

         Des diables le port.

245   Bon cueur !

SATHAN

        Fier despit m'atise !

HERESIE

Regardes moy !

SATHAN

        Dueil trop me mort !

HERESIE

Sans fraper, qui à moy s'amort,
Je fais plus que dyable d'enfer,
Et y vint mesmes Lucifer
250   A tout tant qu'il a de puissance :
Heresie.

SATHAN

Je ne puis sans ce !
Ha, ma fille, es tu venue ?
Te diray ma desconvenue
Puis que tu es venue à point.

HERESIE

255   Declarés moy à coup le point.

SATHAN

Puis la creation du monde,
J'ay longuement, par voye immunde,
Regenté sur nature humaine.

HERESIE

Ergo clic !

SATHAN

            Tout en mon demaine,
260   Jusqu'à la venue du prophete
Jesus !

HERESIE

N'esse pas grant feste ?
A ung coup tu as tout perdu !

SATHAN

J'en suis du tout si esperdu
Que je ne scay à qui le dire :
265   A peu que je ne creve d'ire
D'avoir perdu si belle proye !

HERESIE

Posé qu'on ait [prise]* lamproye,
Ce n'est rien qui n'a bonne saulce !

SATHAN

Affin que mon povoir exaulce,
270   Je fais resgner en tous estas
Trois pechés, dont viendront à tas
En enfer sans point differer !

HERESIE

Et puis, que voulez inferer ?
Vous n'avés cause de vous plaindre !

SATHAN

275   J'ay grant cause de me complaindre
D'une doubte que j'ay terrible.

HERESIE

Le Monde en pechié si horrible
Est tellement habandonné
Qu'en enfer tout habandonné
280   Je le tiens, car tousjours empire !

SATHAN

Assés il tient de mon empire
Car tous les suppos de l'Eglise,
Ou au plus près, par mainte guise
Les entretiens dessoubz ma patte :
285   Car de symonie leur foys paste
Dont assez sont rassasiez !

---

267   *brise*

HERESIE

Il est assez de telz merciés!

SATHAN

Tous, tous en dissolucion,
En luxure et corrupcion,
290 Chevauchant orgueil pour sejour!

HERESIE

A mynuit, il n'est pas grant jour!   [A .iiii. v°]

SATHAN

Affin que l'Eglise on ne blesse
J'ay couché au plus prés Noblesse,
Qui en est prés toute regente!

HERESIE

295 C'est vray, il fault qu'on la regente.

SATHAN

Labour, en murmuracion,
En fainte conspiracion,
Qui fait rage demusellee!

HERESIE

Se je y estoys emmusellee
300 Se seroit [rabi enragés]*!

SATHAN

Par moy ilz sont tenus en gectz
De ma seur Obstinacion.

---

300   *rabien rages*

Mais on fait machinacion
Pour les mectre hors de noz mains.

HERESIE

305 Comment, dea ?

SATHAN

Entre les humains,
A Romme va ung papellart
Lequel nous cuide, en soubz guiart,
Faire lever nostre main mise.

HERESIE

Je scay tout : il tient de l'Eglise !
310 C'est ung mauldit bigot inique,
Lequel cy a nom Dominique.
Le paillart matin veult prescher !

SATHAN

Il nous le convient empescher,
Aultrement nous sommes perdus :
315 Du tout nous rendra confondus
S'à coup n'y a remede mys !

HERESIE

Assez ay sume d'ennemis
Pour le prendre parmy sa barbe !
Se contre nous il se rebarbe,
320 Puissante assez suis de facteurs !

SATHAN

Peu ont vallu tous tes acteurs...

HERESIE

La science Manicheus
Et l'oppinion d'Arrius,
Sans doubter, me donront secours.

SATHAN

325 Ilz ont desja perdu leur cours !

HERESIE

Les stilles Sabellius,
[Euticius]* et Nestorius
Ont encore grant efficasse !

SATHAN

De jour en jour on les decasse !

HERESIE

330 Macedonius, Donatus,
Pellagius, Scelestius,
En doctrine me donnent force !

SATHAN

Augustinus trop les efforce !

HERESIE

[Jovinianus monachus]*
335 Et aussy [Vigilancius]*
Par moy ont assez escolliers …

---

327   *Dentices*
334   *Joniviavus mon chus*
335   *Vigillauctus*

SATHAN

Pour present sont peu familiers :
Saint Jerosme les a mis jus !
Nous sommes du tout confondus
340   S'autre que toy n'y remedie.

HERESIE

J'ay assez vertu !

SATHAN

                    Heresie,
En ton fait je ne m'y congnois.

HERESIE

En mes mains je tiens Albigois,   [A .i.]
Coulongne et toute Lombardie :
345   Sathan, quelque chose qu'on die,
Tu congnois mon auctorité !

SATHAN

Presque me tiens desherité :
Qui n'y mettra autre remide
De trouver à faire une bride,
350   Par une voye [sophistique]*,
A ce faulx bigot Dominique,
Dyables n'auront plus de pouvoir !

HERESIE

J'ay assez science et sçavoir
Pour ses raisons sophistiquer,
355   Paralogismes respliquer

---

350   *sophisique*

Par subtilité de falaces;
Si auront assez lieux et places,
Ne vous en doubtez nullement.

SATHAN

Tous deulx allons soutivement
360   Les trois estas entretenir...

HERESIE

Ce m'est ung grant esbatement:
Tous deulx allons, soutivement.

SATHAN

Se Dominique aucunement
Vient sur nous?

HERESIE

             Laissez m'en chevir!

SATHAN

365   Tous deux allons soutivement
Les trois estas entretenir.

*Icy Sathan et Heresie s'en iront vers Obstinacion et se
melleront parmy les trois estas*

[A 6]

L'EGLISE

Pour nostre estat bien maintenir,
Il n'est que de faire grant chere!

OBSTINACION

Avant, mes enfans, à l'enchere !
370 Vueillés moy bien la main tenir.

NOBLESSE

A l'apointement fault fournir
A coup à coup : chandelle est chere !
Pour nostre estat entretenir,
Il n'est que de faire grant chere !

OBSTINACION

375 Devant, les feray soubstenir :
En la fin, j'en seray bouchere !

LABOUR

Hé, joly voirre de fougere :
Gaudeamus !

L'EGLISE

Ally !

NOBLESSE

Gaudir !

L'EGLISE

Pour nostre estat bien maintenir,
380 Il n'est que de faire grant chere !

OBSTINACION

Avant, mes enfans, à l'enchere !
Vueillez moy bien la main tenir.
(Se ainsi se sçavent contenir
Je tiens leur fait pour tout glané !)

[A 7]

S. Dominique

385 O cueur de lion insané
Sans avoir nulle congnoissance,
Trop inconstant, sec et fané
Plus que Neron, par inconstance
Inconstant, en fiere assistance
390 Assistant, Obstinacion
Obstins en toute [mescheance]*
Meschans: pour ma conclusion,
Pour toute resolucion,
Tout le Monde est en balence.

Dieu   [A .i. vº]

395 En ung vouloir estable, sans muance,
De trois suppos en coequalle essance,
Ay puissance et vertu souveraine;
Oultre les cieulx, siege d'assistence,
Luciferant comme en preeminance,
400 Sans nul doubter, ay vigueur enteraine:
Ma seulle voix est aux mauvais grevaine,
Mon seul regard tout conduit en demaine,
En regentent, come seul en haultesse,
De mes trois dars, de ung coup de simple alaine,
405 En ung moument en faitz destresse, gehainne:
Aux bons repos, et aux felons [tritresse]*.

S. Dominique

Helas, souveraine Maistresse,
Aiez pitié du povre Monde
Qui en tant de pechiez habonde:
410 Donne leur cueur de bonne adresse.

---

391   *meschance*
406   *tritesse*

DIEU

Mon adresse nullement n'est passive
Mais active, par vertu substantive.
Premitive en ma beatitude,
Mon essence n'est point diminutive,
415 Mais affective en cause sensitive,
Dont craintive est ma sollicitude.
Mon estude, toute mon habitude
D'altitude, est de me monstrer rude
Qui m'est rude par vie trop perverse.
420 Je renverse de ce bras, fortitude,
Dur et rude, qui n'est mansuetude:
Aux bons repos, et aux felons tritresse

S. DOMINIQUE

Jhesus! ceste voix mon cueur perse,
Trespersant tout pecheur immunde
425 Helas, souveraine Maistresse,
Aiez pitié du povre Monde!

DIEU

Par dessus moy ne regne autre Justice:
Tresjustement, cruellement justice.
Juste compas maintiens, qui tout accorde,
430 Accordant loy contre faulse injustice,
Justiciant, *ut amor juste [illis]**,
Lice tenant à maintenir concorde,
Cueur acordant, de cordialle corde,
Qui discorde, par ma Misericorde.
435 Je m'acorde, voyant cueur en simplesse:
Simples begnis sans nul peril racorde,
Fiers et haultains, en fin, mauldite corde!
Aux bons repos, et aux felons tritresse.

---

431   *ille*

S. Dominique

Vierge, refuge de liesse,
440 Misericorde corresponde,
Car se Justice euvre la bonde
Le Monde aura dure destresse.

Dieu

Mort, famine, guerre, mes trois dars:
Tout le Monde, par mes criminelz dars,
445 Feray fenir en trescruelle presse.
Nul ne me craint, sinon quant les espars!
Tresjustement mesureray leurs pas:
Aux bons repos, et aux felons tritresse.

S. Dominique

Helas, souveraine Maistresse,
450 Aiez pitié du povre Monde,
Qui en tans de pechiez habonde:
Donne leur cueur de bonne adresse.

[B 8]

Dieu

Ve, ve, ve habitantibus
Super terram!

Nostre Dame

Hominibus,
455 Ha, mon cher Filz, misericorde!

Dieu

Jamais en nul jour ne l'accorde:
Le Monde en obstinacion,
En vil abhominacion,
Ne ce veult en rien amender.

[A .ii.]

NOSTRE DAME

460   Ung don je vous vueil demander.

DIEU

Orgueil, Avarice et Luxure
Sur les trois estas ont morsure :
Ve, ve, ve habitantibus
Super terram! Si faulx habus
465   En tous estas si ont huy cours
Qu'i convient, sans plus nul secours,
Nature humaine terminer.

NOSTRE DAME

En vous il plaise dominer
Misericorde pour Justice.
470   Voulés vous le Monde affiner ?
Que pitié en vous si justice !

DIEU

Il fault que [ma]* raison juste isse :
Trop [longuement]* sont obstinez,
Point ne leur feray d'injustice.

NOSTRE DAME

475   Misericorde retenez !

DIEU

Ils ont mis prophetes à mort,
Dont en moy ay [tresgrant]* remort
Par quoy oncques je formé l'homme.

---

472   *que raison*

473   *longuemene*

477   *grant*

NOSTRE DAME

Dont Mort vint par mors d'une pomme …

DIEU

480 En vostre ventre virginal,
De vostre sang pur et real,
Ay voulu prendre char humaine;
Au monde ay voulu avoir peine,
Fain et soief, tribulacions,
485 Angoisses et afflictions,
Et qui plus est, ma chere Mere,
Sçavez que ay receu mort amere
Pour reparer le genre humain.
Et il m'est si tresinhumain,
490 Si pervers et sy tresfelon
Qu'il fault bref, pour conclusion,
Qu'il perisse sans nul remede.

S. DOMINIQUE

Marie, je requiers ton aide:
Helas, requiers ton cher Enfant,
495 Et faiz de ton povre servant
Ainsi qu'i te plaira de faire.

DIEU

Aprés moy, pour les faire traire
De leurs hors et mauldiz pechez,
Dont si fort ilz sont entechiez,
500 Mes apostres leur ay laissez,
Desquelz tost ont esté lassez
Et les ont tous livrés à peine.

NOSTRE DAME

En vous, Misericorde est plaine.

DIEU

Mes diciples pareillement,
505   Aultres assez, subsequemment,
Comme martirs et confesseurs,
Aussy grant foyson de docteurs
Pour lesquelz n'ont voulu rien faire.

NOSTRE DAME

Vueillez Misericorde atraire,
510   Car j'ay ung serviteur en terre
Qui aux pecheurs menra grant guere,
Par saincte predication
Et bonne exortacion :
Il yra [convertir]* le Monde
515   Et, affin qu'en ta Loy habonde
Sur la terre plus plantureuse,
Fondacion tressumptueuse
Constitura de grans docteurs,
– Lesquelz seront nommez prescheurs –
520   De vie et conversacion   [A .ii. v°]
Excellens.

DIEU

        La religion
Fera justice pacifique.
Comment a il nom ?

*Lors Nostre Dame luy presentera saint Dominique
en luy monstrant*

NOSTRE DAME

        [Dominique].
Dominique est de saincte vie,

---

514   *convertie*

525   Qui mettra jus toute heresie :
       Mon Enfant, je vous le presente.

DIEU

Où vraye amour se represente
Jamais je ne suis rigoureux,
Mais le Monde est si langoureux
530   Qu'à grant peine pourra bien faire

NOSTRE DAME

Au prescher pourra satifaire,
Dont vostre ire s'apaisera.

DIEU

Doncques Misericorde aura
Huy le Monde à vostre requeste.

S. DOMINIQUE

535   Monde, rejouy toy, faitz feste,
       Car Justice est apaisee,
       Misericorde magnifeste
       Par toy, ma Maistresse honoree :
       O clemence moult decoree !
540   Veu la vision si terrible,
       La verité me soit [monstree]*,
       Car le diable m'est fort nuysible.

NOSTRE DAME

Souveraine Essence infalible,
Je te remercy humblement,
545   Veu que m'as auctorisement
       Donné sus les povres pecheurs ;

---

541   *demontree*

La religion des prescheurs,
Pour confondre toute heresie,
En brief temps sera ennoblie
550 De gens de grant sens et sçavoir.
Michel, va tost faire assavoir
A Dominique, mon servant,
Lequel est mon vueil conservant,
Qu'i fonde une religion
555 De prescheurs, par devocion
Pour la Foy auctorisement.

MICHEL

Haulte Royne du firmament,
Souveraine clarté des cieulx,
En chantant chant melodieux
560 Il sera fait presentement.

S. DOMINIQUE

Jesus, des crestiens fondement,
L'exaulcement,
Roy regnant pardurablement,
Donne moy quelque congnoissance,
565 Qu'entendre puisse sainement,
Justement,
Et rayson, plus parfectement
De ceste vision l'essence;
Donne à mon cueur resjouissance,
570 Jouyssance
De ta parfaicte intelligence;
Pour cheminer plus seurement,
– Car tu scez que je ne puis sans ce:
Ma puissance
575 Vers toy n'a point d'equipolence –,
Te requiers advertissement.

MICHEL

Elieve ton entendement,
Dominique, pour moy entendre :
Ung grant fait te fault entreprendre
580 Pour expulscer les heresies.
En rien qui soit ne contraries :
Tout ainsi que la vision
T'a apparu, sans fiction
Te le convient mettre en effect.

SAINCT DOMINIQUE   [A .iii.]

585 O Bien souverain tresparfait,
Jesus, Salvateur debonnaire,
Pas ne suis digne de ce faire,
Ne d'entreprendre si grant charge !

MICHEL

Marie, par moy, si te l'encharge,
590 Car Dieu a rapaisé son ire,
Moyennant que feras destruire
Les heresies qui sont au monde.
Clers et docteurs de vie tresmunde
Avecques toy assembleras,
595 Et par ce moyen construyras
Une saincte religion,
Et sera leur vocation
De prescher, pecheurs convertir,
Et tous hereses avertir
600 De l'erreur qu'il ont en la foy.

S. DOMINIQUE

Ha, mon Dieu, ce n'est pas à moy
Qu'on doit [demonstrer]* si grant signe !

_____

602   *demonstre*

Mais, posé que [ne]* soye indigne
D'une si grant eouvre entreprendre,
605 La charge et le fes vueil bien prendre
Moyennant l'ayde de Marie.

MICHEL

En rien qu'il soit n'y contrarie
Car de l'aide auras assés.

[Ilz] * s'en retournent

[B 9]

S. DOMINIQUE

Congneu si griefz maulx entassés
610 Et la grant Obstinacion
Dont le Monde en confusion
Est aujourd'huy enraciné,
De mon sens seroye ostiné
Se moy seul vouloye presumer
615 D'espuiser si parfonde mer
Sans avoir aucun bon secours.
Vierge, à toy est mon recours:
Donne moy grace de trouver
Seurs compaignons pour aprouver
620 Ceste haulte et saincte entreprise.

[B 10]

MAISTRE MATHIEU,
[en parlant à maistre Bertrant]*

Frere, par faulte de reprise
Et de remonstrer les pechés,

---

603   *que je soye*

608   *Izl*

'621   La didascalie précède la mention *Maistre Mathieu*

En trespovre estat gist l'Eglise:
Plusieurs, d'heresie entechés,
625 En ostinacion fichés,
Et ne sourt que par negligence,
Dont vers Dieu serons reprimés,
Par deffaulte de diligence.

MAISTRE BERTRAN

Le Monde est en grant indigence
630 Par deffaulte de reprouver
Les heretiques. L'exigence
A nous appartient de prouver
La loy crestienne, et trouver
La maniere de les confondre:
635 Plaise à Jesus nous esprouver,
Par saincte science refondre.

MAISTRE MATHIEU

A nous seroit fort de respondre
A tous ces maulditz heretiques!

MAISTRE BERTRAN

A tous articles correspondre,
640 A nous seroit fort de respondre!

MAISTRE MATHIEU

En ferme foy nous convient fondre
Pour eviter toutes repliques.

MAISTRE BERTRAN

A nous seroit fort de respondre
A tous ces maulditz heretiques,
645 Car en ces raisons sophistiques
Ne font que falaces pliquer:

Par quoy nous convient repliquer
Vrayes auctorités autentiques.   [A .vii. v°]

MAISTRE MATHIEU

Le labour y est necessaire.

[B 11]

S. DOMINIQUE

650 Freres, le vray Dieu debonnaire
Vous doint perfection de vie.

MAISTRE BERTRAN

Santé vous doint Dieu …

MAISTRE MATHIEU

Et Marie
Face voz oeuvres à Dieu plaire.

SAINT DOMINIQUE

Tellement y puissions complaire
655 Que la Foy par nous soit servie.
Freres, le vray Dieu debonnaire
Vous doint perfection de vie.

MAISTRE BERTRAN

Que dit le cueur ?

S. DOMINIQUE

Nous fault retraire
Et chasser hors toute heresie.

MAISTRE MATHIEU

660 Ma voulenté y est ravye.

M. Bertran

La Loy de Dieu fait trop retraire.

S. Dominique

Freres, le vray Dieu debonnaire
Vous doint perfection de vie.

M. Bertran

Santé vous doint Dieu …

Maistre Mathieu

                              Et Marie
665   Face vos oeuvres à Dieu plaire.

S. Dominique

Je vous diray qu'il est de faire
Mais qu'il vous plaise à moy entendre.

Maistre Bertran

De tout pouvoir, nous voulons tendre
A faire vostre bon plaisir.

S. Dominique

670   Pour expulser et amortir
       Ces faulx et maulditz heretiques
       Et leurs grans raysons sophistiques,
       Provision tresaparente,
       Marie, advocate et garente
675   De la Loy et Foy des crestiens,
       Sy a pourchassé tresgrans biens:
       Pour convertir povres pecheurs,
       De religion de prescheurs,
       Freres conjoings en union,

680 En parfaite devocion.
   Par previllege singulier,
   Son cher Filz a voulu prier,
   Considerant que tout le monde
   [Estoit]* perdu par voye immunde
685 En durable dempnacion,
   Que faicte en fust fondation.
   Laquelle chose, moy indigne,
   Si m'a fait reveler ce signe,
   Et commande que je m'en charge.
690 Dont, pour acomplir ceste charge,
   Humblement vous vueil bien prier,
   Et par saincte amour deprier
   Que vous soyés mes comppaignons.
   Les biens du monde delaissons
695 Pour conquester la vie celeste.

M. Mathieu

   Trescher frere, vostre requeste
   Ne me semble pas de refus.

M. Bertran

   Oncques si ayse je ne fus
   Que hors du monde user ma vie.

S. Dominique

700 C'est le saint vouloir de Marie,
   Pour faire abolir les pechés
   Dont tous estas sont entechés,
   De fonder predication.   [A .viii.]

Maistre Mathieu

   Pour vivre en vraye devocion,
705 A vostre vouloir me consens.

---

684 *estant*

MAISTRE BERTRAN

Pareillement m'y condescens
Et me submetz du tout à vous.

S. DOMINIQUE

Jesus si nous doint à nous tous
Si bien [songner]* joyeusement
710 Qu'en la fin pardurablement
Puissions possesser les sains cieux.

MAISTRE MATHIEU

Amen!

S. DOMINIQUE

Tousjours de mieux en mieux
Pour le povre Monde advertir.

MAITRE BERTRAN

Si bien le puissons convertir
715 Qu'envers Dieu peust impetrer grace!

M. MATHIEU

Amen, et si bien nous parface
En vraye et parfaicte science
Que toute mauldicte inference,
Par faux hereses trop accrue,
720 Que par nous soit toute abatue
Et remise en perfection.

S. DOMINIQUE

Freres, pour la religion

---

709   *besongner*

Enteriner de point en* point,
Je vous vueil bien toucher ung point:
725   Premierement nous fault noter,
Et dedans nos cueurs denoter,
Comment la Vierge [glorieuse]*,
Mere de Dieu tresprecieuse,
Pour impetrer grace et pardon
730   Aux pecheurs, par singulier don
A [impetré]* misericorde;
Et, affin que le vray recorde,
S'a esté sus condition
Que saincte predication
735   Si soit par le monde semee;
Et est de Jhesus confermee
A la requeste de Marie.
Mais, affin qu'on ne contrarie
Pour metre à execution
740   Ceste saincte religion,
Tresbon seroit de l'aprouver
Par le saint Pere, à resprouver
Tous ceulx qui vouldront contredire.
Je vous requiers, vueillez moy dire
745   Sur ce point vostre opinion.

MAISTRE MATHIEU

Pour avoir confirmacion
Le point si est tresnecessaire;
Aultrement ne povons rien faire
A telle charge entreprendre.

MAISTRE BERTRAN

750   De legier nous convient pretendre

---

723   *eni* (*i*: lettre parasite)
727   *gloriuse*
731   *impetrer*

A aller devers le saint Pere,
En luy declarent la matiere
Touchant la confirmacion:
Car par son [approbacion]*
755   Nous besongnerons seurement.

S. DOMINIQUE

Allons y tout presentement!

MAISTRE MATHIEU

Le plus tost sera le meilleur.

MAISTRE BERTRAN

A l'aide du doulx Createur,
La chose tresbien ce fera.

S. DOMINIQUE

760   En oraison nous conviendra
Mettre, pour mieux grace impetrer,
Puis apres nous pourrons entrer
A pourchasser plus chauldement.

MAISTRE MATHIEU   [A .viii. v°]

Entre nous troys, devotement
765   Requerons l'aide de la Vierge.

MAISTRE BERTRAND

De saincte grace elle est consierge:
Nous en pourrons mieulx besongner.

---

754   *aporobacion*

S. DOMINIQUE *à genoulx,* ET SES COMPAIGNONS

Jhesus, qui tout scez ordonner,
Seurement conduire et mener
770 Par ta saincte grace donner,
Je te supplie,
Pour expulser toute heresie
Qui ta saincte Loy contrarie,
Par plusieurs chrestiens nourrie
775 Notoyrement,
Que donnes advertissement
A ton Vicaire, tellement
Que je puisse facillement
Vers luy tant faire
780 Pour l'[ordre]* des prescheurs parfaire,
Que par ta grace as voulu traire
Pour eviter mauldit contraire:
Si la conferme,
Par ce moyen sera plus ferme.
785 Jhesus, te plaise qu'i l'aferme,
Affin que nul ne la defferme
Par quelque erreur.
Marie, tu congnois mon cueur:
Requiers de Jhesus la liqueur
790 Pour avoir plus seure teneur
D'asseureté.
Par ta saincte virginité,
Advocatte de genre humain,
Entretiens en integrité
795 Cest affaire dedans ta main.

Lors se lievent et dit

---

780   *odre*

[B 12]

S. DOMINIQUE

Freres, croyez pour tout certain
Que la Vierge nous aidera.

MAISTRE MATHIEU

Nostre bon vouloir parfera :
Quant à moy, c'est mon esperance.

MAISTRE BERTRAN

800   Or allons, en ceste assurance,
Nous presenter vers le sainct Pere.

S. DOMINIQUE

Roy Jhesus, qui es cieulx prospere,
Nous vueille adresser et conduire.
Or allons !

Lors s'en yront vers le saint Pere

M. MATHIEU

         Nul ne nous peut nuyre :
805   La Vierge avons pour sauvegarde.

S. DOMINIQUE

De tous povres pecheurs est garde,
Car clerement nous le demonstre.

M. BERTRAN

Au saint Pere fault qu'on remonstre
Nostre cas, il est temps et heure.
810   Je l'aperçoy en son demeure,
Et des cardinaulx avec luy.

S. Dominique

Jhesus si nous garde d'ennuy
Et nostre fait tousjours maintienne :
Allons vers luy.

M. Mathieu

                Nous entretienne
815   La grace du ciel plantureuse.

M. Bertran

Marie, Vierge glorieuse,
Soyes cy à nostre secours :
A toy seulle est nostre recours
Pour deprier ton cher Enfant.

[B 13]

S. Dominique,
à genoulx , ET SES FRERES, *en parlant au pape*

820   *Pater sancte*, sainctement triumphant,   B .i.
Hault triumphe d'Eglise militante,
Tenans les clefz de la joye triumphante,
Salut, honneur, come au chef triumphant.

Le pape

Fili, quid vis ?

S. Dominique

                Souverain helephant,
825   Vostre grace, qui les vertus augmente,
Pater sancte, saintement triumphant,
Hault triumphe d'Eglise militante …

LE PAPE

Levez vous sus!

S. DOMINIQUE

       Trop indigne servant!
Sublimité nulle aultre equipolente,
830   Sur tous chrestiens dignité excellente,
Paternité tout le droit conservant,
Pater sancte, sainctement triumphant,
Hault triumphe d'Eglise militante,
Tenans les clefz de la joye triumphante,
835   Salut, honneur, comme au chef triumphant.

LE PAPE

Levez vous sus!

S. DOMINIQUE

Repugnat.

LE PAPE

    Mon enfant,
Nobis placet.

LE .I. CARDINAL

    [Sus]*, puis qu'il le commande!

LE .II. CARDINAL

Delivrez vous: faictes vostre demande.

S. DOMINIQUE

Pour eviter prolixité,
840   En bref, vous aray recité

---

837   *Dessus*

Ma peticion et requeste :
En considerant la tempeste
Des grans pechez regnans au monde,
Esquelz de jour en jour habonde,
845   Nous est meu en devocion
Fonder une religion
Dont les freres seront prescheurs,
Pour prescher partout aux pecheurs,
Resprouvent les faiz heretiques,
850   Contre tous mauldiz heretiques
Qui destruysent la foy chrestienne ;
Et affin que la main on tienne
Pour la maintenir et deffendre,
Supplions que vueilliez entendre,
855   Si vous semble qu'il soit licite,
De la confermer.

LE PAPE

           Illicite
Si n'est point vostre intencion,
Mais, pour faire fondacion
Si sumptueuse et magnifique,
860   Fault conseil bien scientifique
Pour consulter ceste matiere.

LE .I. CARDINAL   [B .i. v°]

Il fault regarder la maniere
Et sçavoir tout [vostre]* intentif.

LE .II. CARDINAL

Ains qu'on en donne responsif,
865   Appartient bien le cas entendre.

---

863   *mon intentif*

S. Dominique

Nostre intentif est à pretendre
De confondre tout heretique,
Et la saincte Foy catholique
Entretenir en son entier,
870   Et au povre Monde prescher
Et ramener à sauvement.

Le pape

Cela est ung bon fondement,
Mais [il]* seroit bien fort à faire
[Car]*, pour amortir et deffaire
875   Heresie, il conviendroit
Avoir grans clercs, et si fauldroit
Qu'i feussent de tressaincte vie.

S. Dominique

Moyennant l'aide de Marie
En sourdra tresgrant efficasse.

Le pape

880   Pour ung peu de temps et espace,
Il vous convient dissimuler :
Le conseil ferons assembler
Pour aviser qu'il est de faire.

S. Dominique

Puis qu'il vous plaist, bien nous doit plaire :
885   Dieu vous doint si bien conseiller
Et l'entendement esveiller
Que nostre foy en vaille mieulx.

---

873   *ilz*
874   *Cae*

Adonc s'en vont ensemble Sainct Dominique
et ses compaignons

LE PAPE

Ainsi soit il.

[B 14]

S. DOMINIQUE

Soyons songneux
De prier Dieu en orayson
890   Qu'i leur doint si ferme rayson
Raysonner, que tout vienne à bien.

M. MATHIEU

Sans son moyen ne sommes rien :
Opportet et semper orare
Corde, et non defficere,
895   Pour faire de Dieu le vouloir.

MAISTRE BERTRAN

Chascun en face son debvoir.

Lors se mettront tous trois en oraison

[B 15]

LE PAPE, *en parlant aux cardinaulx*

Fratres, nous voulons bien sçavoir
Vostre deliberacion
Touchant ceste religion.
900   Par Inspiracion divine,
Maistre Dominique en a eu signe
Et, croyez veritablement,

Consideré le fondement
Et la cause de cest affaire,
905 L'ordre si est tresnecessaire :
Grant planté y a d'heretiques
En l'Eglise, par voyez iniques
Foullant par trop Foy catholique ;
En après, art dyabolique
910 Tient tous estas en si grans vices,
En si excessives delices,
Qu'ilz soient corumpus de tout point.
Consideré et veu le point,
[Je]* le tiens inspiré de Dieu,
915 Et pourtant, [yssi]*, en ce lieu,
Chascun en disse son advis.   [B.ii.]

LE .I. CARDINAL

De Dieu est venu ce devis ;
Mais, pour hereses resprouver,
Souverains clers fauldroit trouver
920 A y tenir tresfort la main.

LE .II. CARDINAL

Pater sancte, à cueur humain
N'est pas possible de pauser,
Ne si haultain bien pourpenser,
Sans aucune inspiracion.
925 Par quoy, en mon oppinion,
Povez bien le fait aprouver
Sans en rien qu'il soit defferer,
Car, quant aultres religions
Eurent premier fondacions,
930 De l'[Esglise]* estoit peu de chose ;

---

914   *Le tiens*
915   *ysse*
930   *esgise*

Dont, d'anichiller telle rose
Se seroit ung tresgrief forfait.

LE PAPE

Doncques, nous penserons au fait
Pour responce luy en donner,
935 Et pour la maniere ordonner
Il sera bon, comme il nous semble,
De deliberer tous ensemble
De quel rigle il pourront user.
Ung peu nous allons reposer,
940 Puis verrons qu'il sera de faire.

Lors le pape s'en ira coucher sur ung lit

[B 16]

S. DOMINIQUE

Ha, doulx Jhesucrist debonnaire,
Pour parfaire
Ceste saincte religion,
Le saint Pere vueillez atraire,
945 Luy pourtraire
Aucune saincte vision :
Donne luy approbacion,
Instruction
Par singuliere grace infuse,
950 Affin que point ne nous refuse.
Marie, à toy me recommande ;
Par commande,
Me [mectz]* en ta protection :
Vers le saint Pere nous soiez bande,
955 Qui nous bande

---

953   *metez*

De sa saincte timicion.
Par aucune apparicion,
Devocion
Tellement le puisse fermer
960   Qu'il peust nostre fait confermer.

Nostre Dame

Cher Filz, vous plaise d'escouter
La requeste de Dominique :
En son cueur, vous [veuillez]* noter
Comme par orayson s'aplique.
965   Quelque vision angelique
Vous plaise au pape demonstrer,
A eviter toute replique
Que on pourroit vers luy repliquer.

Dieu

Present luy envoyray monstrer,
970   Pour tout [faux scrupulle]* eviter.
Michel, va t'en à mon Vicaire,
Pape de [Romme. En]* l'affaire
De Dominique, mon servant,
Dy luy qu'il le soit conservant.
975   Et pour seure aprobacion,
Luy feras telle vision :
Clerement tu luy monstreras
En esperit, que hault en bas
L'eglise sainct Jehan de Latren
980   Si cherra jus, et en soubstien
Tu feras comment Dominique
Pour la soubstenir si s'aplique.

---

963   *voyez*
970   *fait scurpulle*
972   *rommme et*

Et luy diras verballement   [B .ii. v°]
Qu'il ne differe nullement
985   De donner confirmacion
Pour fonder la religion
Des prescheurs, car ainsi nous plaist.

MICHEL

Beatitude où tout bien est,
Souveraine Essence divine
990   Qui perdurablement ne fine,
Il sera fait sans plus d'arest.

NOSTRE DAME

Donne luy entendre que c'est
Du vouloir du Roy souverain,
Et qu'il y tienne bien la main
995   Sans plus en faire aucun refus.

MICHEL

Vierge resgnant et sus et jus,
Vostre vouloir acompliray
Et tresbien dire luy sçauray,
Car à vous servir suis tenus.

*Lors s'en ira et prendra une forme
d'une eglise en sa main*

S. DOMINIQUE

1000   Que soyent par toy soustenus,
Glorieuse Vierge pucelle,
Car après Jesus, tu es celle
Par qui mon cueur si est repus.

*Lors le prent par la main, et saint Dominique
est comme ravy*

MICHEL

[Dominique]*, ne doubte plus,
1005 Car ta priere est exausee :
Au saint Pere sera monstree
Vision clere et apparente.
Marie t'est bonne garente,
Envers Jesus prompte advocate.
1010 Avec moy viens tost, et te haste,
Et tu verras ung grant mistere.
Et pour faire vision clere,

S. Dominique soustiendra l'eglise

Ceste eglise soit sousstenue,
Par toy, Dominique, tenue.
1015 Moyennant ta [religion]*
Sera en perfecte union ;
Tu seras piller de l'Eglise,
Parquoy Heresie sera mise
Soubz le pié, du tout confondue.
1020 Ceste vision entendue
Soit par toy, Vicaire de Dieu.
Transmis suis icy, en ce lieu,
Pour te monstrer evidemment
Comment, tresnecessairement,
1025 [Convient]* ceste religion
Tost mettre en approbacion.
Tu voys l'Eglise monarcalle
Qui est maistresse et principalle
Renommee, saint Jehan de Latren,
1030 Laquelle chet sans nul soustien,
Se non du vaillant Dominique,

_____

1004 *Dominque*
1015 *relegion*
1025 *convint*

Lequel, de tout povoir, s'aplique
De la soustenir, et ne peult
Sans avoir aide: parquoy veult
1035 Fonder une religion
De saincte predication.
Vueilles la du tout aprouver,
Car elle n'est point à resprouver.
A la requeste de Marie,
1040 Pour expulser toute heresie
Envers Jesus l'a impetree,
Et d'Iceluy est confermee.
Et affin de la mieulx fermer,
Te commande la confermer
1045 Et l'aprouver par tout le monde.

Lors remenra saint Dominique en son lieu

[B 17]

LE PAPE   [B .iii.]

Grant merveille en mon cueur habonde:
Ci me sourt admiracion
De vision si tresparfonde
Touchant ceste religion.
1050 Ha, divine Operacion,
J'ay erré contre ton vouloir:
Peccavi! Predicacion
Estoit du tout en nonchaloir.
Cest saint homme de grant sçavoir,
1055 [De povoir]*
En valoir
Veult soustenir Foy chatholique!
Fort sens mon esperit douloir,

1055   *Dont de pouoir*

Esmouvoir,
1060   Resmouvoir,
De tel vision angelique.
Ha, le saint homme Dominique,
Catholique,
Qui s'aplique
1065   Pour la Foy, en si grant devoir,
A expulser voye heretique,
Loy oblique,
Sophistique !
C'est saint homme de grant sçavoir :
1070   Sçavoir le feray à mes freres
Pour deliberer sur ce cas.

En allant

De Dominique les prieres
Donront à la Foy grant soulas.
Helas, helas, helas, helas,
1075   Tout estoit en grant desaroy,
Et Loy crestienne en piteux las.
Mercy te cry, souverain Roy !

LE PREMIER CARDINAL

Le Pere saint par trop est quoy,
Touchant ceste religion …

LE SECOND CARDINAL

1080   Il me semble, tant qu'est à moy,
Sans avoir aultre oppinion,
Qu'on peult bien confirmacion
En donner…

LE PREMIER CARDINAL

        Aussi me le semble,
Car c'est pour la deffencion
1085   De la Foy …

LE SECOND CARDINAL

Il [fault]* qu'on s'asemble !

LE PAPE

De peur que j'ay, le cueur me tremble …
Mes freres, tost, tost au conseil !

LE PREMIER CARDINAL

Qui a il, *Pater*?

LE PAPE

        Cas pareil
N'avint pieça si merveilleux:
1090   J'ay eu vision des sains cieulx
Touchant le fait de Dominique.

LE .II. CARDINAL

Se c'est vision angelique,
Le cas sera mieux aprouvé.

LE PAPE

Merveilleusement esprouvé,
1095   Sans difficulté aucune !

LE PREMIER CARDINAL

Mais qu'en la foy on ne repugne,
C'est tresgrant approbation !

1085   *faull*

LE PAPE

En apparente vision,
En dormant, m'a esté advis
1100   Que si fort estions asservis
En aigre et dolente fortune
Si tresperverse et importune,
Que nostre Eglise monarcalle,
De tous les crestiens principale,
1105   Nommee saint Jehan de Latren   [B .iii. v°]
Si cheoit jus, dont, en soustien,
Dominique, de tout povoir,
S'[efforçoit]* de faire devoir
De la soubstenir. Commandement
1110   M'a esté fait expressement
De donner confirmacion,
Et de faire approbacion
De tout l'intentif Dominique.
De la puissance appostolique
1115   Vous, mes freres, qu'est il de faire ?

LE PREMIER [CARDINAL]*

Ayder luy fault de la parfaire
Puis que c'est le vouloir divin.

LE .II. [CARDINAL]*

De legier y fault mettre fin
Et approuver de tout son fait.

LE PAPE

1120   Je vous requiers dont qu'il soit fait,
Et qu'il viengne cy devers nous.

1108   *effocoit*
'1116   Le premier *escollier*
'1118   Le .ii. *escollier*

Ici apportera une bulle

LE PREMIER CARDINAL

Pater, contens en sommes tous :
Quant à Dieu plaist bien nous doit plaire.

[B 18]

S. DOMINIQUE

Pour soliciter nostre affaire,
1125   Il est bon d'aller à la court.

En allant

M. MATHIEU

De tous costés peuple y acourt,
Par quoy fait bon solliciter.

M. BERTRAN

Pour tousjours le cas eviter
Fort nous peult aider, non pas nuyre.

S. DOMINIQUE

1130   De vray, je vous ose bien dire
Que nous aurons bonne responce,
Car soublz la Vierge me reconce
Qui nullement ne nous fauldra.

PREMIER CARDINAL

Dominique avoir conviendra
1135   Pour son fait du tout despescher.

LE .II. CARDINAL

Vers nous l'aperçoy approcher.

Le premier cardinal

Tous ses faitz sont miraculeux !

Icy saluent les cardinaux

[B 19]

S. Dominique

En gloire et paix, le Roy des cieulx
Tienne vostre grant celsitude.

M. Mathieu

1140   En fin, le trosne glorieulx
Où gist toute beatitude.

M. Bertran

En parfecte divine estude
Concevez fruit delicieux.

Le premier cardinal

Doulx Jesus, le Roy glorieulx
1145   Vous ait en sa solicitude.

S. Dominique

En gloire et paix, le Roy des cieulx
Tienne vostre grant celsitude.

Le .II. cardinal

En la voye de rectitude
Que vous voulés entretenir,
1150   Et foy crestienne soubstenir,
Present vous serés confermés.

S. DOMINIQUE

Plus seurement [serons]* fermés
Contre tous ces loups ravissans.

LE PAPE

Fili !

En le baisant

S. DOMINIQUE

Pater !

LE PAPE

   Foy acroissans,   [B .iiii.]
1155 Seur pillier de pierre angulaire,
Par ton saint divin luminaire
Sainte Esglise es redressans.

S. DOMINIQUE

Indignus sum.

LE PAPE

   Tout adressans,
Es la forme orbiculaire,
1160 *Fili ...*

En le baisant

S. DOMINIQUE

Pater !

1152 *seront*

LE PAPE

Foy accroissans,
Seur pillier de pierre angulaire !

S. DOMINIQUE

Fraille suis de sçavoir et sens,
Mais la Vierge vueille parfaire.

LE PAPE

Envers Jesus puissions tant faire
1165   Qu'à le servir soyons puissans,
Fili !

En le baisant

S. DOMINIQUE

Pater !

LE PAPE

Foy accroyssans,
Seur pillier de pierre angulaire,
Par ton saint divin luminaire,
Saincte Esglise es redressans ;
1170   Nous, Foy catholique exaulsans,
Moyennant divin artifice
Aprouvons ce hault edifice
De l'ordre des freres prescheurs,
Preschans pour convertir pecheurs,
1175   Refuter les voyes heretiques,
Et pour contre faulx heretiques,
Et contre les heresies iniques
Tenir argumentacion.
Et pour seure approbacion,
1180   Vecy nos bulles sur ce faictes :

L'aide de Dieu moyennant, faictes
Devoir de tout vostre puissance.

S. DOMINIQUE

De mon povoir, je ne puis sans ce !
*Pater [sancte]** vous remercie ;
1185   La doulce Vierge regracie
De si grant grace qu'il me donne :
Mon cueur du tout [luy]* habandonne
A faire tout son bon plaisir.

Icy s'en retournent en leur lieu

[B 20]

M. MATIEU

Allons la Vierge requerir
1190   Pour supplier sa maintenue.

M. BERTRAN

Affin qu'à nous ait main tenue,
Il est bon de la supplier.

S. DOMINIQUE
Tousjours il est temps de prier :
Freres, chascun devoir en face.

A genoux

1195   O bieneuree face
Qui pechiez efface,

1184   *saincte*
1187   *du tout habandonne*

Par ta saincte grace,
Grace je te rens.
Ta rigle et espasse,
1200   Qui tous faitz compasse
Qui ne la trespasse,
Tousjours tu maintiens;
Le trosne soubstiens,
Le Monde entretiens,
1205   Les pecheurs retiens
Que mort ne les casse.
De tous tes grans biens,
Apport terriens,   [B .iiii. v°]
Mercier te viens,
1210   O bieneuree face !

[B 21]

Nostre Dame

Cher Filz, affin que mieulx parface
Dominique son intentif,
Te requier que voye face à face
Pour plus estre intellectif
1215   Tes deux appostres: affirmatif
Le rendront de foy vivifique;
Plus sera fortificatif
Et sur, contre loy heretique.

Dieu

Sus, Pierre et Pol! chascun s'applique,
1220   Au vouloir de ma chere Mere,
D'aller visiter Dominique
Pour confermer en foy entiere.
Le Monde gist en grant misere,
Parquoy lui fault donner secours,
1225   Car en vous deux est la lumiere
De la foy, et tout le recours.

S. Pierre

Recours du souverain pignacle,
Beatitude glorieuse,
Triumphant en la joye eureuse,
1230   De par vous serons le signacle.

S. Pol

Souveraine Arche imperialle,
Jardin de tresprecieulx liz,
Qui terre et les cieulx embelliz :
Vertus aura medicinalle.

Lors s'en venront à saint Dominique

S. Dominique

1235   Maison triumphant et royalle,
Je te mercie à jointes mains,
Car je voy qu'entre les humains
Grace me fais especiale.

[S. Pierre]*

Reçoy vertu medicinalle,
1240   Toy Dominique, amy de Dieu,
Sache que moy, cy en ce lieu,
Je suis Pierre, chef des apostres,
Le plus puissant entre les autres
Pour donner pardon aux pecheurs.
1245   Saches que l'ordre des prescheurs
Là hault es cieulx est confermee,
Et, affin que mieulx aprouvee
Si soit à l'aise de ton cueur,
Ce baston prendras de labeur

1239   *Si pierre*

1250 Au bout ferré de vraye constance,
     Lequel, de par divine essence,
     T'est envoyé icy par moy.
     Dominique, resjouy toy
     Et soyez tousjours constant et fort.

S. Dominique

1255 Vecy bien eüré confort:
     Ha, Jesus, mon vray Redempteur,
     De mon fait es conservateur,
     Moyennant de Marie le port.

S. Pol

     Pour te donner plus grant support,
1260 Vecy le livre de science,
     Te denotant signifiance
     De la grant lumiere divine.
     Je suis Pol, te notant ce signe,
     Pour ta religion espreuve:
1265 Du commant de Dieu te l'espreuve,
     Pour te fortifier en foy.

S. Dominique

     Triumphateur, excellent Roy,
     Je te mercie de tous ces biens,
     Car sans ton aide ne fays riens:
1270 Souvenance tu as de moy.

Sainct Pierre

     Et pour parfaire nostre exploy,
     A Dieu nous te recommandons,   C.i.
     Et par Celuy te commandons:
     Vade, predica, quoniam a Deo ad hoc
1275 *Ministerium es electus.*

Adonc sainct Pierre et sainct Pol s'en retournent

[C 22]

Adonc sainct Regnault abillyé richement
comme ung docteur an decret demourant à Paris
appelera son chapellain

S. REGNAULT

Vueillez icy ung peu entendre,
Chappellain : en cas necessaire,
Sçavez que chascun doit pretendre
De sa vacation parfaire.
1280 Nature humaine voy atraire
A trop Oysiveté ensuyvre
Dont, pour telz cas faire retraire,
Il convient Diligence suyvre.
Parquoy, allez querir mon livre,
1285 Mon decret, pour estudier.
Car il fault que science on livre,
Pour son estat edifier ;
Science trop mortifier
Si est negligence imputee,
1290 Car, faulte de clarifier
Est arrogance reputee.
Mon decret allez moy querir,
Car [demonstrer]* est cas licite.
Une foys tous convient mourir,
1295 Par quoy à rendre compte on cite.
Conscience fault qu'on acquitte
Pour amender tous ses meffais.
Bien eureux est qui se sent quitte :
Riens l'on n'emporte que biens faiz.

1293   *de monstrer*

LE CHAPPELLAIN

1300 Regenter sont biens tresparfaiz :
      Vous avez bonne oppinion,
      Posé que c'est ung tresgrant fez.
      Grande sollicitacion,
      Mais merite et fruicion
1305 Est les ignorans enseigner,
      Car, par vostre introduction,
      Bonnes meurs pourrés doctriner.

S. REGNAULT

      Affin de doctrine donner,
      Au bedeau faictez asçavoir
1310 Que par tout il face sçavoir
      Que tel jour sera ma lecture.

LE CHAPPELLAIN

      Tres voulentiers.

S. REGNAULT

                        Pour voye plus sure,
      Nul ne doit en soy prusumer
      De lire ne d'endoctriner
1315 Quelque science que se soit,
      Que premier en soy ne [conçoit]*
      La fontaine d'où elle sourt :
      C'est de Dieu, dont tout bien resourt,
      Duquel nous avons ces beaux ditz
1320 Disant ainsi : *vos vocatis*
      Me magister et Domine,
      Et bene [dicitis]*: Sum [etenim]*

1316   *conscript*
1322   *benedictis; et eum*

Par quoy vueil, devant ma leçon,
Me prosterner en oraison
1325 Affin qu'i luy plaise m'aider.

[C 23]

LE CHAPELLAIN

Magister !

LE BEDEAU

Quis ibi ?

LE CHAPPELLAIN

Noncer
Allez par l'université
A tous ceulx de la faculté
De decret que maistre Regnault
1330 Lira tel jour, sans nul deffault,   [C .i. v°]
Et que chascun face debvoir.

LE BEDEAU

J'en feray selon mon sçavoir
Au mieulx qu'il me sera possible.

LE CHAPPELLAIN

Ad deliberandum.

LE BEDEAU

Impossible
1335 Me seroit plus tost avancer;
Present, je l'iray denoncer
Sans difficulté aucune.

LE CHAPPELLAIN

La lecture sera commune.
Je vous pry, faictes dilligence.

LE BEDEAU

1340 Point n'y aura de negligence:
Je y voys present, tout à ceste heure,
Sans plus faire nulle demeure.

En denonçant lecton

Venerable et scientifique
Maistre Regnault, docteur [discret]*
1345 Es grans escolles de decret,
Cras leget lecton autentique:
Ung chascun d'y venir s'aplique
Hora consueta!

LE .I. ESCOLLIER

Quis?

LE BEDEAU

Leget
Venerable et scientifique
1350 Maistre Regnault, docteur discret.

LE .II. ESCOLLIER

C'est ung droit engin angelique!

LE .III. ESCOLLIER

Desus tous *optime docet.*

1344   *tresdiscret*

LE .I. ESCOLLIER

Breviter omnibus placet.
Eamus sans plus de replique !

LE BEDEAU

1355　Venerable et scientifique
Maistre Regnault, docteur discret
Es grans escolles de decret,
Cras leget lecton autentique !

LE .II. ESCOLLIER

Sa doctrine est tresclarifique,
1360　De grant fruit et utillité.

LE .III. ESCOLLIER

Fructueuse en subtillité.
Au plaisir Dieu, n'y fauldray pas !

LE .I.

De ouir tel clerc est grans soulas,
Procedent de ung si hault stille.

LE .II.

1365　Je cuide moy, qu'entre dix mille,
Qu'on n'en trouveroit pas ung tel !

[C 24]

S. REGNAULT

Ha, puissant Roy celestiel,
Sans fiel,
Courtois, misericordieux,
1370　Ta doulceur excede miel.

Roy du ciel,
Je requiers ton nom glorieux
Qu'il te plaise estre curieulx
De mieulx en mieulx
1375 En mon regime temporel.
[En]* mon cueur sens mal douloureux,
Fort espineux.
Pour ton bien espirituel,
Donne moy telle nourriture,
1380 Si efficasse [pourtraiture]*,
Que nature
Denateure
Tous ces faulx maulditz esguillons.
Doulx Jhesus, plaisante figure,
1385 Mon ame à toy amer figure
Que pointure
De luxure,
Qui corps et ame defigure,
Si atrempe ces motions.
1390 Sire, mes operacions
Conduis et maine,
Elucide mes actions
En ton demaine.
Helas, povre nature humaine
1395 Est tant vaine,
En tant de dissolucions:
Amodere ses durs syons!
Glorieuse Vierge Marie,
Helas, ton cher Enfant deprie.
1400 [Ceste]* maulditte heresie
Soit expulsee,
Clericallement impunee;

C .ii.

1376   *Mon coeur*
1380   *pourtaiture*
1400   *Cest maulditte*

Nostre mere Esglise saulvee,
Qui est si griefvement fortunee,
1405 Et mal conduitte.
Vierge, donne moy telle conduitte
Que je la puisse veoir reduitte,
Et en sa liberté deduitte
Ains que perisse.
1410 Marie, de toy tel vertu ysse,
Qu'envers Dieu el treuve confort.

LE CHAPPELLAIN

Magister !

S. REGNAULT

Quis ?

LE CHAPPELLAIN

                    Tresgrant apport
Y a d'escolliers es escolles :
A eviter toutes frivolles
1415 Il est bon de vous depescher !

[C 25]

NOSTRE DAME

Mon cher Filz, pour faire renfort
A nostre servant Dominique,
Affin qu'il ait plus de support
Contre tout mauldit heretique
1420 Pour soubstenir Foy catholique,
Il vous plaise aide luy donner,
Que ferme soit et unifique
Pour les ignorans [doctriner]*;

1423   *doctiner*

Et pour bien doctrine donner,
1425 [Oyez]* la supplication
D'ung qui se veult habandonner
Du tout à predication.
Congneu sa grand devocion,
Vous plaise à l'avoir agreable:
1430 Par Divine Inspiracion,
Sa priere soit acceptable.

DIEU

Sa vacacion est capable
Pour la charge et fez [entreprendre]*.
Entendement pour bien comprendre
1435 A excellant et unifique,
Par quoy vision angelique,
Chere Mere, à vostre requeste,
Qui me semble juste et [honneste]*,
Sy luy sera faicte à ceste heure.
1440 Va là jus, sans plus de demeure,
Toy, Inspiracion Divine,
Et l'entendement enlumine
De ce vaillant et grant docteur
Maistre Regnault, qui tout son cueur
1445 A posé en nostre service,
Et luy diz pour eviter vice
Et la grant vanité du Monde,
– Se sainctement veult vivre munde
Et en fin les cieulx possesser –
1450 Qu'i luy convient tout delesser,
Et que, par predication
Et tressaincte exortacion,
Aux povres pecheurs il remonstre   [C .ii. v°]

1425   *ouez*

1433   *enteprendre*

1438   *honueste.*

Leurs pechés, et qu'i leur demonstre
1455   La voye de gaigner paradis.

DIVINE INSPIRACION

Roy triumphant, voz haultains dis
Mettray à execucion :
Par Divine Inspiracion
Il sera fait sans contreditz.

Lors s'en viendra à saint Regnault

[C 26]

LE PREMIER ESCOLIER

1460   Nous sommes tous bien estourdis
Que nous n'alons à la leçon.

LE .II. ESCOLIER

A nous est bien ung povre advis :
Nous sommes tous bien estourdis.

LE .III. ESCOLIER

Nous deverions estre tous servis
1465   Comme au [cas]* appartient.

LE PREMIER

                                    Allon !
Nous sommes tous bien estourdis
Que nous n'allons à la leçon.

LE SECOND ESCOLIER

C'est ung docteur de grant fasson,
Et qui donne belle doctrine.

1465   *il appartient*

LE .III. ESCOLLIER

1470   Merveilleusement endoctrine :
        Allon y tost, sans plus songer.

LE PREMIER ESCOLIER

Il est temps de nous abreger :
Allons !

LE .II. ESCOLIER

Je suis prest.

Lors s'en iront es escolles

LE .III. ESCOLLIER

Tous ensemble !

[C 27]

[S. REGNAULT]*

Ha, Jesus, saincte Esglise assemble
1475   En vraye union passifique,
        Pour confondre secte heretique
        Et ta saincte Loy soustenir,
        Que present je voy soubz tenir
        Par folles persuasions.

DIVINE INSPIRATION

1480   Tes grandes imploracions,
        Ta grand ardeur de charité,
        Congneu ta bonne voulenté
        Fondee en tresjuste raison,
        Ont exauscé ton oraison.

—————————

'1474   *S. reguault.*

1485   Je suis Inspiracion Divine,
     Affin que ton cueur s'enlumine
     De par Dieu envoyé vers toy;
     Car pour elucider la Foy,
     Congneu les enormes pechés
1490   Dont tout le monde est entechez,
     Renoncer aux biens temporelz
     Pour les biens [espirituelz]*
     Te convient. Car la Foy crestienne
     Tu voys Malice terrienne
1495   En perverse confusion,
     En mauldicte dampnation,
     Duyre et mener: parquoy te fault,
     Congneu que Dieu t'a fait si hault
     Et parfait en entendement,
1500   Sans point differer nullement,
     Par sainte predicacion
     Et tresbonne exortacion,
     Mettre ta science en effect.

Icy s'en reva

S. REGNAULT

     O Bien souverain tresparfait,
1505   Par Divine Inspiracion
     Reçoy grant consolacion.
     Ha, Vierge, je te remercie
     De tout mon povoir: Heresie
     Sera de la Foy expulsee.

[C 28]

LE BEDEAU   [C .iii.]

1510   La leçon si est denoncee:
     Quant il plaira à nostre maistre,
     Tout est prest.

1492   *biens spirituelz*

LE CHAPPELAIN

        Il est temps de mettre
La chappe et son decret à point.

LE BEDEAU

Où est le maistre ?

LE CHAPPELAIN

           C'est ung point …
1515 Je cuide qu'il est en sa chambre :
De la lecture se remembre
Pour avoir plus prompte memoire.

LE BEDEAU

Sa lecture est partout notoire,
Car il a bruit sus tous docteurs.

LE [CHAPPELAIN]*

1520 *Magister !*

S. REGNAULT

   Quis ?

LE CHAPPELLAIN

        Moult d'auditeurs
Es escolles sont ja venus :
Despeschez vous !

S. REGNAULT

Soient convenus
Au salut de l'ame et du corps !
1525 Nous y allons …

'1520   *chappelin*

Icy sainct Regnault, le chappelain à tout le livre,
et le bedeau devant, et ung petit clerc
derriere saint Regnault, vient es escolles

LE PREMIER ESCOLIER

Quant me recors,
Nostre docteur beaucoup demeure !

LE .II. ESCOLIER

Il deveroit venir à ceste heure,
Ou qu'il laissast tout pour meshuit.

LE .III. ESCOLIER

Congneu que chascun si l'ensuit,
1530   C'est mal fait de tant demourer !

LE CHAPPELLAIN

Foison d'escoutans !

LE BEDEAU

Decorer
On ne peut par trop [telle]* science.

S. REGNAULT

C'est grant charge de conscience
De sçavoir, qui ne le demonstre.

Icy ilz entrent es escolles

LE PREMIER ESCOLIER

1535   Je voy du docteur la monstre !

LE .II. ESCOLIER

Avant, chascun pregne sa place !

1532   *tel*

LE .III. ESCOLLIER

Moy cy, que nul ne me deplace !

Icy saint Regnault montera en chaire et lira

[C 29]

[S. REGNAULT]* [C .iii. v°]

Sequitur tractatus De penitencia:
Hic breviter tractabimus
1540 *De* prima distinctione;
Et primo nos notabimus
In presenti lectione,
Simplici narracione,
Quid sit de penitencia,
1545 *De eius divisione,*
Pro finali sentencia.
Et primo: penitencia
Est quedam dolentis vindicta
Puniens in se quod dolet,
1550 *Et dicitur a penitendo.*
Hic actendite notando
Quod in vera penitencia,
In ipsius essencia
Pro forma intelligendi,
1555 *Personna debet attendi*
Locus, tempus et qualitas,
Necnon etiam quantitas,
Ut habetur infra, distintione quinta confidenter,
Nempe etiam notenter
1560 *Debet attendi eventus.*
Et hoc notat Gracianus
Decima quinta, distintione prima Illa.

'1538   la mention *S. Regnault* figure par deux fois, encadrant une
vignette

In omni penitencia
Tria sunt necessaria:
1565 *Vera cordis contricio,*
Pura oris confessio,
Operis satisfacio.
Principaliter notatur
Et realiter habetur
1570 *Prima distintione: tercia* Perfecta;
Et cum facultas non suppetit
Cordis contricio sufficit,
Argumento quadragesima, distintione due.
Et iste presens tractatus
1575 *In septem partes divisus*
Est: septem distinctiones
Assignando raciones
Probabiliter reddendo.
Et primo, determinando
1580 *De prima distincione*
Brevi expedicione,
Potest fieri questio
Utrum cordis contricio
Sola deleat peccatum.
1585 *Tacebo nunc argumentum,*
Sed dico [affirmative]*
Quod tenetur effective
Illa pro affirmativa,
Si est satis probativa,
1590 *Secundum plures doctores,*
Sed quia prolixiores
Sunt, ratione patenti,
Hoc relinquo pro presenti.
Pour finalle introduction
1595 Vous diray mon intencion,
Et affin que chascun m'entende
Et que l'entendement s'exiende

1586   *affiermative*

Pour comprendre mon intentif,
Sachés que m'est venu motif
1600 Par Inspiracion Divine
– Une apparicion moult digne –
Veu les maulx où le siecle habonde,
Du tout vueil delaisser le Monde
Et prescher la Foy catholique,
1605 Improuver la secte heretique
Qui est à nostre foy contraire,
Et affin de mieulx m'en retraire,
Je vueil aller en court rommaine,
Que comme chef est souveraine
1610 Dessus l'Eglise millitante
Pour regner en la triumphante   [C.iiii.]
Moyennant souveraine grace.
Mes enfans, en ce lieu et place
Où est toute fleur de science,
1615 Nourrissement de conscience,
Le lit capital de justice
Souverain en toute police,
Paris sans per, par preferance,
Par tressinguliere apparence
1620 Ay demouray bien longuement,
Où [a prins]* mon entendement
Toute sa resolucion.
Dont vous pri, en conclusion,
En exaulsant ce haultain lieu,
1625 Qu'il vous plaise d'aymer bien Dieu
Et l'ung l'autre consequemment,
Car sachés veritablement
Que qui n'aura dillection,
Jamais n'aura fruition :
1630 *Dilliges Dominum Deum tuum*
*Ex toto corde tuo, et [proximum]**

1621   *apprins*
1631   *proprium*

Tuum sicut te ipsum.
Sçachez de vray que grant science
Si enfle fort la conscience,
1635 Car ainsi comme dit le Sage
En tesmoignant de ce passage:
Sciencia huius mundi
Stulticia est apud Deum.
Certes mes amis, ce fait mon,
1640 Car une simple creature
Qui science point ne procure,
Mais qu'en la foy elle soit fine,
Pour verité, je vous affine,
Es sains cieulx plus tost entrera
1645 Que ung grant clerc qui se eslievera
Par le moyen de son sçavoir.
Doncques, pour paradis avoir,
Il ne fault que dillection,
Aymer l'ung l'autre en union
1650 Et servir Dieu songneusement.
Parquoy sachez finablement
Que le Monde vueil delaisser
[Sans]* plus de ces bien possesser
Senon pour vivre simplement.
1655 Le haultain Roy du firmament
Nous doint à tous si tresbien vivre
Que nous puissions finablement
Apres luy es sains cieulx l'ensuivre,
Se temptation on nous livre,
1660 Repugner vigoureusement.
Amen. Vous preserve à delivre
Le haultain Roy du firmament.

1653   *saus*

[C 30]

LE PREMIER ESCOLIER

Helas, c'est dur departement !
Ha ! vray Dieu, et que ferons nous ?

LE .II. ESCOLLIER

1665   Helas, se nous est gref courroux :
Ce n'est pas fait bien prudemment !

LE .III. ESCOLIER

C'est la fleur et l'exaulcement
De l'université sur tous.
Helas, c'est dur departement !
1670   Ha ! vray Dieu, et que ferons nous ?

S. REGNAULT

A Dieu, mes freres.

LE PREMIER

Povrement
Nous laissés [es]* la main des loups !

S. REGNAULT

A Dieu, mes amis.

LE .II. ESCOLIER

A genoulx,
Vous requiers que soit aultrement !

S. REGNAULT

1675   Je prens congié.

1672   *est*

LE BEDEAU

       Piteusement   [C.iiii. v°]
Tout se portera.

S. REGNAULT

       Tresbien !

LE BEDEAU

         Soubz
L'université, au dessoubz,
De perdre ung tel entendement !

LE .I. ESCOLLIER

    Helas, c'est dur departement.
1680 Ha ! vray Dieu, et que ferons nous ?

LE .II. ESCOLLIER

Helas, ce nous est grief couroux,
Ce n'est pas fait bien [prudemment]*!

[C 31]

S. REGNAULT

Vos, domine, dilligemment
Dilligentez tout nostre affaire,
1685 Car grand chemin nous convient faire,
Et sans plus estres deleans
Aller nous fault à Orleans
Pour prendre congié de mes freres.

1682   *prudement*

Le chappellain

Se me sont icy joyes ameres ...
1690 Et non obstant, sans desplaisir,
Je vueil faire à vostre plaisir :
Ce sera incontinent fait.

S. Regnault

Faictes le bref !

Le chappellain

         Maistre, en effect,
Je y voys sans plus longue demeure.
1695 Mon cueur si est plus noir que meure
De laisser ville si famee.
De luy sera fort afamee,
Mais que ung tel maistre soit dehors !

Le .I. escollier

Bons estudians si sont mors
1700 De perdre ung si vaillant docteur,
De si bonne vie conducteur.
Par ma foy, le cueur m'en fait mal !

Le .II. escollier

C'estoit le droit chef capital
De toute l'université.

Le .III.

1705 Ce m'est grant inhumanité
De ce que ainsi il nous delesse.

Le .I. escollier

Jhesus son vouloir si bien dresse
Qu'à joye puist il retourner !

S. Regnault

Faisons debvoir, sans sejourner,
1710   D'aller jusques à Orleans,
Et ne soyons point deleans,
Car le cas est tresnecessaire.

Le chappellain

Puis qu'il vous plaist, bien me doit plaire :
Tout est prest quant il vous plaira.

S. Regnault

1715   Le clerc [avecques]* nous viendra :
Dictes luy qu'i se mette en point.

Le chappellain

Seurement il n'y fauldra point,
Car de luy aurons grant secours.
Socie !

Le clerc

Quis ibi ?

Le chappellain

Acours !
1720   Il te fault, avec monseigneur,
Venir diligemment.

Le clerc

Mon cueur
Sur toutes choses se resjoye,
Et prens en moy grande monjoye

1715   *avec*

Quant je puis faire aucun service
1725 Qui luy plaise [C .iiii.]

LE CHAPPELLAIN

Tu es propice
Pour servir seigneur de regnon.
Viens tu ?

LE CLERC

A deux piés !

LE CHAPPELAIN

Tost peu bon :
A Orleans nous fault aller.
Gramment nous fauldra travailler
1730 Avant que nous soions au lieu.

LE CLERC

Je suis tout prest.

S. REGNAULT

Sa ! de par Dieu,
Il est temps de prendre chemin.

LE CHAPPELAIN

Or alons, monseigneur !

S. REGNAULT

Affin
Que la Vierge en sa sauvegarde,
1735 En sa protection et garde
Si nous ait, requerons son aide.

LE CHAPPELLAIN

Il est bon, affin qu'il nous aide.

S. REGNAULT

Divine Lumiere,
Des pecheurs Baniere,
1740　Toy, Vierge Marie,
Ta grace planiere
Dont es tresoriere,
Qui cueurs clarifie,
En qui je me fie,
1745　Present, je te prie,
Que soys mon conduit :
Du tout mortifie
Maulditte Heresie
Qui la Foy destruit.
1750　Suplie Jhesus ton benoist fruit
Qu'i luy plaise de nous conduire.

Ilz se [lievent]

Nully ne nous pourra plus nuyre :
Or partons en seure esperance.

LE CHAPPELAIN

Monseigneur, c'est bonne assurance :
1755　Cheminer povons hardiment.

Lors se partent

[C 32]

SATHAN

Nous sommes tresmauvaisement,
Piteusement,

'1752　*livent*

Tritreusement!
Nous perdons tout evidemment,
Par deffaulte de dilligence!
1760 Dyabolique Entendement
Totallement,
Entierement
Si est confondu nettement:
Dyables! pregnez de moy vengence!

HERESIE

De quel costé vient l'indigence?

SATHAN

1765 Moyennant nostre negligence!

HERESIE

Il est bon de sçavoir le cas …

SATHAN

Pour nostre fait, sonne bien cas!

HERESIE

Il fault sçavoir d'où le fait sourt …

SATHAN

Du tout en [tout]*, mon fait est sourt!

HERESIE

1770 Encor y a feu sans chandelle!

_____

1769   *tont*

SATHAN

J'entens assez trop le chant d'elle :
Tout est perdu, ou autant vault !
Et il estoit en ma tutelle !
En brief temps auray grief assault.   [C.iiii . v°]

[C 33]

S. REGNAULT

1775 Dieu mercis, sans aucun deffault
A Orleans sommes venus,
Dont pour mon fait ne reste plus
Que d'aller parler à mes freres.
Domine, par belles manieres,
1780 *Sub silencio* vous irés
A Sainct Aignen, et là dirés
A tous les seigneurs de l'eglise
Que congregacion soit mise
En chapitre, et que je veulx
1785 Ung peu parler à chascun d'eulx,
Et que je viens cy pour grant cause.

LE CHAPPELLAIN

Sans arrester ne faire pause,
J'acompliray vostre vouloir.

S. REGNAULT

Or allez !

LE CHAPPELLAIN

                    Leur feray sçavoir
1790 Ainsi que l'avez recité.

S. REGNAULT

Blanche Fleur de virginité,

Virginal Clos, Mere et Ancelle,
Celle par qui est herité
L'eritage qui tout mal celle,
1795 Ne celle point ton estincelle :
Estincelle mon povre cueur,
Que je puisse, Vierge pucelle,
De ton vray Fruit avoir liqueur.

LE CHAPPELLAIN

Le doulx Jhesus, vray Redempteur,
1800 Vous doint santé et bonne vie.
Saincte perfection d'honneur
Et vraye charité sans envye …

LE CHANTRE DE S. AIGNEN

Et à vous aussy.

LE CHAPPELLAIN

                    … clarifie
Tous voz bons desirs, sans erreur,
1805 Et tous envieux mortifie.
Le doulx Jhesus, vray Redempteur…

LE TRESORIER

Vous doint santé et bonne vie

LE CHAPPELLAIN

Monseigneur le doyen vous prie
Qu'il vous plaise hativement
1810 Vous congreger assemblement
En chapitre, pour une affaire
Hatif qu'il a ceans affaire.
De bref venra si devers vous,
Dont de par moy vous supplie tous
1815 Qu'en ce cas n'y ait nulle faulte.

LE CHANTRE

Il n'y aura nulle deffaulte :
Vienne quant il aura loysir !
Chascun pour luy faire plaisir
Si est prest comme il appartient.

LE CHAPELLAIN

1820   Je l'aperçoy là où il vient.

LE TRESORIER

Il nous trouvera tous ensemble.

LE CHANTRE

Il sera bon, comme il me semble,
Que nous alions par devers luy.

LE TRESORIER

C'est tresbien dit.

Icy vont au devant de luy

LE CHEVECIER

            Par quelque enuy
1825   Il a entreprins ce voyage.

LE CHANTRE

Congneu qu'il est prudent et saige,
Grant clerc de bonne conscience,
Si expert en toute science,   [C .i.]
Je cuide que c'est pour grant chose.

LE TRESORIER

1830   En mon entendement propose
Qu'il vient pour quelque grant afaire.

S. Regnault,
en parlant aux seigneurs de l'eglise de saint Aignen

Pax vobis sit, forme triangulaire,
Plus que Hesperus, clarté roborative.

Le chantre

Doctor magnus, louange admyrative,
1835   Bien veniez vous, refuge orbiculaire.

Le tresorier

Piller de foy, seure pierre angulaire,
En police tige superlative.

S. Regnault

Pax vobis sit, forme triangulaire,
Plus que Hesperus, clarté roborative.

Le chevecier

1840   Cler mirouër, par divin exemplaire
Du doulx Jhesus, [par] ordre insecutive
Steliferant vertu intellective,
Cum salute soit cy vostre repaire.

S. Regnault

Pax vobis sit, forme triangulaire,
1845   Plus que Hesperus, clarté roborative.

Le chantre

Doctor magnus, louange admirative,
Bien veniez vous, refuge orbiculaire.

S. Regnault

Au chapitre il nous fault retraire,
Puis vous [dirai]* mon intentif.

Le tresorier

1850   Nul de nous ne dit au contraire.

S. Regnault, *en allant*

De leger, le cas est hatif.

Le chevecier

Or allons !

S. Regnault, *luy estant en chapitre*

Touchant mon motif,
Faictes tous estrangés distraire.

Le chantre

Il sera fait.

S. Regnault

Je suis craintif,
1855   Mais le cas si est necessaire.

Le tresorier

Verité point ne se doit taire :
Dictes hardiment, monseigneur.

1849   *dira*

[C 34]

S. Regnault

Pour esclarcir du tout mon cueur
Et venir au principal point,
1860 Dont fort conscience me point,
Il est bien vray que ung don de grace
Dieu m'a donné, qui fort me casse,
Aperceu ma grant negligence ;
Par quoy veuil mettre dilligence
1865 En mon povoir de la descharge,
Car qui conscience trop charge
En fin se treuve fort chargé
S'aucunement n'est deschargé.
Qui d'ung grant fez se veult charger
1870 Se ront le col au descharger,
Qui ne treuve aucuns deschargeurs
Pour assoullager les chargeurs.
Vray est que je congnois le Monde
Chargé de fez dur et immunde
1875 De pechez tresgrans et horribles,
Qui en la fin seront penibles
Se Dieu n'est bien misericors.
Je voy l'Eglise en grans discors
De Heresie fort suppeditee,
1880 Qui à tous clercs est reputee
Une negligense maulditte,
Dont ma conscience entreditte
Congnois envers le Createur.   [C .i. v°]
Parquoy c'est frappé en mon cueur
1885 Une Inspiracion Divine
A moy, povre pecheur, indigne
D'y trouver aucun bon remede.
Et pour avoir secours et aide,
Je vueil aller vers le saint Pere
1890 Où la foy est tousjours entiere,
Pour fonder en religion
Freres, qui predicacion

Excerceront parmy le monde.
Aux biens [temporelz]* où habonde
1895   Du tout en tout, vueil delaisser
Pour cestuy affaire excercer.
Le deannié de ceste esglise
Et aultres biens, où j'ay main mise,
En la main du grant Souverain
1900   Iray renoncer pour certain,
Car Divine Inspiracion
M'en a fait exortacion.
Ce j'ay vers vous aucune offence
– Car il n'est si bon qui n'offence –
1905   [Faicte]* en vers vous, je vous supplie,
Et par chere amour vous deprie,
Qu'il vous plaise me pardonner
Et ung si grant bien me donner
Que de prier le Roy des cieulx
1910   Que je puisse de mieulx en mieulx
Perceverer jusqu'à la fin.
Tout mon secret vous ditz, affin
Que de moy [soyez]* tous contens.

[C 35]

LE CHANTRE

En paix avons esté long temps
1915   Au moyen de vostre personne :
C'est le diable qui nous ransonne
Pour entre nous semer discorde !

S. REGNAULT

Freres, nully ne s'en discorde :

1894   *temprelz*

1905   *faictes*

1913   *syez*

1894	*temporelz*
1905	*faictes*
1913	*syez*

Ayés tousjours ferme esperance
1920 En Dieu, et par clere apparence
Congnoistrés qu'il vous aidera.

LE TRESSORIER

Je sçay bien qu'il nous mescherra
Puis que nous serons sans pastour,
Car [envye]* par son pas tour
1925 Nous engendrera zizanie.

S. REGNAULT

C'est pour metre jus Heresie,
Et resprouver loy heretique :
Ne sera si vif heretique,
Dieu concedent, que ne repreuve.

LE SEVECHIER

1930 *Pater*, pour faire telle espreuve,
Se me semble une tresgrant charge.
Comme sçavez, qui trop se charge
D'ung grant fez il playe desoubz.

S. REGNAULT

Du fez je me tiens tout absoubz :
1935 Avecques l'aide de Marie
A laquelle je me marie,
Je ne sens en moy nulle crainte.

LE CHANTRE

Helas, vostre emprainte,
Vostre vie saincte,
1940 Si bien nous duysoit !

———————

1924   *ennuye*

S. REGNAULT

[Sans]* faire complainte,
[Dieu]* pour raison mainte
Si veult que ainsi soit.

LE TRESSORIER

Tout bien nous venoit:
1945   Entre nous estoit
Ung droit paradis.

S. REGNAULT

Qui ne secourroit
Brebis, el seroit
En tresgrans peris.   [C .ii.]

LE SEVECHER

1950   La fleur de Paris
Dont estions nourris
Pour nous est perdue.

S. REGNAULT

Aux membres pourris,
Pour estre garis,
1955   Medecine est due.
A Dieu !

LE CHANTRE

Il n'est [desoubz]* la nue
Adversité qui plus nous greve.

1941   *Saus*

1942   *Deu*

1956   *n'est soubz*

S. Regnault

Il fault que Foy soit soubstenue
Car Heresie tresfort la greve.

Le tressorier

1960 Nostre douleur du tout ragreve:
D'autant qu'en la mer y a greve,
Aurons douleur innumerable,
En amertume inestimable.

S. Regnault

A Dieu!

Le chantre

[O]* perte irreparable!

S. Regnault

1965 A Dieu, freres!

Le [tressorier]*

Las, [que]* ferons nous?

S. Regnault

Ayés mon depart agreable.
A Dieu!

Le sevechier

[O]* perte irreparable!

1964   *Perte irreparable*
'1965   *trefforier*
1965   *qui*
1967   *Perte irreparable*

S. REGNAULT

Baisez moy.

LE CHANTRE

O dueil importable!

S. REGNAULT

Au departir, baisés moy tous.
1970   A Dieu!

LE CHANTRE

[O]* perte irreparable!

S. REGNAULT

A Dieu, freres!

LE TRESSORIER

Las, que ferons nous?

S. REGNAULT

Jesus, de Sainte Eglise Espoux,
Leur doint joye espirituelle:
Lamentacion temporelle
1975   Si est de bien legere fin.

Icy s'en vont

[C 36]

Or sa, de par Dieu, chemin
Cheminer nous fault jusqu'à Romme.

1970   *Perte irreparable*

LE CHAPPELLAIN

Pour bien cheminer ne crains homme !
Hau ! *clerice*, faitz grant devoir.

LE CLERC

1980 Je y esprouveray mon povoir
Au mieux qu'il me sera possible.

S. REGNAULT

Le chemin si est fort nuysible,
Et pourtant cheminons en paix.

LE CHANTRE

Las, que sera ce de nos faitz?
1985 Bien devons estre tous marris.

LE TRESORIER

O pater, cur nos deseris?
Invadent lupi rapaces.

LE CHANTRE

Nos desolatos relinquis:
O pater, cur nos deseris?

LE SEVECHIER

1990 *Cur taliter abuteris*
Quid faciemus deinceps?

LE TRESSORIER   [C .iii. v°]

O pater, cur nos deseris?
Invadent lupi rapaces.

LE CHANTRE

Freres, lessons tous ces exceps:
1995 Reconforter nous fault en Dieu.

LE SEVECHIER

Besoing avons de son apieu,
Car sens luy nous ne sommes rien.

LE TRESSORIER

En pitié regarde ce lieu,
Aultrement ne sommes pas bien.

[C 37]

SATHAN

2000 En tous mes faitz n'y entens rien.
Sans soubstien,
Je me tiens tout [habandonné]*.
Ha, Regnault! s'en mes las te tien,
Ton maintien
2005 Je rendray du tout brandonné:
Le Monde à moy c'est tout donné,
Rensonné,
Et tu me veux faire meschief?
Je te maniray bien à chef!

HERESIE

2010 A chef nous en viendrons assés!
Enlassés
Est le Monde en nostre cordelle:
Pour refondre les pos cassés
Entassés,

2002   *habadonne*

2015   Tousjours les fassons rencordelle.
        Obstinacion, que fait elle ?
        Soubz son elle,
        Les trois estas si ne voyent goutte !
        Hau ! Sathan, ne t'en soucie goutte !

                [OBSTINACION]*

2020   Ne t'en soucie goutte, Sathan !
        Puis qu'en tant
        Tousjours de plus fort en plus [fort]*
        Assez congnois le *tu auten*,
        Car j'enten
2025   Tous les jours d'y faire renfort.
        De moy auras grant reconfort,
        Foyson port :
        Sans cesser faitz tousjours devoir,
        Et tu congnoistras mon sçavoir.

                SATHAN

2030   Sçavoir je ne peulx
        De ces bigoteux
        Ce qu'il veullent faire !

                HERESIE

        Ilz seront bien mieulx
        Si desnouent les neulz
2035   Que je sçay pourtraire !

                SATHAN

        Ilz ne font que traire,
        Qu'à nos faitz retraire :
        J'entens bien leur fait.

'2020   *Obstinacin*
2022   *en plus for*

OSTINACION

Si peu sçauray brayre
2040   Que ne face taire
Du tout leur effect.

SATHAN

Se le fait parfait
Du tout se parfait,
Nous sommes perdus!

HERESIE

2045   Marchant se forfait
D'ung petit forfait:
Nos rez sont tendus!

OSTINACION

Ilz sont tous si bien estandus
Que rien n'y fault pour les estandre.
2050   Ainsi qu'il y sont prestandus,
A leurs fassons sçay bien pretendre:
Pour nos fillés seurement tendre
A la fin où nous pretendons,
Je y ay tousjours pasture tendre   [C .iiii.]
2055   Pour happer se que nous tendons.

[C 38]

S. REGNAULT

Tresbien cheminé nous avons,
Moyennant la grace de Dieu,
Quant nous sommes venus au lieu
Où avons long temps pretendu.

LE CHAPPELAIN

2060 De mon povoir ay fort tendu
Pour parvenir à cest attainte,
Mais, Dieu mercy, cause de plainte
N'avons, veu le temps qu'il a fait !

LE CLERC

En bien peu d'heure avons parfait
2065 Long chemin qui est fort grevable.
Vecy une chose admirable
De veoir cité si sumptueuse !

S. [REGNAULT]*

La cité si est moult eureuse,
Plaine de grant prerogative,
2070 A nulle aultre comparative :
Romme, refuge des crestiens.

LE CHAPPELAIN

Romme florist par plusieurs biens,
Romme est le chef de Sainte Esglise,
Car Dieu sa puissance y a mise,
2075 Sans aultre nulle equipolence.

S. REGNAULT

En la court ay grant congnoissance
D'ung amy tres especial,
Lequel present est cardinal,
Qui a esté mon compaignon
2080 Par long temps : pour tant il est bon
Que me face à luy congnoistre.

'2068   *Reguault*

LE CHAPPELAIN

Pour nostre cas mieux ne peut estre :
Vers luy nous convient adresser.
LE CLERC
De leger tout [saura]* dresser
2085   Pour avoir expedicion.

S. REGNAULT

Je suis de vostre oppinion :
Alons vers luy tout à ceste heure.

LE CHAPPELAIN

Il nous fault sçavoir son demeure.

S. REGNAULT

Bien le trouverons si Dieu plaist !

[D 39]

S. DOMINIQUE

2090   De tant songer il me desplaist,
Congneu le temps que nous perdons.
En vers Dieu reprins en serons
De la negligence commise.

M. MATHIEU

Envers Dieu avons foy promise,
2095   Parquoy il est bon d'aviser,
De supplier et d'aviser
L'estat de la religion.

2084   *sera*

M. BERTRAN

Veu et sceu la possession
De laquelle devons vier,
2100 Il ne fust pas temps de muser,
Mais anoncer l'ordre partout.

S. DOMINIQUE

Il en fault venir à ung bout
De la rigle.

M. MATHIEU

Comme il me semble,
Il seroit bien expedient.

[D 40]

S. REGNAULT

2105 Ainsi que Dieu veult, il advient !
Je l'aperçoy là pourmener.
Devant luy nous fault [prosterner]*
Pour veoir si me congnoistra point.

LE CHAPPELLAIN

Il fault expedier ce point.

S. REGNAULT

2110 Aureolle, auriflambe aurealle,   [C .iiii. v°]
Piller de foy, Jhesus si vous doint joye !
Gubernateur de l'arche imperialle,
Aureolle, auriflambe aurealle,
Vostre grace, haulte et especialle,
2115 Moy indigne, requiers qu'elle mannoye.

2107   *prostener*

Aureolle, auriflambe aurealle,
Piller de foy, Jhesus si vous doint joye.

LE .I. CARDINAL

Ha ! cher frere, de vous veoir me resjoye,
Levez vous sus !

S. REGNAULT

Pater, je suis tresbien.

LE .I. CARDINAL

2120   Comment le corps ?

S. REGNAULT

Cy à refuge vien,
En requerant ung peu vostre secours.

LE .I. CARDINAL

Recongnoissez du temps passé le cours :
Le corps, les biens du tout vous habandonne.

S. REGNAULT

Le doulx Jhesus telement vous guerdonne
2125   Qu'en paradis puissiez en fin regner.

LE .I. CARDINAL

Sa sainte amour, [que]* aux bieneürez donne,
Puissiez avoir, et es cieulx dominer.

S. REGNAULT

Pour au long vous determiner

2126   *qui*

Mon fait et ma cause motive,
2130 Selon ma povre aprehensive
Le vous declereray en brief,
[En]* considerant le mechef
[Et]* l'erreur que voy en l'Eglise,
En tant que Heresie y est mise,
2135 Veu aussi les maulx tant divers
En quoy tout le monde est convers,
Par Divine Inspiracion
Je suis meu en devocion
De tout en tout moy apliquer
2140 Aux heretiques repliquer,
Reprouver leur mauldicte voye
Parquoy le monde se desvoye,
Prescher les enormes pechez
Dont tous estas sont entechez,
2145 Et en brefve conclusion,
Fonder en predication
Souverains clercs de grant sçavoir,
Lesquelz si auront le povoir
De excerser les causes predites,
2150 Dont toutes raisons entreditez
Seront de tout point [confondues]*.
Par quoy, ces causes entendues,
Supplie vostre paternité
Qu'en l'honneur de vraye charité
2155 M'ordonniez aïde et confort,
Et aussy ung peu de support,
Pour avoir accez au saint Pere,
Affin que la chose s'apere
Plus evidente devant tous.

2132   *Et*
2133   *En*
2151   *confondus*

LE .I. CARDINAL

2160 Cher frere, je congnois en vous
Que grant ardeur de charité,
Fondee en parfecte equitté,
Si vous excite de ce faire ;
Et voy, par divine exemplaire,
2165 Que c'est le souverain pouvoir
Qui embrase vostre vouloir
Pour parvenir à cy grant euvre.
Et affin que le vray desceuvre,
Il y a icy en ce lieu
2170 Ung tresparfait homme de Dieu
Qui a non maistre Dominique,
Lequel de tout povoir s'aplique   [D .i.]
De parvenir au mesmes point.

S. REGNAULT

De fort en fort mon cueur espoint
2175 Et embrase en la matiere !
Mais où est il ?

LE .I. CARDINAL

                    Amy et frere,
Iceluy maistre Dominique,
De ce sainct Siege apostolique
Il a eu confirmacion,
2180 Et realle approbacion
Pour fonder l'ordre des Prescheurs.

S. REGNAULT

Ha, Jhesus ! Les povres pecheurs
Seront aucunement repus !

_____

2184   *parle*

Je vous pri, sans m'en [parler]* plus,
2185   Qu'il vous plaise le m'enseigner.

LE .I. CARDINAL

Sans loing d'icy vous eslongner
Pourrés bien aller devers luy.

S. DOMINIQUE

Pour passer ung petit d'ennuy
Tout seul vueil aller à l'esglise
2190   Dieu prier, qu'il ait sa main mise
Sur nous pour nous entretenir.

LE .I. CARDINAL

Frere, je le voy là venir !

S. REGNAULT

Tresbonne philosomye il porte.
Affin que mon vouloir supporte,
2195   Vers luy je m'en vois adresser
Ad Dominum.

LE .I. CARDINAL

           Si bien dresser
Puissiez, que tout en vaille mieulx.

[D 41]

S. REGNAULT *en parlant à S. Dominique*

Voz bons desirs affectueux
Jhesus si les vueille acomplir.

S. DOMINIQUE

2200   Et vostre affection remplir
       A Dieu servir de mieulx en mieulx.

S. REGNAULT

Quelque confort solacieux …

S. DOMINIQUE

Necte conscience nourir…

S. REGNAULT

       Voz bons desirs affectueux
2205   Jhesus si les vueille acomplir.

S. DOMINIQUE

En quoy estes laborieulx…

S. REGNAULT

Soubz crainte de Dieu obeir...

S. DOMINIQUE

Doncques ne povez mal finir
Pour avoir le trosne des cieux.

S. REGNAULT

2210   Voz bons desirs affectueulx
       Jhesus si les vueille acomplir.

S. DOMINIQUE

       Et vostre affection remplir
       A Dieu servir de mieulx en mieulx.
       Quelque bon desir fructueux
2215   Si vous amaine en ce pays ?

S. Regnault

En cueur suis dolent et remis,
Veu l'inclinacion du Monde.

S. Dominique

Charité dont en vous habonde !

S. Regnault

Tout fin droit je viens de Paris :
2220 Moy, veu du siecle les peris,
Je le vueil du tout delesser.

S. Dominique

Donc Jhesus puissiez possesser.

S. Regnault

Maistre, je viens cy devers vous,   [D .i. v°]
Vous suppliant à deux genoulx
2225 Qu'il vous plaise moy adresser
Pour les heretiques chasser,
Resprouver et du tout confondre,
Et *coram omnibus* respondre
Touchant saincte Foy catholique.
2230 Vers le sainct Siege apostolique,
Par Inspiracion Divine,
Je suis cy la personne indigne
Qui vient mon povoir presenter.

S. Dominique

Pour la religion renter,
2235 Converser,
Vecy miraculeux exemple !
Pour heretiques supplanter,
Attenter,

Vecy commencement bien ample !
2240 Ha, Vierge ! celestiel Temple,
Qui contemple
Ta saincte grace bien euree,
Sa conscience est asseuree.
Marie, pure Vierge sacree,
2245 Vostre bon vouloir entretienne.

S. REGNAULT

Pour la Foy estre reparee
Il fault que la main on y tienne.

S. DOMINIQUE

Affin que seure on la maintienne,
Vostre desir, le myen : tout ung !

S. REGNAULT

2250 Ha, doulx Jhesus, la foy est tienne !
Faitz que ton peuple soit commun.

S. DOMINIQUE

Je suis en cueur fort importun
Touchant ceste mesme matiere,
Car je vous diray, trescher frere,
2255 Par Divine Inspiracion,
Du Pape ay approbacion
D'une religion nouvelle
Des freres prescheurs. Renouvelle
En mon cueur une passion
2260 Comment en la religion
Je pouray faire fondement.

S. REGNAULT

Triumphateur du firmament
Sans fin et sans commencement,

L'exaulcement,
2265　Gouvernement
D'eternelle beatitude,
Je te remercye humblement,
Tresgrandement,
Courtoysement,
2270　De corps, de cueur, d'entendement.
Ton infalibe altitude
Je congnois, ta mansuetude,
Ton estude,
Non pas rude,
2275　Expulsant ton amaritude,
De grace l'enterinement.
Bien seroye plain d'ingratitude,
Putritude,
Vil et rude,
2280　Se ne congnois ta plenitude,
Triumphateur du firmament.
Pater, trescharitablement
Je vous requiers à joinctes mains,
Supposé qu'entre les humains
2285　Que je soye personne inutille,
Envers vous, povre pecheur ville,
Qu'il vous plaise me recepvoir
De voz freres, et mon sçavoir,
Si peu que Dieu m'en a donné,
2290　Par tout le tiens habandonné
A la vostre discrecion.

S. DOMINIQUE

Congneu vostre devocion,
Je suis joyeulx de la venue,
Car grace de Dieu seurvenue
2295　En tout mon fait est seulle cause.

S. Regnault

Le doulx Jhesus qui tous biens cause
Nous doint tellement besongner,
Et si bien le peuple enseigner
Que saincte Eglise en vaille mieux.

S. Dominique

2300   Cher frere, nous serons nous deux
Pilliers de la religion.

S. Regnault

Vecy grand consolacion,
Joye parfaicte, innumerable,
Dillection moult admirable :
2305   C'est par toy, Vierge glorieuse.

S. Dominique

Du pourchasser elle est songneuse.

S. Regnault

L'experience est toute clere :
Pour le present, mon trescher frere,
Je vous commanderay à Dieu ;
2310   Mais en bref temps, cy en ce lieu,
Je me trouveray de vers vous.

S. Dominique

Quant il vous plaira.

S. Regnault

                    Grief couroux
Seroit en moy de la deffaulte.
Adieu.

S. Dominique

Qu'i n'y ait point faulte !
2315   Ce n'est rien sans perseverance.

S. Regnault

Je feray brefve demourance.
Adieu.

S. Dominique

Adieu, mon trescher frere.

[D 42]

S. Regnault, *en s'en retournant*

Vecy bien grant divin mistere
De Divine Inspiracion,
2320   Dont suis en admiracion
De ce vaillant et sainct preudhomme,
Car sa voulenté se refourme
A la mienne, qui est grant chose.

Le chappellain

L'homme propose et Dieu dispose :
2325   A bon vouloir rien impossible.

S. Regnault

Droitte celestielle Rose …

Le clerc

L'homme propose et Dieu dispose.

S. Regnault

Son esperit du tout repose
A mon intentif.

LE CHAPPELLAIN

Tout possible!
2330   L'homme propose et Dieu dispose:
A bon vouloir rien impossible.

[D 43]

S. DOMINIQUE, *en parlant à ses deux compaignons*

Souveraine Bonté infalible
Amplement à nous se demonstre.

M. MATHIEU

Comment, pere?

SAINCT DOMINIQUE

Merveilleuse encontre!

M. BERTRAN

2335   Nous est il venu quelque bien?

SAINCT DOMINIQUE

Ung sainct docteur, homme de bien,
Venant tout fin droit de Paris,
Est cy venu, qui a tout mis
Son cueur et son entencion
2340   A la nostre religion,
Par Inspiracion Divine.

M. MATHIEU

C'est apparent, evident signe   [D .ii. v°]
Que Dieu si nous prent en commande!

S. Dominique

Rien aultre chose ne demande
2345   Qu'avecques nous se conformer.

M. Bertran

Pour le fait tousjours renformer,
Se nous sera ung grant pillier.

S. Dominique

Jesus nous fault remercier
Pour ceste benigne adventure.

M. Mathieu

2350   Chascun si y mette sa cure,
Aultrement nous serions ingratz.

S. Dominique

Souverain eternel Compas,
Compassant naturel trespas,
Trespassant tout engin humain,
2355   Maintenant ne nous oublie pas.
Pasteur de tressouef repas,
Repas plantureux et serain,
Serain nutritif de biens plain,
Plainement tu nous tens la main.
2360   Ha, Jesus, je te remercie,
Et ta doulce mere Marie.

[E 44]

S. Regnault

Je sens bien griefve maladie,
Je ne sçay d'où ce peut venir.
Enfans, cherement je vous prie
2365   Qu'il vous plaise me subvenir.

Doulx Jesus, ce c'est ton plaisir
De me prendre, je suis tout prest:
Ton vouloir, non pas mon desir
Soit acomply, à toy en est.

LE CHAPPELAIN

2370 Nostre maistre, sans plus d'arest,
Il y convient remede mettre,
Car, qui laisse le mal accroistre,
Le remede y est perilleux.

LE CLERC

Ne soyés point de nous honteux,
2375 Descouvrés vostre maladie:
Qui sent mal, il fault qu'il le die.
Se mourés, nous sommes perdus!

S. REGNAULT

[Mes]* enfans, sans arrester plus,
Querez moy quelque bon logis,
2380 Car mon mal sans de pis empis
Aggraver par tresgrief effort.

L'OSPITALIER

Se vous voulez aulcun confort
De moy, inutille personne,
Mon corps et mes biens habandonne
2385 Du tout à vostre bon vouloir.

LE CHAPPELAIN

Ha, cher seigneur, de tout povoir

2378   *Mais*

Secourez ce vaillant seigneur.
Il luy est prins une douleur
Tout à coup, qui est moult grevaine.

L'OSPITALIER

2390 Admenés lay en mon demaine;
Ma chambre je vous lyvreray,
De mon povoir vous secouray,
Selon ma petite puissance.

LE CLERC

Au moyen de sa congnoissance
2395 En pourrés avoir tresgrant bien.

L'OSPITALIER

Admenés lay!

S. REGNAULT

N'y entens rien:
Vecy fievre bien vehemente,
Qui piteusement me tourmente!
Cher frere, je vous remercie.

L'OSPITALLIER

2400 Aperceu vostre maladie,
Bon seroit de vous reposer   D .iii.
Et ung peu sus ce lit poser,
Car besoing avez de repos.

S. REGNAULT

J'apreuve fort vostre propos.
2405 Je vous requiers qu'ainsi soit fait.

LE CHAPPELAIN

Vray Dieu, que son corps est deffait !
Helas, si meurt, que ferons nous ?

LE CLERC

Il est fort malade, en effait.
Vray Dieu, que son corps est deffait !

LE CHAPPELAIN

2410   Ha, Mort ! feras tu tel forfait ?

L'OSPITALLIER

Las, mes amys, appaisez vous.

LE CHAPPELAIN

[Vray]* Dieu, que son corps est deffait !

LE CLERC

Helas, si meurt, que ferons nous ?

S. REGNAULT

Enfans, ostés vostre couroux :
2415   Puis qu'à Dieu plaist, bien me doit plaire.

L'OSPITALLIER

Medecine fust necessaire
Pour ung peu soulager le mal.

LE CHAPPELLAIN

En la court, a ung cardinal

―――――――――

2412   *Vry Dieu*

Qui a esté son compaignon.
2420 Il me semble qu'il [seroit]* bon
De luy faire assavoir le cas.

L'OSPITALIER

Sans plus arrester ung seul pas,
Allés legerement vers luy,
Et luy comptés son gref ennuy :
2425 Et pour Dieu, qu'il y remedie !

LE CHAPPELAIN

Il seuffre grefve maladie
Et sue une sueur moult froide.

L'OSPITALIER

Allés tost !

LE CHAPPELAIN

Je iray fort et roide,
Car si meurt, je me tiens pour mort !

LE CLERC

2430 O Mort mordent où mort s'amort,
Mortifiant en fiere oultrage,
Contre toy j'ay ung dur remort
De tendre ainsi à l'aventaige.
Las, ce n'est pas beste sauvage,
2435 Mais homme clerc et si prudent ;
Contre toy je cryray la rage
Se tu mors mors si evident.

2420   *feroit*

[E 45]

LE CHAPPELAIN

Ha, *pater*, Mort par tout mordent
Si a frappé nostre bon maistre,
2440 Maistre [Regnault]*!

LE PREMIER CARDINAL

Il y fault mettre
Remede, tost et de legier!
Mais qu'a il?

LE CHAPPELLAIN

Pour vous abreger,
Une fievre, la plus terrible,
En passion si treshorrible
2445 Que dire ne le vous sçauroye.

LE PREMIER CARDINAL

Tel necessité ne pourroye
Endurer sans avoir remede.
Ha, bref il y fault avoir aide!
Maistre Ypocras!

M. YPOCRAS, *le premier medecin*

Placet?

LE CARDINAL

                Venez,
2450 Et mon fait ung peu entendés,
Tant vous que vostre compaignon.   [D .iii. v°]

_____

2440   *Regault*

LE .II. MEDECIN

Y a il rien qu'il ne soit bon?
Monseigneur, aiez quelque grief?

LE PREMIER CARDINAL

Venés tost, et le faictes bref.

LE PREMIER MEDECIN

2455   Si grant haste?

LE PREMIER CARDINAL

    Tost, sans songer!

MAISTRE YPOCRAS

Maistre Avicenne!

M. AVICENNE

    [Quid] *?

M. YPOCRAS

     [Abregez]*,
Car monseigneur si nous demande!

M. AVICENNE

Je suis tout prest.

M. YPOCRAS

    La cause est grande,
Car luy propre si nous appelle.

LE PREMIER CARDINAL

2460   Venez tost!

2456   *quis; abreger*

M. AVICENNE

C'est cause nouvelle:
De nous il a affaire en haste!

LE CARDINAL

Hé, *magister*, qu'on se haste!

M. YPOCRAS

Commandez ce qu'il vous plaira.

LE CHAPPELLAIN

Je cuide moy qu'il en mourra,
2465   Car la maladie est tresgriefve.

LE CARDINAL

Pour vous faire la raison briefve,
Il y a ung vaillant docteur,
Grant clerc, de la foy zelateur,
Lequel vient tout droit de Paris,
2470   Et est venu en ce pays
Par Divine Inspiracion,
En ferveur de devocion,
Auquel est prins subitement
Maladie hastivement.
2475   Vous pry que l'aliés visiter,
Car en la foy c'est ung pillier,
Dont de sa mort seroit dommage.

LE CHAPPELAIN

C'est le plus begnin de couraige,
Se cuide, qui soit soubz le ciel.

M. YPOCRAS

2480   Conduisés nous en son hostel :
        Voulentiers ferons grant devoir.

MAISTRE AVICENE

Selon nostre advis et sçavoir,
Nous ferons du tout le possible.

LE CARDINAL

La chose seroit impossible
2485   A faire que je ne feroye
        Pour luy, et en vie souffreroye
        Jamais qu'il eust necessité.

LE CHAPPELLAIN

Congnu sa grant perplexité,
Pour Dieu, messeigneurs, qu'on s'avance !

LE CARDINAL

2490   Remediez à la grevance,
        Mes amis, et je vous emprie !

M. YPOCRAS

Allons veoir quelle maladie
Il peut avoir.

M. AVICENE

              [Tost]*, sans songer !

LE CHAPPELAIN

Helas, vueilliez vous abreger !

_____

2493   *Tout*

M. Ypocras

2495   Sus, devant !

LE CHAPPELAIN

Je voys, messeigneurs !

[E 46]

S. Dominique   [D .iiii.]

Je suis en plusieurs erreurs
De ce vaillant [et]* saint docteur.
Jamais n'auray paix en mon cueur
Tant que je sache son demeure.
2500   Je vueil aller tout à cest heure
Sçavoir se j'en auray nouvelles.

S. Regnault

Je sens douleurs, les nompareilles
Qu'il est possible à corps humain
De sentir !

L'ospitalier

Vecy grans merveilles !

S. Regnault

2505   Ha, Jesus ! preste moy ta main:
Tu es Medecin souverain,
Nonobstant, ton vouloir soit fait.
Helas, vecy mon jour derrain.
Pardonnes moy tout mon mal fait.
2510   Je me sens bien feuble, en effait.
Ha, Vierge, je te cry mercy !

_____

2497   *est*

LE CLERC

Las, helas ! Las, quel dur forfait !

S. REGNAULT

Je me sens bien feuble, en effait :
Mon cueur tressaille, tout deffait.

LE CLERC

2515 De douleur, je suis tout transsi !

S. REGNAULT

Je me sens bien feuble, en effait :
Ha, Vierge, je te cry mercy !

[E 47]

LE CHAPPELAIN

C'est il là qu'il se plaint ainsi ?
[Hé]*, pour Dieu, trouvés y remede !

M. YPOCRAS

2520 Entrons dedans.

S. REGNAULT

Vierge, ton aide !
Autrement je me tiens pour mort.

MAISTRE AVICENE

Dieu soit ceans !

2519 *Hee*

M. Regnault

> C'est bon confort :
Si luy plaist, je requiers sa grace.

M. Ypocras

Comment vous portés vous ?

S. Regnault

> En place
2525 Je ne peux arrester nullement.

M. Ypocras

Pour vous donner allegement,
Nostre maistre, le cardinal,
Nous envoye ceans.

M. Avicene

Sceu le mal
En partie que vous souffrez,
2530 De courroux en est si navrez
Qu'il nous envoye vous visiter.

S. Regnault

Il plaise à Jesus l'exciter
D'acomplir son divin service,
Et si bien tenir son office
2535 Qu'en la fin il ait paradis.

Le chappelain

Son mal luy croist de pis en pis :
Helas, messeigneurs, quel [remede]*?

2537 *remide*

M. YPOCRAS

Bon, se Dieu plaist.

LE CLERC

          Donnés nous aide
Pour l'honneur du doulx roy Jesus !

M. AVICENE

2540   La fievre est forte.

LE CHAPPELAIN

          Tous perdus
Nous sommes, si l'aperçoy bien !   [D .iiii. v°]

[E 48]

S. DOMINIQUE

Pour la Foy, ung souverain bien
De ce docteur nouvel venu !
Mais il m'est tresmal advenu
2545   Que je ne sçay où il repaire,
Car à mon fait est necessaire.
Vierge, te plaise m'adresser !

S. REGNAULT

Bien me voulsisse confesser
A ce sainct docteur Dominique.

MAISTRE YPOCRAS

2550   Vous dictes tresbien !

MAISTRE AVICENNE

          Qu'on s'applique
De l'aler querir vistement !

LE CHAPPELAIN

Seigneurs, je y vois presentement:
Mais, pour Dieu, pensez bien de luy!

S. DOMINIQUE

Tant cheminer m'est ung ennuy:
2555 Son logis me fault demander.
Dieu gard, mon amy!

LE CHAPPELLAIN

                    Sans tarder
Je m'en voys mon chemin et voye.
Ha, maistre! devers vous m'en alloye
Comme à mon singulier secours.

S. DOMINIQUE

2560 Qu'i a il?

LE CHAPPELLAIN

                    En la fin des jours,
Il vous plaise estre confesseur
De ce vaillant et saint docteur,
Maistre Regnault.

S. DOMINIQUE

                    Est il mallade?

LE CHAPPELLAIN

Tout son corps et son cueur tant fade
2565 Que, sans nul remede, il est mort.

SAINCT DOMINIQUE

Cher amy, prens en toy confort:

La doulce Vierge precieuse
De son mal sera curieuse,
Au moyen de l'ayde de Dieu.
2570   Icy au long queroye le lieu
Où povoit faire residence.

LE CHAPPELLAIN

En vous a mis son esperance :
Pour Dieu, venez lay visiter.

SAINT DOMINIQUE

Pour son ame solliciter,
2575   J'en feray du tout mon povoir ;
Conduisez moy en son manoir.

LE CHAPPELLAIN

C'est ceans, maistre.

SAINCT DOMINIQUE

               De par Dieu,
Il convient visiter le lieu.
Jhesus et sa mere Marie,
2580   Pour la foy tenir espanie,
Nous seront en aide et confort.

[E 49]

S. REGNAULT

Mon cueur tent à mort,
Non pas en remort
Puis qu'il plaist à Dieu,
2585   Mais crainte me mort,
De naturel port
Doubtant son espieu.

Vierge, en ce lieu,
Desoubz ton apieu,
2590   En ferme esperance
Me suis mis en jeu,
Et de mortel feu
Suis navré en trance.
Donnez moy tousjours congnoissance,
2595   Que mon sens point ne se desvoye,   E .i.
Car je voy bien que ma puissance
Du tout en tout si se rent coye.
Helas, Vierge, en si grant joye,
Pour la saincte Foy catholique,
2600   Avoye entreprins ceste voye,
Et je voy que Morts si me picque !

S. DOMINIQUE

Ha, frere !

S. REGNAULT

      Qui esse ?

S. DOMINIQUE

          Dominique !

S. REGNAULT

Ha, pere, je vous cry mercy !

S. DOMINIQUE

Comment, frere ?

S. REGNAULT

        Je suis transi :
2605   Fievre terrible me tourmente !

S. Dominique

La Vierge, qui tous biens augmente,
Moyennant bonne pacience
Et certaine ferme fiance,
De tout mal vous preservera.

S. Regnault

2610   Voire, si luy plaist !

S. Dominique

                    Ce sera
Espreuve de tresgrant merite,
Car tribulacion herite
L'eritaige des vrays esleuz.

Le chappellain

Au moyen du doux Roy Jhesus
2615   Qui ces serviteurs medecine,
Ces grans docteurs en medecine
Le sont cy venu visiter.

Maistre Ypocras

Pour medecine [exerciter]*,
Nous en sçavons par veu et sceu,
2620   Mais, son estat bien aperceu,
Nous n'y trouvons aucun [remede]*.

Maistre Avicenne

Pour luy donner confort et aide,
Nostre maistre le cardinal,

2618   *exciter*
2621   *remide*

Comme amy tresespecial,
2625 Tresfort coursé de son essoyne,
      Congnu qu'il est personne ydoyne,
      Grant clerc et pillier de la foy,
      Pour solliciter ce desroy
      Nous a envoyez devers luy.

S. DOMINIQUE

2630 Je suis coursé de son ennuy.
      Mais, dictes moy, qu'il vous en semble.

M. YPOCRAS

Plus mort que vif !

S. DOMINIQUE

                    Le cueur me tremble !

M. AVICENNE

Quant à moy, je le tiens pour mort …

S. DOMINIQUE

Ung peu vous consultez ensemble.

M. YPOCRAS

2635 Plus mort que vif !

LE CHAPPELLAIN

                    Le cuer me tramble,
      Desconfort en mon cueur s'asemble :
      Dictes en du tout le ressort.

M. YPOCRAS

Plus mort que vif !

S. DOMINIQUE

Le cueur me tremble :
Quant à moy, je le tiens pour mort.

M. AVICENNE

2640 La fievre par trop fort le mort,
Dont ne peut pas longuement vivre.

M. YPOCRAS [E .i. v°]

En bref temps en serés delivre :
Adieu, mes amys !

LE CHAPPELLAIN

Quel couroux !
Mon cueur d'amertume est si roux
2645 Qu'i n'en peut plus.

LE CLERC

Vierge Marie,
Vecy piteuse maladie
Quand medecine l'abandonne !

M. AVICENNE

Le doulx Jhesus confort vous donne
Ainsi comme en avez mestier.
2650 Adieu.

S. DOMINIQUE

Il nous fault supplier
A refuge la doulce Vierge.

L'OSPITALLIER

A ce faire nully ne terge,
Car il est mort, ou autant vault.

S. Dominique

Vierge, nous metz tu en deffault
2655 Quant nous perdons nostre secours.

Le chappellain

Par ung bien cruel sourbesault,
Vierge, tu nous metz en deffault.

Le clerc

Contre toy couray à l'asault,
Veu que permetz si piteux cours !

Sainct Dominique

2660 Vierge, tu nous metz en deffault
Quant nous perdons nostre secours.

[E 50]

Le cardinal

Et puis, *quomodo ?*

M. Ypocras

                    De ces jours
Il est fait, et eust mille vies !

M. Avicenne

De vray, il est à ces complies
2665 Pour tout son naturel service.

Le cardinal

Fault il que par mort il perisse ?
Pleure, pleure Foy catholique,
Car tu pers le plus catholique

Qui soit, se cuide, sur la terre.
2670　C'est bien une piteuse guerre!
Mais vela, il fault tous mourir.
Marie, vueillez lay secourir
Comme tu sçais qu'il est mestier.

M. Ypocras

Pour son mal vous notifier,
2675　Il a une fievre excessive,
Si trescruelle et [trespassive]*
Que je n'y voy remede aucun.

M. Avicenne

Il fait pitié à ung chascun,
Mais vela! Pour conclusion
2680　Il est mort, car digestion
Par quelque moyen ne peult faire.

Le cardinal

Le doulx Jhesus vueille parfaire
Ainsi qu'il est necessité,
Mais c'est bien grant adversité
2685　De perdre ung tel chef en l'Eglise.

[E 51]

S. Regnault

Vierge, je t'ay ma foy promise:
Mon ame à toy je recommande.

Sainct Dominique

Cher frere, à Dieu je vous commande.
Je m'en vois visiter mes freres.

2676　*et passive*

S. Regnault

2690 Pour mes passions si ameres
Vous plaise prier Dieu pour moy.

S. Dominique

Fondez esperance en [la]* foy.

S. Regnault

Ha, frere, Dieu m'en face digne !

S. Dominique   E .ii.

C'est la plus sure medecine,
2695 Et croyez veritablement
Que secours aurez surement,
Moyennant souveraine grace.

S. Regnault

Nostre pere, Jhesus parface
Du tout en tout sa voulenté :
2700 Soit mort, maladie ou santé,
Je suis content de ces biens faitz.

S. Dominique

C'est tresbien dit. Adieu !

S. Regnault

287[La]* paix
Puisse damourer avec luy.

_____

2692   *en foy*
2702   *En paix*

S. Dominique, *en le baisant*

Adieu, frere.

S. Regnault

De grief ennuy
2705   Jhesus vous vueille preserver,
Et si sainctement conserver
Que saincte Esglise en vaille mieulx.

[E 52]

S. Dominique

Ha, Roy glorieux,
En ce grief effort
2710   Soyés curieulx
De donner confort.
D'une telle mort,
Tu scez quel dommaige;
Donnez nous support
2715   En ce dur oultrage.

M. Mathieu

Quelque chose avez en couraige,
Pere. Y a il rien que bien?

S. Dominique

Ce sainct docteur, homme de bien,
Si est frappé du dart de Mort.

M. Bertran

2720   De Mort? Ha, quel dur desconfort!
N'y peut on trouver nul [remede]*?

2721   *remide*

S. DOMINIQUE

De medecins il a eu aide,
Mais i l'ont jugé à mourir.
Nul moyen pour le secourir,
2725 Ce ce non de Dieu supplier.
Ung chascun s'i vueille amployer,
Vous en pry charitablement.

M. MATHIEU

Selon mon povre entendement
Je m'y employray de povoir.

S. DOMINIQUE

2730 Pour bieneuree grace esmouvoir
Mettons nous en prostacion.

M. BERTRAN

Ressort de consolacion,
Orayson en est le vray signe.

S. DOMINIQUE

Excellante vertu divine,
2735 Qui domine
Ou termine
Du triumphe de la gloire eternelle,
A refuge en ton sentier chemine,
Où doctrine
2740 Si m'encline,
En esperant joye espirituelle.
Comme je sçay que, supernaturelle,
Tu es celle
Qui ne celle
2745 Saincte grace, qui les cueurs examine,
Helas, Dame, à ta saincte querelle,

Soubz ton elle,
En tutelle,
Nous sommes mis : ma requeste enterine.
2750 Ce saint docteur que Mort affine,
Qu'i ne fine !
Prens lay en ta protection.
En vers toy nous tenons à fine,
Vierge fine,   [E .ii. v°]
2755 Donnes nous consolacion.
Las, ta sainte religion
En union
Avoit si bon commencement,
Et je voy la destruction
2760 Ce se syon
Par mort prent son deffinement.
Certes, Dame, totallement
En toy avons ferme esperance.
Donne nous resjouyssement
2765 Pour avoir plus ferme asseurance.
Tu es dame de recouvrance,
Recouvre nous ce hault pillier
De la foy, car Mort par oultrance
Le nous cuide venir piller.

[E 53]

Nostre Dame

2770 Cher Filz, vous plaise consoller
Dominique, veu sa requeste.
Grandement le voy desoller,
Et endurer griefve moleste,
Car la mort si veult faire queste
2775 D'ung mien serviteur renommé,
Pour la foy, pillier de conqueste,
Grant docteur et clerc tres famé.

Helas, mon fait est diffamé,
Veu que aux pecheurs est secourable,
2780 Car Mort, de son dart affamé,
L'a picqué, chose dommajable.
De son bon service amyable,
A moy il c'est voulu fermer,
Dont nous sera tresprouffitable
2785 Pour les hereses diffamer.

DIEU

Puis qu'il luy plaist nous reclamer,
Confort recevra à ceste heure :
Michel, sans plus faire demeure
Va t'en là jus à Dominique
2790 Qui en oraison fort s'applique,
Et luy dy que son compaignon,
Maistre Regnault, ou lieu et nom
De ma chere mere Marie,
Recevra de sa maladie
2795 Santé trespure et enteraine,
Et que ma grace souveraine,
Congneu sa grant [devocion]*,
Aydera pour perfection
A l'ordre qu'il a commencee.
2800 Par toy luy soit tost [annoncee]*
Sans differer aucunement.

MICHEL

Createur du hault firmament,
Il sera fait sans differer :

2797   *denocion*
2800   *annocee*

Present luy iray referer
2805 Vostre vouloir dilligemment.

[E 54]

S. Dominique

Mon entendement
Par efforcement
Si pert sa vigueur,
Veu evidemment
2810 Que fortunement
Mort me fait rigueur.

Michel

Prens en toy bon cueur,
Frere Dominique,
Et te tiens asseur,
2815 Sans plus de clameur,
En voye pacifique.
Je suis de nature angelique,
Ange de Dieu, [cy]* des sains cieulx,
Au command du Roy glorieux,
2820 Envoyé te notifier
Que ne te vueille deffier
De saincte grace souveraine,
Car la saincte Vierge pouraine
A impetré au Createur
2825 Que se vaillant et saint docteur,
Maistre Regnault, ton compaignon,
Santé recevra, et son nom   E .iii.
Et le tien confermé ensemble
Est es saintz cieulx.

2818   *qui des sains cieulx*

S. Dominique

Le cueur me tremble
2830 De joye et consolacion !
Vecy grant exaltacion :
Je te mercy, Royne des cieulx.

M. Mathieu

Tresgrant confort solacieulx
Qu'ay ouÿ, mais ne sçay que c'est.

M. Bertran

2835 Ha, souverain Dieu glorieux,
Tresgrant confort solacieulx !

S. Dominique

Freres, faysons de mieulx en mieulx,
Car avons fait ung grant conquest !

M. Mathieu

Tresgrand confort solacieulx
2840 Qu'ay ouÿ, mais ne sçay que c'est.

S. Dominique

A la mort avons fait arrest :
Maistre Regnault point ne mourra,
Mais avecques nous demourra
Pour nous donner aide et confort.

M. Mathieu

2845 Puis que c'est de Jesus l'acord,
Nous en pourrons tous mieulx valoir.

M. BERTRAN

Sans cesser, fault faire devoir
De mercier Dieu humblement.

S. DOMINIQUE

Bien s'appreuve notoirement
2850　Ceste sainte religion.
Chers freres, en devocion
Demourés pour tousjours prier,
Et je m'en iray visiter
Maistre Regnault en son demeure.

M. MATHIEU

2855　La doulce Vierge nous sequeure
Ainsi comme elle a commencé.

[E 55]

NOSTRE DAME

Affin que mon nom exaulsé
Soit en terre notoirement,
Cher Filz, te requiers humblement
2860　Que tu entendes ma requeste,
Car pour chose juste et honneste
Deux dons te requiers singuliers.

DIEU

Dictes, Mere.

NOSTRE DAME

　　　　　　Pour mes pilliers
Tenir en parfaicte union
2865　En ma saincte religion,
Je te supply trescherement
Que je voyse notoirement

Oindre le corps de mon servant,
Lequel est mon vueil conservant,
2870   De cest ongnement precieux.

DIEU

Tresbien nous plaist.

NOSTRE DAME

                      De tes saintz cieulx
Par previllege singulier,
Pour ferveur en leurs cueurs lier
Et anuller tout contredit,
2875   Je te supply que cest habit,
Pour mon nom exaltacion,
Que serve à la religion,
Car je suis cause la premiere,
Parquoy vueil bien estre vestiere,
2880   Si vous plaist, et je vous emprie.

DIEU

Affin que nul n'y contrarie,
Faictes tout à vostre plaisir.

[E 56]

NOSTRE DAME

Magdelaine, vueillés tenir
Ce saint ongnement precieux,
2885   Doulx, souef et delicieux,   [E .iii. v°]
Et venés en ma compaignie.

MAGDELAINE

Triumphante Royne ennoblye,
Mere de Dieu, Vierge et Ancelle,

Pour soustenir vostre querelle,
2890 Ung chascun si vous clarifie:
Humblement je vous remercie
Quant à vous servir on m'appelle.

NOSTRE DAME

Katherine, saincte pucelle,
Avecques nous aussi viendrés,
2895 Et se beau vestement tiendrés,
Net et cler en perfection,
Pour vestir ma religion,
[Car]* vostre compaignie nous plaist.

S. KATHERINE

Mere de Dieu d'où tout bien nest,
2900 Je suis vostre povre servante,
De tous vos desirs conservante,
Pour vous servir le vouloir prest!

NOSTRE DAME

Anges des cieulx, sans plus d'arest
Avec nous il vous fault venir,
2905 Pour nostre estat entretenir
Tout ainsi comme il appartient.

MICHEL

Royne des cieulx, qui tout soustient,
Dame de grace tressoriere
Par prerogative planiere,
2910 Ton service nous entretient.

DIVINE INSPIRACION

Par ton seul moyen tout bien vient,

_____

2898   *cas*

Souveraine Beatitude,
Ung chascun mettra son estude
De faire comme il appartient.

NOSTRE DAME

2915   Or sça donc, partir nous convient.

MAGDELAINE

Or partons quant il vous plaira !

S. KATHERINE

Anges, chanter nous conviendra
Quelques gentiz [motetz]* joyeux
Pour faire raisonner les cieulx
2920   En l'honneur de nostre Maistresse.

MICHEL

Ung chascun se mette en adresse,
Raisonnant voix armonieuse
Pour la Vierge tresprecieuse,
En exaulsant sa grant haultesse.

DIVINE INSPIRACION

2925   Avant, chantons sans point de cesse !

MAGDELAINE

Chantons en voix solacieuse !

S. KATHERINE

Par maniere devocieuse
Ung chascun se mecte en adresse !

2918   *motelletz*

[E 57]

S. DOMINIQUE

Dieu soit ceans !

LE CHAPPELAIN

                    Toute tristesse,
2930 Mon trescher maistre, en nous habonde
De cela : il est mort au monde.
Dieu luy soit secourable à l'ame !

L'OSPITALLIER

Seurement ne congnoist plus ame :
Je ne sçay s'il vous congnoistra.

S. DOMINIQUE

2935 Le doulx Jesus nous aidera :
Enfans, ayés espoir en Dieu.
Saillés, vous deux, hors de ce lieu,
Et nous deux parlerons à luy.

LE CLERC

A bref, je meurs de grief ennuy !

LE CHAPPELLAIN

2940 Allons ung peu passer le temps.

S. DOMINIQUE

Comment va, frere ?   [E .iiii.]

S. REGNAULT

                    Combatans
Contre la mort tant que je puis !

Certes, en mon dernier jour suis :
Il vous plaise prier pour moy.

S. DOMINIQUE

2945 En Dieu fault avoir ferme foy,
Et en sa glorieuse Mere.

S. REGNAULT

Je sens douleur si tresamere
Que mon cueur ne peut plus porter !

S. DOMINIQUE

En Dieu vous fault reconforter,
2950 Et bien sçay qu'il vous aidera.

S. REGNAULT

Un assault si m'en portera,
Je le sçay tout [certainement]*.

S. DOMINIQUE

Frere, prions conjointement,
En vraye [amour]* et charité,
2955 La glorieuse Trinité
Qu'il peult avoir aucun confort.

L'OSPITALLIER

J'en suis content.

S. DOMINIQUE

Or prions fort,
Et nous aurons bonnes nouvelles !

2952   *crtainement*
2954   *vraye mour*

[E 58]

NOSTRE DAME

En joyes espirituelles
2960   Soit ce lieu le ressort de paix !

S. REGNAULT

Mon Dieu, que de belles [estoilles]*!

NOSTRE DAME

En joyes espirituelles …

S. REGNAULT

                        Plaisances supernaturelles !
Ha, vray Dieu, que de biens parfaitz !

NOSTRE DAME

2965   En joyes espirituelles
Soit ce lieu le ressort de paix.

NOSTRE DAME

Pour amoderer tous forfaitz
Et chasser hors ta maladie,
Congneu et sceu tous tes biens faitz,
2970   Sachez que je suis ci Marie,
Mere de Dieu, qui contrarie
Tout mauvais art dyabolique.
Affin que du tout je supplie
A mon vray amy Dominique,
2975   A sa requeste, je m'aplique
De te venir cy visiter

———————

2961   *estoille*

Avecque nature angelique
Pour ton grief mal soliciter.
Vueillez ci à plain reciter
2980   Se tu veux de moy quelque don,
Et je feray executer
Ton vouloir du tout habandon.

MAGDELAINE

Cher amy, pour avoir guerdon,
Donnes luy en du tout la charge,
2985   Et luy requiers grace et pardon
[Car congnoist]* se qui plus te charge.
Demandes luy son bon vouloir:
Au moyen de telle descharge,
El te monstrera son povoir.

S. REGNAULT

2990   Vierge, qui pourroit concepvoir
Ta grant ferveur de charité,
Ne oiel corporel appercevoir
Si tresbenigne humylité?
N'est nul en corps d'humanité,
2995   Car bref tu es plus que perfaicte;
Me submetz à ta voulanté:
[Selon]* ton saint desir soit faicte.

NOSTRE DAME

Cher Filz, rejouy toy, faitz feste,   [E. iiii. v°]
Car par ma visitacion
3000   Recevras consolacion,
Par deux dignitez singullieres
Qui te seront cy famillieres:

2986   *car el congnoist se qui*
2997   *senon*

Premier, de divine uncion
D'eternelle fruicion,
3005   Tu seras oint. Secondement,
Pour mon ordre, auctorisement
Vestiras habit somptueux,
Lequel ay aporté des cieux
Affin de mon ordre aprouver.

S. Regnault

3010   [Ma]* Dame ! il vous plaise esprouver
Sur moy, ce c'est vostre plaisir,
Vostre saint et parfect desir.
Du tout à vous je me submes,
Et en saincte foy vous prometz
3015   De vous servir de tout mon cueur.

Nostre Dame

Oint [sera]* de saincte liqueur
De cet unguement redolant
Tout ton corps, qui est tant [dolant]*.
Magdalaine, ouvrez ceste boeste.

Magdalaigne

3020   Tresvoulentiers.

Nostre Dame

Cy je t'apreste
Medecine suppellative,
Pour tes membres confortative :
C'est ung oingnement precieulx,

3010   *Ha ma dame*

3016   *seras*

3018   *dolont*

Redollant et delicieux,
3025   Remply de preciosité
Affin que recepvoyes santé.
Pour chasser hors ta maladie
Et la fievre qui fort te lie,
Qui est dangereuse et mortelle,
3030   Medecine te bailleré telle.
De mes mains, qui ont atouché
Mon Filz Jhesus, levé, couché,
Ainsi comme mere doibt faire,
Ton corps oindré.

S. REGNAULT

              O debonnaire
3035   Mere de Dieu tresprecieuse,
Sur tous les sains tresglorieuse,
Triumphant glorieusement,
Tu monstres debonairement
Ta saincte grace plantureuse.

NOSTRE DAME

3040   De toy seray plus curieuse,
Posé que tu es maintenant
Tout sain, guary, mais surement
Je vueil que faces mon office :
Car pour plus ample benefice
3045   De saincte predication
Encore auras une unction
En valleur tresespeciale.

S. REGNAULT

O Vierge royalle,
Ceptre virginal,
3050   Royne imperialle,
Palais de cristal,

Secours tresfeal,
Amye tresfealle,
O Vierge royalle !

Lors Nostre Dame luy ouvrira les yeulx en disant

3055 *Unguentur tue mentis oculi*
      Dulcore divine sapiencie :
      Tes yeulx corporelz
      Par signifiance
      Des [spirituelz]*,
3060 En ta conscience
      [D'oingt]* de sapience,
      Divine doulceur,
      Soient oingz en ton cueur.

      Amen   [F. i.]

      Les oreilles

      Aperientur aures cordis tui
3065 *Per obedientiam mandatis Dei.*

      Nota que, à chascune clause, saincte Magdalaine
      et saincte Katherine et les anges diront : Amen.

      [Tes]* sainctes oreilles
      Qui sont corporelles
      Soient si bien ouvertes
      Qu'espirituelles,
3070 De ton cueur querelles,
      Soient tousjours appertes,
      En vers Dieu expertes,

3059   *espirituelz*
3061   *doignt*
3066   *A tes sainctes*

Par ses mandemens
Obeissemens.

Amen

Le nez

3075   *Odor [tue]* fame proximos ad Deum trahat:*
Par ton odeur de sainte renommee,
Tu tireras en vers Dieu ton prochain,
Dont je oingz ton nez de force, foy fermee
Pour maintenir la Foy partout à plain.

La bouche

3080   *Ignitum [sit]* eloquium tuum vehementer:*
Ceste unction souefve et precieuse
Ta parolle tiengne en telle efficase,
En telle ardeur et si tresvigoureuse
Que les pechez envers Jhesus efface.

Les mains

3085   *Opus manuum tuarum uberem fructuum*
afferat in vinea Domini:
J'en oingz tes mains, affin que fruit ilz facent
Pour labourer en la vigne de Dieu.
Que mauvais fruit du tout en tout effacent
3090   Et que le bon si treuve place et lieu.

Les rains

Strigantur renes tui [sigilo]* castitatis:

3075   *tui*
3080   *si eloquium*
3091   *singulo*

J'en oingz tes rains, affin que previllege
Aïent tousjours de saincte chasteté,
Affin que mieulx povres pecheurs allege
3095   Par bien prescher l'estat de charité.

Aux piez

Ungo pedes tuos in preparationem evangelii pacis :
J'en oingz tes piez, pour estre diligens
De preparer l'evangille de paix,
Et la prescher sans estre negligens,
3100   Et l'acomplir tant en ditz comme en faiz.
Mon cher amy, ces biens parfaitz,
Notes les bien, de point en point,
En y resonnant contrepoint
Pour la dignité d'excellance.
3105   Tu es mon escu et ma lance
Pour combatre mes adversaires,
Par quoy te sont tresnecessaires :
Contemple les bien en ton cueur.

SAINCTE MAGDELAINE

Amy, ceste doulce liqueur
3110   Dont tout ton corps a esté oint
Est de paradis la doulceur
Qui par vraye amour se conjoint.
Rens graces à Dieu du doulx oint
Dont ton corps a receu santé.
3115   Ton cueur à la Vierge soit joint
Pour ceste grant sollempnité.

SAINCTE KATHERINE

Pour ceste grant sollempnité
Où la Vierge se magnifeste
En cy courtoise urbanité,
3120   Maintenant dois faire grant feste :

Par Dominique la requeste,
Saches qu'est fait ung grant mistere
Pour [des]* pecheurs faire conqueste
En ceste vallee de misere.   [F.i. v°]

S. REGNAULT

3125   O saincte Lumiere,
       Grace singuliere,
       Mere et Vierge entiere,
       Des cieulx Tresoriere,
       Ressort souverain,
3130   Des pecheurs Baniere,
       Precieuse Mere,
       De pardon Rentiere,
       Courtoise Aumosniere,
       Rosier tresserain,
3135   Serain et purain,
       Pur et enterain,
       Entier, point grevain,
       Mais de doulceur plain
       En toute maniere,
3140   Par ta saincte main
       Tout mon corps humain,
       Qui estoit tant vain,
       Je sens tout certain
       En santé planiere.
3145   Marie, tresglorieuse Mere,
       Je te rens graces et mercis
       Car je sçay bien que Mort amere
       Eust ja sur moy son dart assis.

NOSTRE DAME

       Affin que tu soys plus rassis
3150   En ma saincte religion

3123   *les pecheurs*

Avec ceste saincte onction
Que tu as receu de mes mains,
Par quoy tes cinq sens sont tous plains
D'excellante prerogative,
3155   L'euvre rendray executive
En tresgrant approbacion.
En [ceste]* visitacion,
Deux dons je t'avoye promis,
Dont le premier, mon trescher Filz,
3160   C'est l'onction que [tu]* as receue;
Mais, affin que soye aperceue
Clerement pure fondaresse,
Ung bel habit de grant noblesse
Qu'ay aporté de paradis,
3165   Pour abolir tous contredis
Que [l'en]* pourroit en contrefaire.
A ma religion parfaire
Cy present te l'ay apporté.
Je vueil que par toy soit porté,
3170   Et par ceulx qui en union
Seront de la religion.
L'abit est blanc par pureté,
En denottant virginité,
Grande perfection de vie.
3175   Mon cher enfant, je te supplie
Que tous ceulx qui le vestiront,
Et qui de ceste ordre seront,
Soient hommes ou soient femmes,
[Gardent]* bien que sans nulz diffames
3180   Qu'il soit maintenu sainctement;
Et, par ton [amonnestement]*

3157   *eeste*
3160   *que as receue*
3166   *nen*
3179   *garde*
3181   *amounestement*

Et par celuy de Dominique,
Que toute la secte heretique
Soit par vous mise à nonchalloir.

En parlant à sainte Katherine

3185   Saincte vierge de grant valloir,
Katherine, amye treschere,
Delivrez moy ce beau vestiere.

SAINCTE KATHERINE

Tenez, dame.

Adonc luy baille l'abit

NOSTRE DAME

Soyez resjoy:
Hic est habitus ordinis tui.

Lors se levera saint [Regnault]* de son lit,
et se mettra à [genoulx] devant Nostre Dame

S. REGNAULT   [F . ii.]

3190   O Jhesus, Tresor de noblesse,
Doulx Jhesus, Confort de liesse,
O Jhesus, Ceptre de droicture,
O Jhesus, souveraine Adresse,
O Jhesus, qui seur sentier dresse,
3195   O Jhesus, [souefve]* Nouriture,
O Jhesus, plaisante Pasture,
O Jhesus, verdoyant Prature,
Jhesus, deifique Haultesse,

'3190   *Regnau; genoul* (texte effacé)
3195   *souef*

De tous ces biens que nous procure,
3200   Graces te rens, congnu ta cure,
O Jhesus, Tresor de noblesse.

Nostre Dame

Presche aux pecheurs sans point de cesse,
Sans [cesser]*, exaulce mon nom.

S. Regnault

Doulce Dame de grant renom,
3205   Te serviray comme maistresse.

Sainte Magdalaine

Garde toy tousjours de paresse,
Metz en valleur ce haultain don.

Nostre Dame

Presche aux pecheurs sans point de cesse,
Sans cesser, exaulce mon nom

S. Katherine

3210   Garde de rompre ta promesse,
Et note bien ceste leçon.
Retiens bien toute la fasson
De l'ordre, que nul ne la blesse.

Nostre Dame

Presche aux pecheurs sans point de cesse,
3215   Sans cesser, exaulce mon nom.

3203   *cesse*

S. REGNAULT

Doulce Dame de grant renon,
Te serviray comme maistresse.

NOSTRE DAME

Il fault que maintenant te lesse,
Cher filz. Or faiz de mieux en mieux,
3220   Mais en ton aide te delesse
Ma grace en terre et es sains cieulx.

S. REGNAULT

Envers vostre Filz glorieux
Aiez moy pour recommandé.
Adieu, Dame.

NOSTRE DAME

            Soyez curieulx
3225   En ce que je t'ay commandé.

*Lors s'en yra Nostre Dame et sa compaignie
sans plus parler*

[E 59]

S. REGNAULT

Cher pere, j'ay receu santé
Au moyen de vostre requeste.

S. DOMINIQUE

C'est de Jhesus la voulenté !

S. REGNAULT

Vision clere et magnifeste !

L'OSPITALLIER

3230 Resjouissons nous, faisons feste:
L'aparicion est [mout]* digne !

S. REGNAULT

Mon corps ne sent plus de moleste
Moyennant Marie tresbenigne.
Dont je vous pri que ce hault signe
3235 Et ceste saincte vision,
Ceste grant visitacion
Ne soit à nully revelee
Tant que l'ame soit separee
De mon corps, et je vous emprie.

S. DOMINIQUE

3240 Trescher frere, n'en doubtés mye,
Car la chose n'est pas de dire:
Mercions Dieu, nostre doulx Sire,
De si hault bien qu'il nous demonstre.   [F .ii. v°]

L'OSPITALLIER

Par ces faitz clerement il monstre
3245 Qu'il vous a en sa saincte garde.

LE CHAPPELAIN

Il est bien temps que [l'on]* regarde
Comment se porte nostre maistre.

LE CLERC

Plus rien ne luy puis, que le mettre
En terre, car le tiens pour mort.

3231   *mont*
3246   *non*

LE CHAPPELAIN

3250 Nous perdrons ung tresgrant support :
Je ne sçay bref que nous ferons.

LE CLERC

Allons veoir qu'il fait.

LE CHAPPELLAIN

Or allons,
Car beaucoup avons demouré.

S. REGNAULT

Cherement doit estre honnoré
3255 Cest habit.

S. DOMINIQUE

Las, vous dictes vray :
Tout presentement vestiray
Cestuy cy pour commancer l'ordre.

S. REGNAULT

Il est temps que nous mettons ordre
Touchant ceste religion.

LE CHAPPELAIN

3260 Vecy terrible vision !

LE CLERC

Comment ?

LE CHAPPELLAIN

Je voy là nostre maistre !

S. Regnault

Enfans, vueilliés bien recongnoistre
Commant Dieu ayme ces servans
Qu'ilz sont ces plaisirs conservans:
3265   Me vecy trestout sain, gary !

Le chappelain

Ha ! mon Dieu, je te cry mercy:
Vecy bien excellant miracle !

Le clerc

Vecy bien mervilleux signacle !
Helas, j'avoye le cueur transsi !
3270   Ha, mon Dieu, je te cry mercy !

S. Regnault

Enfans, n'ayez plus de soucy,
Car Jesuscrist nous aydera.
Tousjours avec nous il sera,
S'en luy avons [ferme]* fiance.

[E 60]

Le premier cardinal

3275   Maistre, sans plus de deleance,
Je vous supply, allons sçavoir
De maistre Regnault tout le veoir,
Ou s'il est mort, ou s'il est vif,
Car mon cueur si est fort pensif
3280   Et dollent de sa maladie.

M. Ypocras

Pater, croyés, s'il est [en vye]*,

3274   *serme*
3281   *envye*

Si ne peult il pas longuement
Durer ! Croyés le seurement
Qu'il est mort sans aucun remide.

M. AVICENE

3285 Il n'y a rien qu'il luy aÿde
Si ne vient pardessus nature :
Il ne [luy]* fault que sepulture
Et ordonner de son obseque !

LE PREMIER CARDINAL

Allés y !

M. YPOCRAS

Moy, je iray avecque ?

LE PREMIER CARDINAL

3290 Or allés tous deux, je vous prie !

M. AVICENE

Considéré sa maladie,
Il n'est pas possible qu'i vive !   F .iii.

M. YPOCRAS

La fievre estoit fort excessive,
Parquoy il ne pourroit pas vivre !

[E 61]

LE CHAPPELAIN

3295 Megneurs, nous sommes à delivre :
Nostre maistre est ressuscité !

———————————————

3287   *Il ne fault*

M. Ypocras

Comment?

Le chappelain

       Il a receu santé
Moyennant la grace [de]* Dieu.

M. Avicene

En verité, je iray jusqu'au lieu,
3300   Car ce seroit ung beau miracle!

Maistre Ypocras

Ung [tresadmiratif]* signacle,
S'il est ainsi comme vous dictes!

Le clerc

En rien qui soit n'y contredictes:
Il a receu santé planiere.

M. Ypocras

3305   Vecy admirable matiere!

S. Regnault

La doulce Vierge en est moyenne.

M. Avicene

Grant exaulsement de priere!

M. Ypocras

Vecy admirable matiere!

3298   *grace dieu*
3301   *tresdamiratif*

S. Dominique

Maistre, entendés la maniere :
3310   C'est sans puissance terrienne !

M. Ypocras

Vecy amirable matiere !

S. Regnault

La doulce Vierge en est moyenne
Et, affin qu'à propos je vienne,
Medecine espirituelle
3315   Cy precede la temporelle :
Vous en voyés l'experience !

M. Avicene

Moult aura grant resjouysance
Nostre maistre, le cardinal.

S. Regnault

Jesus si le garde de mal !
3320   A luy me recommanderés,
Et mon estat luy conterés
Si vous plaist, et je vous emprye.

M. Ypocras

Certes, de vostre maladie
En a esté tresfort dolent.
3325   Luy sera confort excellant
Quant de vous aura ces nouvelles.

Maistre Avicene

Euvres de Dieu sont grans merveilles,
Croyés qu'il sera bien joyeux.
Adieu, maistre !

Ici s'en iront vers le cardinal

[E 62]

S. REGNAULT

   Le Roy des cieulx
3330 Vous preserve de villain grief !

S. DOMINIQUE

Cher frere, pour le faire brief,
Si vous plaist, allons visiter
Mes deux compaignons : reciter
Leur convient tous les poins de l'ordre,
3335 Et puis nous fauldra mettre en ordre,
Comme Marie l'a commandé.

S. REGNAULT

Le fait est bien recommandé :
Or allons, quant il vous plaira.
Mais premier, prendre nous fauldra
3340 Congié de ceans, c'est raison.

S. DOMINIQUE

Despeschons nous !

S. REGNAULT   [F .iii. v°]

   Sans long blason,
Frere, je prens congié de vous.

L'OSPITALLIER

Dieu vous gard de villain courroux,
Vous maintienne en perseverance.
3345 En vous ay ma seulle asseurance
De supplier Dieu pour mon ame.

S. REGNAULT

Indignus sum, mais sans diffame,
Dieu vous doint bien perseverer.

S. DOMINIQUE

A Dieu, frere !

L'OSPITALLIER

A Dieu !

[E 63]

M. YPOCRAS

Honorer
3350 On doit bien ung tresaint homme.

M. AVICENE

Certes, en ceste court de Romme,
On en deveroit faire grant conte.

LE PREMIER CARDINAL

Comment va ?

M. YPOCRAS

Ung merveilleux compte :
Il est aussi sain qu'on peut estre !

LE PREMIER CARDINAL

3355 Dictes vous vray ?

MAISTRE AVICENE

Ha, le bon maistre,

Remply de grant devocion !
Certes, pour la religion
Ilz ont chascun ung bel habit !

LE PREMIER CARDINAL

Dont luy est venu ce respit ?

M. YPOCRAS

3360   C'est euvre par dessus nature :
Oncques ne vy plus belle cure.
C'est ung droit chef d'euvre angelique.

LE PREMIER CARDINAL

Moyennant maistre Dominique,
Envers Dieu a impetré grace.

MAISTRE AVICENE

3365   Il a aussi plaisante face
Que homme humain si pouroit [avoir]*.

LE PREMIER CARDINAL

Tretout sourt du divin povoir,
Lequel remercie cherement,
Car l'Esglise estoit povrement
3370   D'avoir perdu si grant pillier.

M. YPOCRAS

Bien devons Dieu remercier !

M. AVICENE

Mettons nous en prostracion,

3366   *avoi* (lettre effacée)

En ferveur de devocion,
Le remercient de sa grace.

M. YPOCRAS

3375 C'est tresbien dit.

LE PREMIER CARDINAL

Chascun en face
Au mieux qu'il pourra son devoir.

[E 64]

S. DOMINIQUE

[En parlant à ses compaignons]*

Freres, ne vueillés plus douloir :
Nostre frere est ressuscité !

S. REGNAULT

Pax vobis !

S. DOMINIQUE

L'ordre en grant valoir !
3380 Freres, ne vueillés plus douloir !

M. MATHIEU

Ha, cher frere !

M. BERTRAN

Tout nostre povoir,
Sommes hors de necessité !

'3377   la didascalie précède la mention *S. Dominique*

S. DOMINIQUE

Freres, ne vueillés plus douloir: [F .iiii.]
Nostre frere est ressuscité !

M. MATHIEU, *à genoulx*

3385 Dieu eternel en Trinité,
Je te mercy de ce grant bien.

M. BERTRAN

Aultrement de nous n'estoit rien:
Te mercie, souveraine Essence.

S. DOMINIQUE

Pour parvenir à consequence
3390 De nostre ordre enteriner,
Entre nous il fault terminer
Laquelle chose il est de faire.

Icy saint Regnault fait profession de l'ordre
sainct Dominique

S. REGNAULT

Et pour le principe parfaire
Des sains veux de religion,
3395 En vos mains fais profession
Comme au chef premier [fondateur]*.

Nota que les ungs après les autres viendront es mains
de saint Dominique en faisant profession de l'ordre

M. MATHIEU

Moy aussi, de couraige et cueur.

3396   *fondeur*

M. Bertran

Et moy aussi, pareillement.

Le chappellain

Pere, vous requiers humblement
3400 Qu'il vous plaise moy accepter.
Cy present me viens presenter :
Il vous plaise me recepvoir.

Le clerc

Moy [inutille]* en tout sçavoir,
Sur moy estandez vostre grace,
3405 Qu'il vous plaise le lieu et place
Me donner, et je vous en prie :
Avecques l'aide de Marie,
Je m'emplairay de tout povoir.

S. Dominique

Au moyen de faire devoir
3410 Du povre Monde radresser,
En la fin puissions possesser
Le haultain trosne glorieulx.

Tous ensemble

Amen !

S. Dominique

Cest habit venu des sains cieulx

Lors vestent tous l'abit

3403   *inuutille*

[Approuvant]* la religion
3415 Par fervente devocion
A vous [vestir]* ...

M. MATHIEU

Tant il est bel !

M. BERTRAN

Vecy plaisant habit nouvel !

M. REGNAULT

Par l'ordonnance de Marie !

LE CHAPPELAIN

Son saint Non bien se magnifie !

LE CLERC

3420 L'abit si est bien precieulx
Quant il est venu des sains cieux:
Dieu nous le doint bien [maintenir]*.

S. DOMINIQUE

Il est temps de la [main tenir]*
A ceste sainte sacree ordre,
3425 Et y aviser aucune ordre
Pour la faire multiplier,
Et de corps et cueur s'employer
A la mettre en convalescence.

3414   *Aoprouvant*
3416   *vestires*
3422   *main tenir*
3423   *maintenir*

Freres, contemplons la naiscence,   [F .iiii. v°]
3430 Comment, par le divin vouloir,
Sommes mys en si grant valoir
Que l'habit si nous est transmis
Des sainctz cieulx, dont noz ennemis
Contre nous n'auront point puissance.
3435 Trois lieux avons ja d'excellance :
Toulouze, Boulongne et Paris,
Aux quelz, pour eviter perilz,
Les convient aller visiter,
Et le cas au long reciter
3440 De la clere aprobacion
Touchant ceste religion.
En Espaigne, nous n'avons riens,
Dont suis natif, mais veu les biens
Que Jhesus si m'y a donnez,
3445 Et ne fut ce que j'en suis nez,
Me delibere d'y aller.
Vous estes le second pillier
De l'ordre, par quoy il est licite,
Affin que l'ordre on sollicite,
3450 Qu'à nostre couvant de Paris
Vous alliez : car grant los de pris,
Congnu l'excellence d'honneur
Comme grant souverain docteur
Qu'à Paris [ja]* vous avez eu,
3455 Le fait si vous est tresbien deu.
Par Boulongne vous passerés,
Et l'ordre vous solliciterés
Ainsi que le sçaurés bien faire.

S. REGNAULT

Puis que le cas est necessaire,
3460 Par vraye saincte obedience,

3454   *a Paris vous*

Selon mon povoir et science
Tresvoulentiers je le feray.

S. Dominique

En Espaigne, je m'en iray
Pour confuter les heretiques.

S. Regnault

3465   Adieu, pere !

S. Dominique

                  Les voys obliques
Qui touchent erreur en la Foy
Vous recommande.

S. Regnault

                  Quant est à moy,
J'en feray du tout le possible.
Adieu, freres !

M. Mathieu

                  M'est impossible
3470   Que mon povre cueur ne lermoye.

M. Bertran

Le myen gemist de fine joye :
Adieu, pere !

S. Regnault

         Adieu, mes amis !

3473'   Interversion des didascalies : *Lors s'en ira sainct Regnault à Boulongne* etc.

S. DOMINIQUE

Je vous recommande Paris!

*[Cy ne parlera plus sainct Dominique,
ne ses compaignons]**

S. REGNAULT

Dieu me doint, par sa saincte grace,
3475   Si bon regime que je face
En la Foy euvre meritoire.

*[Lors s'en ira sainct Regnault à Boulongne,
son chapellain et son clerc]**

S. REGNAULT

Le doulx Roy de gloire
Si soit en nostre compaignie!

[F 65]

SATHAN

Saillez, tout art de dyablerie,
3480   Dyables, venez à mon secours,
Secourez moy! Hau, hau, Heresie!
Hereses ont perdu leur cours:
Acours, acours, acours, acours!
Acours tost, nous sommes perdus!   G.i.
3485   Hau, viens tu? Chascun fait des sours:
Saillez, saillez tous esperdus!

HERESIE

Qu'as tu?

3476'   *Cy ne parlera plus sainct Dominique* etc.

SATHAN

> Que je soye entendus:
> Ce bigot s'en va à Paris!

HERESIE

> J'entens: tout nous sera du pis.
> 3490 Que dyable veulx tu que j'en face?
> A tout leur faulce chicheface
> Ils se pevent de nous destruire
> Quant toy, Sathan, ne leur peux nuire:
> [Remedde]* n'y sçauroye trouver!

SATHAN

> 3495 Je m'en vois ung peu esprouver
> A Boulongne, où il s'en va …

HERESIE

> Seurement il nous mescherra,
> Car l'aparence est toute clere.

SATHAN

Adonc Sathan s'en va à Boulongne tempter ung convers

> Je luy feray si beau mystere
> 3500 Qu'i ne m'aura pas pour escourre!

HERESIE

> Ouy, à jeudy on te le fourre:
> Ta science est toute perdue!

3494   *Rremedde*

[F 66]

LE PREMIER RELIGIEUX DE BOULONGNE

Saincte Esglise est moult esperdue,
Le Monde est perdu de tout point.

LE .II. RELIGIEUX

3505 Par science mal espendue,
Saincte Eglise est moult esperdue.

LE .III. RELIGIEUX

Mauldicte Heresie en est crue,
Qui est ung bien criminel point.

LE .I.

Saincte Eglise est moult esperdue :
3510 Le Monde est perdu de tout point.

*Nota qu'il fault que Sathan se tienne
emprés le convers*

LE CONVERS

Il n'est que chanter contrepoint
Et faire grant chere par tout !
Que vault menger sans avoir goust
Et vivre icy en bigotage ?
3515 Ostez moy hors ce cariage,
Car je vueil mener bonne vie.

LE .I. RELIGIEUX

Mais d'où vient ceste fantaisie,
Beau frere ? Il convient servir Dieu !

LE CONVERS

N'en feray rien, je regny !

LE .II.
                          Lieu
3520   N'avez pas issi pour ce faire !

LE CONVERS

Je n'en feray rien ! Quoy, tant braire ?
Ostez moy trestous ces recors.

LE .III. RELIGIEUX

Certes, il a le dyable au corps :
Vecy bien terrible besongne.

[F 67]

S. REGNAULT

3525   Or sça, nous sommes à Boulongne
Aryvez la, mercy à Dieu :
Il nous fault visiter le lieu
De nostre ordre.

LE CHAPPELLAIN

C'est tresbien dit, pere.
Doulx Jhesus qui es cieulx prospere
3530   Nous doint acomplir son plaisir.

LE CLERC

Tellement le puissions servir   [G .i. v°]
Qu'i nous soit meritoyre à l'ame.

LE CONVERS

Il me fault recordre ma game

Avec quelque jeune galloyse :
3535 Ces bigos ne veullent que noyse
Et si font, *a catimini*:
Putruerunt et letamini
Mieux que moy ! Fy du bigotis !

LE .I.

Se vous ne changés ces motis,
3540 On vous remonstrera voz faultes.

LE CONVERS

Vous en faictes bien de plus haultes :
D'entre vous tous, je fays la nique !

LE .II. RELIGIEUX

Que le bon maistre Dominique
Fust icy pour le corriger !

LE CONVERS

3545 Se vous tous debviez enrager,
Je ne feray qu'à mon plaisir.

LE .III. RELIGIEUX

Certes, vecy grant desplaisir :
Le doulx Jhesus nous vueille aider.

SAINCT REGNAULT
en parlant aux freres de Boulongne

Pax vobis, vostre cueur entier
3550 A faire le plaisir de Dieu,
De Foy catholique rentier,
Pax vobis, vostre cueur entier !

LE .I. RELIGIEUX

Certes, bien en avons mestier.

LE .II.

Bien soiez venu en ce lieu.

S. REGNAULT

3555   *Pax vobis,* vostre cueur entier,
       A faire le plaisir de Dieu.
       Affin de vous donner apieu,
       Nostre bon maistre Dominique,
       Pillier de la Foy catholique,
3560   M'a cy envoyé devers vous.

LE .III. RELIGIEUX

Nous estions perdus de couroux
Pour ung cas nouvel advenu.

S. REGNAULT

Pour la cause suis cy venu:
Allons m'en trestous en chappitre.

LE CONVERS

3565   Ha, voyre! affin qu'on me chappitre?
       Le sang bieu, vous ne m'arés pas!

En allant au chapitre

LE PREMIER RELIGIEUX

Venu soiez en ce trespas
Au salut d'entre nous tous, freres.

LE .II. RELIGIEUX

Enduré avons grans miseres,
3570   Par deffaulte d'avoir bon chef.

LE [.III.]* RELIGIEUX

Certes, nous sommes en grant meschef,
Se par vous n'est remedde mis.

SAINCT REGNAULT, *estant au chapitre de Boulongne*

Or sça, mes chers freres et amis,
Sachez que je suis cy venu
3575 Pour vous compter le contenu
De l'approbacion de l'ordre,
Et vous refformer tous par ordre.
Par la court rommaine approuvee,
Et de point en point confermee
3580 A esté. Et par le moyen
De ce docteur, homme de bien,
Dominique, par bel exemple,
Et d'approbacion moult ample,
Nous avons eu ce vestement,
3585 Voyre myraculeusement,
De par la Vierge glorieuse ;
Par quoy vie devocieuse   G .ii.
Touchant ceste religion
Devons, en grant devocion,
3590 Tous vivre, en paix et en concorde.
S'aucunement avez discorde,
En paix soiez regenerez.

LE .I. RELIGIEUX

Pere, nous sommes fort navrez :
Nous avons ceans ung convers
3595 Lequel si nous est tant parvers
En dure conversacion

'3571   .II.

Que, par sa dissolucion,
Il nous mauldit, il nous tempeste
Et nous maine telle tempeste
3600 Qu'on ne sçauroit penser ne dire.
Par quoy vous plaise, trescher sire,
Luy monstrer voye de discipline.

S. REGNAULT

C'est raison qu'on le discipline :
Faictes lay venir devant moy.

LE .II. RELIGIEUX

3605 Il est si plain de desarroy
Qu'en rien ne se vuelt convertir.

LE .III. RELIGIEUX

Mais veult les aultres parvertir
A rompre l'estat de la rigle.

S. REGNAULT

Certes, il convient qu'on le rigle :
3610 Faictes lay entrer cy dedans.

[F 68]

LE CONVERS

Il n'est point si grant mal [de dans]*
Qu'on ne perdist leans la rage.

LE .I. RELIGIEUX, *en mettant la main sur le convers*

Auras tu tousjours tel couraige ?
Sa, sa, vous vendrez en chappitre.

3611   *mal dedans*

LE CONVERS

3615 La mort bieu, se [l'en]* me chapitre
Je vous mettray tous en tel point,
Seurement, qu'il ne fauldra point
Medecin pour vous apareiller !

LE .II. RELIGIEUX

Sus, devant !

LE CONVERS

M'y fault il y aller ?

LE .II. RELIGIEUX

3620 Vous y vendrés, bon gré, maugré.
Sus, sus, tost montés ce degré,
Delivrés vous apertement !

LE CONVERS

Vous y allez bien rudement,
Mais une foys, vous le rendray !

LE .II. RELIGIEUX

3625 Seurement, bien je vous tendré !
Pater, le vecy en personne.

S. REGNAULT

Faictes paix, que nul mot ne sonne :
Mon amy, pour l'honneur de Dieu
T'es tu pas bouté en ce lieu ?
3630 Nul ne doit en religion
Faire aucune rebellion.

3615   *se n'en*

Tu scés qu'on doit obedience
Porter à Dieu, en consequence
A ton pere espirituel.

LE CONVERS

3635 Nenny, non, je ne suis point tel.
Ils veullent que je soye bigot
Et que je ne sonne ung seul mot
Senon tout à leur volunté :
Il fauldroit que [fusse]* enchanté
3640 A maintenir telles raisons !

S. REGNAULT

Je congnois bien, à tes fassons,
Que le dyable si te gouverne.

LE CONVERS

Fait il pas bon à la taverne ?   [G .ii. v°]
Ouy, beaucoup mieux qu'au monstier !

S. REGNAULT

3645 Chers freres, nous avons mestier
De luy donner grant discipline.

LE CONVERS

S'il est nul qui me discipline
Je feray sur son corps espreuve.

S. REGNAULT

Chers freres, en escript on treuve
3650 Que se ung home a le dyable au corps
Qu'on ne le peut chasser dehors

3639   *que je fasse*

Nisi [in]* oratione et ieiunio,
Et par ce moyen, Jesuchrist,
Comme nous trouvons en escript,
3655 Le diable d'ung homme chassa
Qui bien longuement possessa;
Mais à ce propos ne fait rien.

LE PREMIER RELIGIEUX

Ha, *pater!* doncques, quel moyen?

S. REGNAULT

Le chef de desobeissance
3660 C'est Sathan, qui a grant puissance,
Et jamais dehors n'ystrera,
Nisi in rigoris disciplina:
Parquoy le fault discipliner!

LE CONVERS

Vous me orrés si treshault crier
3665 Que les diables venront en aide!

S. REGNAULT

Tout partout il y a [remede]*:
Frappés fort!

LE CONVERS

Haro, à la mort!

S. REGNAULT

C'est le commandement de Dieu!

3652   *in in*
3666   *remide*

LE CONVERS

Hau, diables, venés à mon confort !

S. REGNAULT

3670 Frappés fort !

LE CONVERS

Haro, à la mort !
Je cuide estre le plus fort :
Bellement, ce n'est point de jeu !

S. REGNAULT

Frappés fort !

LE CONVERS

Haro, à la mort !

S. REGNAULT

C'est le commandement de Dieu.

SATHAN

3675 Fault il que je vuide ce lieu ?
Regnault, que tu me fais de mal !
Tu m'etz pire que reagal !
A Paris devant toy iray,
Et si tresbien laboureray
3680 Que point ne l'auras davantage.
Haro, haro, diables, j'enraige
Se par vous ne suis secouru !

S. REGNAULT

Freres, l'avons bien entendu :
C'estoit le diable, proprement !

LE CONVERS

3685 Cher pere, humblement
Et courtoisement
Je vous cry mercy.
Je sçay seurement
Que tresfaulcement
3690 J'ay mon veu transsi.
Mes peres aussi,
Pour Dieu je vous pry
Que me pardonnés,
Et si vous supply
3695 Que sans aucun sy
Vous me recevés.

S. Regnault

Dedans ton corps le dyable aviez   G .iii.
Qui t'avoit ainsi bestourné,
Parquoy te sera pardonné :
3700 Mais garde toy de renchoir !

Le premier religieux

Cher pere, vous avez grant povoir :
Helas, nous estions tous perdus.

Le .II. religieux

Veu vostre puissance et sçavoir

S. Regnault

Envers Dieu faictes vous valloir.

Le .II. religieux

3705 [Cher pere, vous avés grant povoir.]*

3705   vers placé sous la rubrique *S. Regnault* qui précède

Pour grant bien estes cy venus,
Cher pere, vous avés grant povoir :
Helas, nous estions tous perdus !

[F 69]

S. REGNAULT

Il fault que soyés tous vestus
3710 D'ung tel habit comme je porte ;
De le bien garder vous [enorte]*,
Sans aucune corrupcion.
Excercés predication,
Resprouvant tous pechés iniques.
3715 Contre tous maulditz heretiques
Tenez pié : exaulsés la Foy.
Je vous supply, priés pour moy,
Car à Paris m'en fault aller.

LE PREMIER RELIGIEUX

Pour ung petit nous consoler,
3720 Demourés ung peu avec nous.

S. REGNAULT

N'en menés ne dueil ne courroux,
Car present il me fault partir :
A Dieu.

LE .II. RELIGIEUX

Quoy, si tost despartir ?
Las, vous nous estes si propice !

3711 *en orte*

S. REGNAULT

3725 Il fault que ma charge acomplisse.
A Dieu, freres !

LE .III. RELIGIEUX

       Las, adieu, maistre :
Se m'est ung paradis terrestre
De ouyr vostre introducion.

S. REGNAULT

A Dieu !

LE CONVERS

3730   Pour resollucion,
Se nous est icy grant meschief
De perdre si tost ung tel chef.

LE CHAPPELLAIN

A Dieu !

LE PREMIER RELIGIEUX

Qu'i vous vueille conduire !

[F 70]

S. REGNAULT

3735 Il nous convient aller de tire
A Paris.

LE CHAPPELAIN

Il fault cheminer !

Le clerc

Il plaise à Jesus nous mener
Et nous conduyre seurement.

Le premier religieux

Vecy moult grant exaulsement
Et patente aprobacion
De nostre ordre et religion:
3740   Bien devons remercier Dieu.

Le .ii. religieux

Nous avons eu en ce lieu
Grant confort de ce saint docteur.
Envers Dieu est parfait en cueur,
Car icy l'a bien demonstré.

Le .iii. religieux

3745   Nostre estat a bien remonstré:
Dieu luy vueille remunerer.
La religion honorer
Devons bien en grant reverance.   [G .iii. v°]

Le convers

Sur moy a monstré apparence
3750   Que de Dieu est bien famillier
Quant il m'a voulu deslier
Du [dyable]* qui me possessoit.

[F 71]

S. Regnault

Mieulx advenir ne nous pourroit

3752   *dyale*

Quant à Paris sommes venus
3755 Sans aucun grief. Ne reste plus
Que d'aller visiter nos freres.

LE CHAPPELAIN

Moyennant voz saintes prieres
N'avons eu nulle adversité.

S. REGNAULT

Allons en l'université
3760 Pour visiter nos bons amys.

LE CLERC

De ceste ville de Paris
Aurés tantost grant compaignie.

S. REGNAULT

Allés veoir, et je vous supplie,
Commant nostre bedeau se porte,
3765 Et chascun par tout [il enorte]*
Que demain, tout publiquement,
Pour nostre ordre l'exaulsement,
Je feray predicacion.

LE CLERC

Tresgrande consolacion
3770 A tous sera de vos nouvelles.

LE CHAPPELLAIN

Piesça n'ouÿrent les [pareilles]*:
Delivrés vous [hastivement]*.

3765 *par tout en orte*
3771 *les parei* (lettres effacées)
3772 *hastiveme* (lettres effacées)

LE CLERC

Il sera fait dilligemment :
Tout droit m'en vois en son demeure.

S. REGNAULT

3775 Il nous fault aller à ceste heure
Veoir nos freres en nostre hostel,
Car le cas leur semblera bel,
Touchant nostre approbacion.

LE CHAPPELAIN

Pere, c'est bonne oppinion.
3780 Se leur sera une grant joye
Quant il sçauront ceste montjoye :
Envers Dieu seront tous ravis.

S. REGNAULT

C'est noble chose de Paris :
Jesus le vueile conserver.

LE CHAPPELLAIN

3785 Pour prerogative de pris,
C'est noble chose de Paris.

S. REGNAULT

Chascun y vient de tous pays.

LE CHAPPELAIN

Secours pour chascun [preserver]*.

3788   *preserves*

S. REGNAULT

[C'est]* noble chose de Paris,
3790   Jesus le vueille conserver.

LE CLERC

Magister Guillerme !

LE BEDEAU

                        Sans crier !
Je voys à vous incontinent.

LE CLERC

Maistre Regnault tout maintenant
Est arryvé en ceste ville.
3795   Ainsi que [vous] sçavez le stille
Qui appartient à vostre office,
Comme de faire estez propice,
De par moy il vous fait prier
Qu'il vous plaise de publier
3800   Par toute congregacion
Qu'il fera predication
Demain, en l'ostel des Prescheurs.

LE BEDEAU

L'excellant clerc sur tous docteurs !   [G.i]
Helas, et est il revenu ?
3805   En bonne heure soit il venu :
Il sera fait sans nulle faulte.

LE CLERC

Gardez bien qu'i n'y ait point faulte !

3789   *Dest*

LE BEDEAU

Ne vous en doubtez nullement :
Il sera fait presentement,
3810 Car sa personne le vault bien.

S. REGNAULT, *en parlant aux freres de Paris*

Marie vous parface en tout bien
D'euvre meritoire pour l'ame.

LE .I. RELIGIEUX

O *pater*!

LE .II. RELIGIEUX

O nostre soubstien !

S. REGNAULT

Marie vous parface en tout bien !

LE .III. RELIGIEUX

3815 Certes, il ne nous fault plus rien :
Tout avons recouvert.

S. REGNAULT

Sans blasme,
Marie vous parface en tout bien
D'euvre meritoyre pour l'ame.
Pax vobis, et la belle Dame
3820 Dont nous sommes tous serviteurs
Nous maintienne ses orateurs
En tresbonne perseverance.

LE .I. RELIGIEUX

Vous seul estes nostre esperance,

Nostre joye, nostre confort
3825 Pour nous donner conseil et port
En toutes noz adversitez.

LE .II. RELIGIEUX

En noz grandes necessitez,
Vous seul estes nostre refuge
Pour apaiser le grant deluge
3830 Des pechez qui regnent au Monde.

LE .III. RELIGIEUX

Toute vertu en vous habonde,
Dont tant que serés avec nous,
Nous, pareillement avec vous,
Nul mal ne nous peut oppresser.

S. REGNAULT

3835 *Fratres,* il nous fault avancer:
Allons m'en trestous en chapitre.

LE .I. RELIGIEUX

Quant il vous plaira.

LE BEDEAU

Mon epitre
Me convient aller commencer:
Ung chascun se vueille avancer
3840 De venir aux Freres prescheurs,
Car le grant docteur des docteurs,
Maistre Regnault, y veult prescher.

LE .I. ESCOLLIER

Sus! tost il nous fault depescher:
C'est le docteur de bonnes meurs!

LE BEDEAU

3845 Ung chascun se [vueille]* avancer
De venir aux Freres prescheurs.

LE .II. ESCOLLIER

Grant matiere vouldra toucher,
Car y vient de Romme !

LE .III. ESCOLLIER

Noz cueurs
Pourra remplir de grans liqueurs,
3850 Car beaux termes scet bien coucher.

LE BEDEAU

Ung chascun se vueille avancer
De venir aux Freres prescheurs,
Car le grand docteur des docteurs,
Maistre Regnault, y veult precher.
3855 Mon raport je voys denoncer
Ainsi comme je l'ay parfait.   [G .i. v°]

S. REGNAULT

Freres, pour vous dire en effect,
Je ne fay que venir de Romme,
Et ay là trouvé ce saint homme,
3860 Grand docteur, maistre Dominique,
Lequel, par maniere autentique,
A receu confirmacion
De nostre ordre et religion
Par le saint Siege apostolique,
3865 Pour resprouver tout heretique
Et exaulser la foy chrestienne ;

3845   *veult*

Et affin que l'on la maintienne
En grant vigueur, sans contredit,
Des sains cieulx avons cest habit,
3870   Moyennant la Vierge Marie,
Affin que nul n'y contrarie
En ladicte approbacion.
Parquoy en predication
Le vueil publier devant tous.

LE .II. RELIGIEUX

3875   Puis que vous estes avec nous,
Le fait nous pourrons bien conter.

S. REGNAULT

Le cas tout au long reciter
N'y fourniroit pas en huit jours !

LE BEDEAU, *en parlant à sainct Regnault*

Sur tous clers excellant secours,
3880   Où tout bien si est contenu,
Vous soyez le tresbien venu:
Tout est prest, qua[n]t il vous plaira !

S. REGNAULT

Grant mercis ! Venir vous fauldra
Tous à la predication,
3885   Car c'est pour la religion
Exaulcer et mectre en effect.

[F 72]

Sermon

QUE SEMINAVERIT HOMO HEC ET METTET.
Hec predicta proprie habentur

Ad Galatas originaliter.
3890 *Pro presenti namque recitantur,*
Allegando [moraliter].*
Ung laboureur, dit pere de famille,
Pour labourer montra à sa famille
Maniere et tour terre vivifier.
3895 Ses serviteurs, [exersitant]* ce stille,
Peu en trouva qui eussent cueur agille,
Car delaissoient terre mortifier.
Leur merite voulut clarifier
En demonstrant vertu fortifier
3900 Par instrumens de soubtil artifice,
Et assigna à chascun son office.
Les ungs estoyent à la terre tourner,
A la fouyr, à la bien atourner;
Aultres estoient ostant toute racine,
3905 Aultres estoient pour le grain aorner,
A le purger, le batre et le vaner,
Affin qu'il fust pour la semence digne;
Aultres semoyent en terre pure et fine
Le meilleur grain, qui la terre [enterine]*.
3910 Mais nonobstant la terre bien fournie,
Parmy y craist foyson de zezanie.
La zezanie [i]* conquesta tel germe
Que le bon grain si ne peust estre ferme,
Et seullement faulte de dilligence,
3915 Dont le bon fruit si en fut tresenferme,
Tout obfusqué de son naturel terme.
Par quoy le grain fust en grant indigence.
Les laboureux si eurent negligence
De les couper, pour leur faire alegence,

3891   *memorialiter*
3895   *exersant*
3909   *enternie*
3912   *il*

3920 Dont le labour du pere de famille
Si fust perdu, moyennant sa famille.
Ha, mes amis, notés moy bien ce point,   [G .ii.]
Car à chascun la conscience point
En approuvant les paroles predictes:
3925 *QUI SEMINAT* la consequence joint
QUOD ET METTET – dangereux contrepoint –:
Helas, pour Dieu, en voz cueurs soient escriptes,
Les ramynant sans aucunes redictes.
Car je les pren pour semences eslites,
3930 Pour les germer en ung vouloir parfet,
Parfectement, car en real effait.
QUE SEMINAVERIT HOMO HEC ET METTET.
En ensuivant forme predicatoire,
Par coustume qui est clere et notoire,
3935 *Utque Jesus* en nous sa grace influe,
Vers la Vierge, Lumiere de memoire,
Nous [retournons]* , pour grace meritoire,
Affin qu'en moy son secours si afflue,
En [grant]* science et langue melliflue,
3940 La salurons, comme de grace eslue,
Du beau salut où elle se maria,
En luy disant tous *Ave Maria.*
QUE SEMINAVERIT HOMO HEC ET METTET.
Les paroles devant [touchees]* ,
3945 Pour nostre doctrine couchees,
De saint Pol l'apostre sont dittes,
Et à propos icy reduittes,
Disant: ce que l'homme semé aura,
Reallement il le [ceudra]* .
3950 Chers freres, en ceste doctrine,

3937   *retonrons*
3939   *En science*
3944   *touches*
3949   *cendra*

Affin qu'en ordre je doctrine,
Je toucheray deux petis pointz :
Pour Dieu, dedans voz cueurs soient poins,
Que tresbien puissiés prouffiter.
3955 Au premier, vous vueil reciter
Comment l'homme, en conscience,
Doit semer de bonne semence.
Au second point, je toucheray
Et ung peu vous demonstreray
3960 La maniere du fruit cueullir,
Et pour mon predit recueullir
Touchant le pere de famille,
Sub brevi, en peu de stille,
Ung petit moraliserons,
3965 Et, se Dieu plaist, prouffiterons
Pour congnoistre, en real effait,
QUE SEMINAVERIT HOMO HEC ET METTET.
QUE SEMINAVERIT HOMO :
Or le declarerons, *pro primo,*
3970 Qui dit en françois resumé :
CE QUE L'HOMME AURA SEMÉ.
Vetus homo, ce fust Adam,
Lequel nous sema cruel dam,
Dont nous sommes tous corrumpus ;
3975 *Novus homo*, le Roy Jesus,
Au moyen de sa passion,
En a fait reparacion,
Et ung bel champ a labouré,
Et tresrichement decoré,
3980 Auquel a planté belles fleurs,
Et a prins foison serviteurs
Pour arracher ronses, espines,
Et prevenir toutes bruynes
Qui pourroyent les fleurs dissiper
3985 Et la bonne terre occuper.
Ce champ icy, c'est saincte Esglise,
Ou quel champ il a Foy assise,

Aornee de fleurs moult dignes,
Precieuses, pures et fines,
3990 Et pour ce champ bien labourer,
Et de semence l'aorner,
Affin qu'il ne fust retardé,
Des appostres il fust gardé,
Des disciples pareillement.
3995 Et en après subsequemment,
Des martirs et des confesseurs,
Et de plusieurs [tressains]* docteurs,
Lesquelz, en l'Escripture sainte,   [G .ii. v°]
[Ilz]* ont semé semence mainte.
4000 *SED INNIMICUS HOMO [SUPERSEMINAVIT]* ZIZANIA.*
INNIMICUS HOMO: le dyable !
De zizanie faulse, dampnable,
Il a semé parmy le grain.
Pour le jourd'huy, il est certain
4005 Que [zizanie]* se multiplie
En l'Esglise, par Heresie,
En grandes dissolucions
Et [conjointes]* conspicions.
Soubz beaux manteaux d'Ypocrisie,
4010 Ceste dyablesse Symonie
Bande les yeulx à ung chascun ;
La Foy, qui devroit estre en ung
Au commun peuple publiee,
D'Heresie est multipliee.
4015 *Semen est verbum Dei :* las,
Chascun peut bien crier helas,
Car sainte parolle divine,

3997 *plusieurs sains*

3999 *Il ont*

4000 *supersemavit*

4005 *zizame*

4008 *cointes*

Pour le present, on [adevine]*,
Dont est morte, par zizanie.
4020 Zizanie c'est si fort [fornie]*
Que tous estas a corrumpus,
Et si tresbien les a repus
Que le bon grain est avorté,
Le nom de Dieu mal supporté
4025 Par villains oultrageux sermens.
Las, ouvrés voz entendemens:
Deus [ulcionum], dominus,*
Deus ulcionum [libere] egit.*
Sur ce point, le prophete dit
4030 Que Dieu est seigneur de vengence.
Helas, evitez negligence,
Recevez advertissement,
Congneu ce bon enseignement:
*Nisi conversi fueritis gladium [vibrabit]**
4035 *Arcum suum tetendit et paravit illum.*
Entendés bien ceste leçon:
Le glayve est prest pour tout ferir,
Et pour faire chascun perir.
La bonne semence est derriere,
4040 Et zizanie toute premiere:
Mariages rompus, cassés,
Veux de religion brisez,
En marchandise tromperie,
En labour toute tricherie.
4045 Enfans, qui n'y remedira,
Croyez, le Monde perira.
Nam iudicium prope est,

4018   *a devine*
4020   *forme*
4027   *ulcinum*
4028   *lebere*
4034   *vibravit*

Nam pulsate, [Dominus]* prope est.
Le jugement est prest de nous:
4050 Helas, pour Dieu, pensez à vous.
Querite Dominum: inveniri potest.
Invocate Dominum: prope est.
Querons Dieu, et le trouverons,
Et tous en nos cueurs l'invocquons,
4055 Car il est prest et la semence
Dont avons fertille habondance,
Semons la en tresbonne terre,
Que zizanie ne la deterre,
Car, pour mon thesme estre remply,
4060 *SEMEN EST VERBUM DEI.*
Suivez la parolle de Dieu,
Et la deffendés en tout lieu,
Affin que pere de famille
Vous maintienne de sa famille.
4065 Ostés les mauvaises racines
De vos cueurs, affin qu'ilz soyent dignes
De recevoir ceste semence,
Car la divine Providence,
Par le moyen de bon vouloir,
4070 Chassera dehors nonchaloir,
Si estendra Misericorde.
Ung chascun en son cueur recorde
Le point que j'ay touché *primo*:
QUE SEMINAVERIT HOMO.   [G .iii.]
4075 *HEC ET METTET*: Pour Dieu notés,
Et en voz [cueurs]* bien denotés,
Car ce que l'homme semera,
Reallement il le cuydra.
Or on ne seme que pechez,
4080 Dont tout le monde est entechez,
Parquoy je puis, en consequence,

4048   *Dominum*
4076   *cueur*

Dire que d'autelle semence,
Que dedans les champs nous semons,
Pareillement nous la cueudrons.
4085   Helas, pecheurs, tremblés, tremblés,
Et pleurs en vos cueurs assemblés,
Redoubtés sentence divine,
Que sur vous el ne se termine,
Disant: *ite, maledicti,*
4090   *In [ignem]* eternum!* Le dy
Affin que vous ouvrés voz yeux,
Là hault en contemplant les cieulx,
La grant bonté du Createur,
Le grant soing qu'il a du labeur,
4095   Tant doulx, misericordieux,
Clement, si [misericors d'yeulx]*,
Qui tant doulcement nous appelle,
Quant ses propres enfans nous appelle:
Convertimini, et ego convertar ad vos.
4100   En verité, ce sont bien doulx mos
De ce grant Pere de famille,
Qui si doulcement sa famille
Ennorte de bon fruit semer.
Tel Seigneur est digne d'aymer.
4105   Semés vertus, vertus cueudrés.
Semés pechez, maulx recevrés
En dampnacion eternelle.
La sentence est bien criminelle,
Moult irreverant [le decret]*:
4110   *QUE SEMINAVERIT HOMO HEC ET METTET.*
Et qui seminat in carne, de carne mettet corruptionem,
Qui est ung tresmerveilleux damp
De corps, d'ame corrupcion

4090   *igne*
4096   *msericors yeulx*
4109   *irreverant est le degre*

En mauldicte dampnacion !
4115 Pour finale conclusion,
Sachez que une religion
De Prescheurs est nouvel fondee,
Et nouvellement approuvee
Par le saint Siege apostolique,
4120 Moyennant maistre [Dominique]*,
De par la Vierge glorieuse,
D'aparence miraculeuse,
Impetree envers Jesucrist.
Mes amis, en vecy l'abit,
4125 Qui tresmiraculeusement,
Pour l'ordre l'enterinement,
Moyennant maistre Dominique,
Par miracle bien autentique,
Conferant approbacion
4130 Pour la sainte religion,
Des sains cieulx a esté transmis.
Le Pere de famille [a mys]*
Prophettes, appostres, confesseurs,
Martirs, grant foyson de docteurs
4135 Pour labourer sa bonne terre.
Mais par tresexcessive guerre,
Tous ont esté à mort livrez,
Et est le champ tout obfusquez
De trois pechés de Dieu maulditz,
4140 Dont tous estas sont entredis :
D'Orgueil, d'Avarice, Luxure,
D'Heresie, qui tout mal procure
Envers l'Eglise militante,
– Car pour avoir la triumphante
4145 Aucuns en ont peu de memoire ! –
Dont, pour faire euvre meritoire

4120   *Domique*
4132   *amys*

Contre lesditz maulx excessis,
Les Prescheurs sont present assis   [G .iii. v°]
Pour semer la bonne semence :
4150 Car la divine Providence
A ce faire nous a esleuz.
Enfans, ne soyez point deceupz.
Suyvez la predicacion,
Aymés ceste religion
4155 Qui est de Dieu [institutee]*,
De la [sacree]* Vierge impetree.
Ressor de paix de conscience,
Tressor de parfaicte science,
Le moyen de toute concorde,
4160 Voix pour crier misericorde,
Juste loy, droicte rectitude,
Exaulsement de saincte estude,
Le mirouër de continence,
Apport de vray intelligence,
4165 Prudence, conseil de memoyre,
Souverain merite de gloire :
C'est le fruit que nous planterons.
Parquoy povres ames gaignerons,
En adressant la bonne voye.
4170 Enfans, que nul ne [se]* desvoye :
Qui seminat in spiritum de spiritu
Metet vitam eternam,
*E[t] contra, [corruptionem]**
Qui ne fera bien son debvoir.
4175 Enfans, vous debvez tous sçavoir :
Ecce tempus miserendi,
Tunc tempus remunerandi.

4155   *institueee*
4156   *sacreee*
4170   *nul ne desvoye*
4173   *corruptionen*

Vecy temps de Misericorde.
Souvant ceste lecton recorde :
4180 Or *messis quidem multa*,
Operarii autem pauci.
Pour Dieu, retenez, je vous pry,
Car l'apostre en ce mesme pas,
– Pour mon theme mettre en compas –
4185 Touchant les semences predictes
De ces bonnes vertus eslittes,
En conclusion dit sans plus :
Ergo, dum tempus habemus,
Opperemur bonum. Parquoy,
4190 En ayant tousjours ferme foy,
Tant que temps avons et espasse,
Au ciel levons tous jours la face.
Car pour cueillir en la parfin,
En Dieu fault avoir le cueur fin,
4195 Tellement qu'en la fin finalle,
Ou royaulme où est la fine alle
Aller puissions sans deffiner,
Pour tousjours vivre sans finer.

A. M. E. N.

Cy finist ce present mistere | de saint Dominique. Nouvel |
lement imprimé a Paris par Jehan Trepperel, libraire et
impri | meur, demourant en la Rue Neufve Nostre Dame a
l'enseigne | de l'Escu de France.

NOTES

– Les textes scripturaires sont cités dans la version de la *Vulgate*. C'est par conséquent à cette version que nous empruntons la numérotation des Psaumes.

– Les titres des livres bibliques sont désignés par les sigles de la *Bible de Jérusalem*.

– Les didascalies sont localisées par la numérotation du vers le plus proche, précédée ou suivie d'une apostrophe, selon qu'elles se rapportent au texte qui précède ou qui suit ce vers.

– Les notes assorties d'un astérisque (v. 1538*-1592*) ont été rédigées à partir des indications fournies par le P. Adriano Oliva, o.p., que nous remercions ici de sa précieuse collaboration.

25-26   Le thème de l'ignorance des clercs et du sommeil des pasteurs est récurrent dans les textes du début du XIIIe siècle relatifs à la fondation des Prêcheurs.

28   L'image du loup désignant les adversaires de la foi évoque la parabole du Bon Pasteur, Jn 10, 12. Cf. *infra*, v. 1672.

30   Ps 117, 22; Mt 21, 42. Cf. *infra*, v. 1155, 1162 et 1167.

38   Le superlatif «hébraïque» *Roi des rois* figure notamment dans l'*Apocalypse* (17, 14 et 19, 16).

'44   Le *grant mantel* d'Obstinacion renvoie très explicitement au manteau déployé de la Vierge de pitié. Ce motif de l'iconographie mariale très répandu jusqu'à la Renaissance procède d'un rituel ancien: s'abriter sous le manteau d'un être puissant équivaut à bénéficier de sa protection. La Vierge au manteau est déjà vénérée dans la tradition byzantine. En Occident, les divers ordres religieux, se réclamant chacun d'une vision accordée à l'un des leurs, s'arrogent tour à tour le bénéfice exclusif de cette protection de la Vierge. Les dominicains ne seront naturellement pas de reste dans cette revendication générale. Vers la fin du Moyen Age, la Vierge tutélaire sera invoquée en temps de peste. Son manteau s'étendra alors sur l'ensemble de la chrétienté. On distingue dès lors deux types de représentation: la *Mater omnium*, qui abrite toute l'humanité, et la protectrice d'une communauté singulière, ordre religieux, confrérie de pénitents, famille d'un donateur, etc. Voir L. Réau, *op. cit.*, II, 2, p. 112-120.

44 sq.   La ballade d'Obstinacion, interrompue à chaque strophe par l'imploration de saint Dominique, correspond à l'*ekphrasis allégorique* (Helmich, *op. cit.*, p. 46 sq.), modalité coutumière de l'introduction sur scène d'une personnification. L'autodescription souligne à la fois l'essence du personnage allégorique et, en corollaire, le comportement qui va déclencher la tension dramatique. On notera ici la récurrence du mot *nature*, associé au paradoxe du «droit regard basilique», autrement dit de la malignité sous l'apparence de la droiture.

46 sq.   La succession des rimes en *-onde* appelle des associations lexicales caractéristiques. Cf., entre autres exemples, cet extrait du *Mistere d'une jeune fille*, éd. cit., p. 6, v. 62 sq.

> Grand negligence en nous *habonde*.
> Diables, ouvrez d'enfer la *bonde!*
> Saillez de l'abisme *parfonde,*
> Venez ung pou me resjouïr.
> Chascun de vous preigne sa *fonde,*
> Pour garder qu'on ne me *confonde,*
> Afin mieulx de nos droits jouïr.

49 sq.   L'autodescription des allégories funestes contient fréquemment une généalogie fantaisiste évoquant les figures infernales de la mythologie antique.
Cf. le *Gouvert d'Humanité*, éd. cit., p. 299, v. 123:

> *Temptation*
> Je suys [...]
> Le germain de dame *Aletho*.

L'*Omme pecheur*, éd. cit. p. 172:

> *Ire à Pechié*
> Conceu je fu de toy vrayment
> Et de ma mere *Proserpine*.

Dans le *Mystere de saint Martin*, Proserpine, associée à la cohorte des suppôts de Lucifer, se transforme en dame galante qui vient tenter le saint (éd. cit., v. 8046', p. 480-81).

55 *Regard basilique* est une expression figée. Cf. le *Saint Louis* de P. Gringore, éd. cit., p. 43:

> Regard ombrageux, basilicque,
> Obstinacion indecente
> Me contraignent d'avoir la picque
> Contre le Roy...

La formulation du refrain correspond, elle aussi, à un cliché. Cf. le *Gouvert d'Humanité*, éd. cit., v. 1553:

> Mal pourchasser, c'est ma nature.

61 Vers hypermétrique. En pratique, l'apocope du *-e* final du démonstratif [cet'] permettrait de rétablir un décasyllabe correct.

62 Cas typique de «vers ambigu» tel que le définit W. Helmich (*op. cit.*, p. 45-46.). On trouvera dans l'introduction, p. 107, un bref commentaire du procédé.

65 Orgueil, avarice et luxure sont les trois «concupiscibles» inlassablement mentionnés dans toute la littérature morale, et dont l'origine remonte à 1 Jn 2, 16. Cf. *infra*, v. 461-462 et 4141.

82 Le jeu de «qui mieulx mieulx» repose apparemment sur une expression proverbiale. Cf. Morawski, 1996, 1997, p. 73:

> Qui mieuz puet mieuz face.
> Qui mielz set mielz doit dire.

Cf. également M. de Navarre, *Les Prisons*, éd. S. Glasson, Genève, Droz, 1978, I, v. 546:

> Jouons à qui tient, tient

où la dénomination du jeu est également issue d'un proverbe (Morawski, 2161, p. 78).

Le sens est proche de l'expression moderne: les trois «états» (v. 83), Eglise, Noblesse et Labour, sont ici mis en situation de rivalité ouverte, mais cette rivalité est une marque d'aveuglement, ainsi que le suggère dès le vers suivant le thème des yeux bandés.

83 sq. Le jeu des yeux bandés est à rapprocher du *capifol*, sorte de colin maillart qui sert de ligne directrice à la *Moralité à quatre Personnages, c'est assavoir le Ministre de l'Eglise, Noblesse, le Laboureur et le Commun*, p. p. J. Beck, *Théâtre et propagande, op. cit.*, p. 133 sq. Cette mise en scène correspond ici à une variante du «vers ambigu» que

Helmich définit comme «Handlungsrelevant», et dont il procure plusieurs exemples (*op. cit.*, p. 217-224).

Dans l'*Homme juste et l'Homme mondain*, Honneur mondain, fils de Monde, se propose de bander les yeux des deux héros pour faciliter l'entreprise de la Chair tentatrice :

> Je les feray tant enyvrer et obfusquer de moy que je les aveugleray et leur banderay les yeulx, tant qu'ilz ne congnoistront ne congnoissance, raison, humilité, ne autre de leur sequelle et de leur bande » (éd. cit., p. 485).

Par la suite, Honneur mondain bandera effectivement les yeux de l'Homme mondain et lui bouchera les oreilles pour qu'il devienne insensible aux remontrances de Congnoissance (*ibid.*, p. 526-27 ; voir également p. 624). Dans la *Tragique comédie française de l'Homme justifié*, moralité tardive de Henri de Barran, c'est au tour de Concupiscence de bander les yeux de l'Homme, afin qu'il ne voie plus la Loi et se croie par conséquent justifié (éd. R. Reynolds-Cornell, in *La Comédie à l'époque de Henri II et de Charles IX*, Florence, Olschki, Paris, PUF, 1994, p. 468-69, v. 293-95).

95   *Refugium peccatorum* est une des invocations de *Litanies de Lorette*, chantées à l'issue des Complies dans l'ordre dominicain. Bien que cette appellation soit postérieure à notre texte – les *Litanies de Lorette* ne seront officiellement approuvées qu'en 1587 par Sixte-Quint –, l'existence de divers manuscrits atteste la diffusion, dès le XIIIe siècle, de litanies à la Vierge dont l'origine remonte vraisemblablement à l'*Hymne acathiste*. Voir G. G. Meersseman, *Der Hymnos Akhatistos im Abendland*, Fribourg/Suisse, 1958-60, 2 vol. (*Spicilegium friburgense*).

96-97 Allusion indirecte à la lactation mystique, épisode que l'on trouve dans la vie de saint Dominique comme dans celle de saint Bernard. La *Legende* fait allusion (fol. XII v°) à ce don symbolique de la Vierge à saint Dominique, et le situe précisément comme une réponse aux prières du saint pour le salut des hérétiques.

107   *Toy* désigne manifestement Obstinacion.

129   Gyezi ou Gehazi (2R 5, 20 sq.) est le serviteur du prophète Elisée qui s'arrange pour récupérer à son profit les dons offerts au prophète par Naamân, que ce dernier a guéri de la lèpre. Ce personnage est régulièrement associé à la dénonciation de la simonie.

Cf. P. Gringoire, *Les Folles Entreprises*, éd. Montaiglon-d'Héricault, t. 1, p. 91-92 :

> Heliseus, prophete renommé,
> A un homme par nom Naaman nommé
> Donna santé, dont ne voulut riens prendre ;
> Son serviteur Giezi en fut fumé
> De convoitise, et tresfort enflammé
> Que symonie il voulut entreprendre ;
> Il print argent, vestemens, sans attendre.
> Ainsi vendoit du Sainct Esprit la grace,
> Parquoy devint, pour tel peché reprendre,
> Plein de lepre sans partir de la place.

Voir également, du même auteur, le *Blazon des Heretiques*, éd. cit., p. 298, où il est question de Simon le Magicien, qui fut maudit par saint Pierre

> [...] pour cause que vendit
> Comme [Giezi] du sainct esperit la grace.

(L'éditeur donne *giez*, mais la correction s'impose, par comparaison avec le texte précédent).

169-170   Ces vers, qui renvoient à des expressions proverbiales, suggèrent un interventionnisme de mauvais aloi. Cf. Leroux de Lincy, I, p. 180 :

> Qui se sent morveux se mouche,

et II, p. 197 :

> Chacun mouche son nez,

ainsi que Hassel, M 213 :

> Qui est morveux si se mouche.

173   Cf. « Il n'est que jeune chair et vieil poisson », proverbe relevé par Leroux de Lincy, I, p. 126, dans le *Tresor des Sentences* de Gabriel Meurier.
Cf. C. Marot, *Epigrammes*, III, LXXVII, éd. Defaux, Classiques Garnier, t. 2, p. 328 :

> Et puis l'on n'oit bien estimer
> Que jeune chair, & vieux poisson.

Voir également G. Di Stefano, *Dictionnaire des locutions en moyen français*, Montréal, CERES, 1993, p. 715, qui cite Roger de Collerye, ainsi que les *Serées* de Guillaume Bouchet. Si l'on en croit ce dernier exemple, l'expression s'entend d'abord au sens propre : le poisson trop jeune est fade, parce qu'encore « du tout semblable à son élément aqueux ». On peut toutefois se demander si, dans le contexte satirique de cette scène, l'auteur ne se livre pas à un jeu d'esprit qui projetterait sur *vieil poisson* le sens figuré d'entremetteur.

191   Cf. *Mistere d'une Jeune Fille*, éd. cit., p. 6, v. 63 :

> *Sathan*
> Diables, ouvrez d'enfer la bonde !

197   La structure métrique de toute cette réplique opposant des dizains d'octosyllabes à des sizains de vers trisyllabiques, nous avons choisi de régulariser dans le texte cet hexasyllabe qui constituait, pour la lecture, une disparate gênante.

216 sq.   Cf. *Mistere d'une Jeune Fille*, éd. cit., p. 6, v. 69 sq. :

> *Sathan*
> Trop a langourir
> Sans me secourir
> Icy me laissez.
> Veuillez acourir,
> Je suis au mourir,
> Que ne secourez !

239 (242, 245)   Si incongrue qu'elle apparaisse, la diérèse [*fi-er*] est nécessaire à l'obtention d'un octosyllabe correct. L'hypométrie accidentelle est ici d'autant moins probable que le vers est répété par deux fois tel quel.

239 sq.   La personnification d'Hérésie remonte au moins à la *Psychomachie* de Prudence. Elle y figure comme une variante de la Discorde, et sera finalement anéantie par l'assaut conjugué de Foi et de Concorde :

> Discordia dicor,
> Cognomento Heresis. Deus est mihi discolor, inquit,
> Nunc minor aut maior, modo duplex et modo simplex,
> Cum placet, ærius et phantasmate visus,
> Aut innata anima est, quotiens volo ludere numen :
> Præceptor Belia mihi, *domus et plaga mundus*.
>
> (Ed. M. Lavarenne, Paris, Belles-Lettres, 1948, t. 3, p. 75, v. 709-714.)

Le dialogue entre Hérésie et Sathan développe dans notre texte un thème conventionnel : l'affliction des puissances du mal contrecarrées par le bien. La succession des brèves répliques en rondeau correspond elle aussi à une pratique courante. On peut par exemple comparer notre texte à la rencontre de Concupiscence et Sensualité dans la moralité de l'*Omme pecheur*, éd. cit., p. 162 :

C. Sensualité!
S.   Hee, m'amye!
C. Ma desirée!
S.   Hee, ma dame!
C. Que dit le cueur?
S.   Il me fremye,
C. Sensualité!
S.   Hee, m'amye!
C. Tu sembles toute endormye.
S. Non suis, dea!
C.   Si es, sur mon ame.
    Sensualité!
S.   Hee, m'amye!
C. Ma desirée!
S.   Hee, ma dame!
C. Tu me feroys crier à l'arme,
    Si de toy n'ay autre recueil:
    Qu'as tu, belle dame?
S.   Tel deuil
    Qu'a peu que le cueur ne me part.

Voir également, dans la *Passion* de Jean Michel, le dialogue entre Sathan, Lucifer, Astaroth et Bérith qui ponctue la première prédication de Jean-Baptiste (éd. cit. p. 38-
39, v. 2294-2303).

259   *Ergo clic* est à rapprocher de la formule *ergo gluc* que l'on
peut lire dans la Harangue de Janotus de Bragmardo (*Gargantua*, 18). Il s'agit d'une tournure parodique marquant la
conclusion d'un raisonnement absurde. Voir la note expli-
cative que procure G. Defaux dans sa récente édition de
Gargantua, Le Livre de Poche classique, 1994, p. 213.

267-68 L'expression semble dérivée de l'emploi proverbial de
sauce où ce terme désigne la composante essentielle d'un
mets. Leroux de Lincy relève deux proverbes dans ce sens,
tirés des *Curiosités françoises* d'Oudin (1640):

    La saulse vaut mieux que le poisson.
    Si vous le trouvez bon, faites y une saulse (II, p. 155).

Cf. également la moralité de *Bien Advisé Mal Advisé*, éd.
cit., p. 11:

    Tout ne vault riens s'il n'y a sauce.

Une formule voisine se retrouve dans les *Essais* de Montaigne, III, V, éd. Villey-Saulnier, Paris, PUF, 1965, t. 2,
p. 871:

    C'est tout chair de porc que la saulce diversifie.

Cf. enfin, dans le latin macaronique de Merlin Coccaïe, l'affirmation de Baldus:

> Merito piscem sua broda secuta est.
>
> (T. Folengo, *Baldus*, p. p. E. Faccioli, Turin, Einaudi, 1989, XV, v. 90, p. 494.)

290   Un souvenir possible de la Bête monstrueuse que chevauche la grande Prostituée de Babylone (Ap 17, 3-5).

291   Tour proverbial pour lequel nous n'avons pas trouvé d'attestation, mais qui pourrait être calqué sur

> A midy estoile ne luit. (G. Meurier, *Tresor des Sentences*, Leroux de Lincy, I, p. 71.)

296   Cf. L'*Homme juste*, éd. cit., p. 472:

> *Lucifer à Sathan*
> Faictes que le peuple *murmure*
> En erreurs, noises et debatz.

310   *Bigot* est un des termes consacrés désignant les forces du bien dans la conscience de leurs adversaires. Cf. L'*Omme pecheur*, p. 116 et *passim,* ainsi que *Saint Louis*, éd. cit., p. 76.
Voir *infra*, v. 3535 et 3636.

322   Dans la tradition de Zoroastre, Manès ou Manichée, né en Perse au début du IIIe siècle, expliquait la lutte du mal en attribuant la création du monde à deux principes antagonistes: l'un essentiellement bon, auquel il associait l'esprit et la lumière; l'autre essentiellement mauvais, qui régnait sur la matière et les ténèbres.
Cf. P. Gringore, *Blazon des Heretiques*, éd. cit., 1, p. 305:

> Cet hereticque, emply d'erreur diverse,
> Estoyt partout nommé Manes de Perse,
> Puis Manichée, et ses Manicheaulx,
> Remply[s] d'erreur, comme subtilz et caulx,
> Dirent aux clercs, qui à eulx disputoient,
> Que, sans doubter, deux principes estoient.

323   L'hérésie majeure d'Arius, qui fut condamnée notamment par le concile de Nicée en 325, consiste à nier la divinité du Christ et à mettre ainsi en cause le mystère de la Trinité.
Cf. P. Gringore, *op. cit.*, p. 308:

> Durant ce temps (i. e. sous le règne de Constantin) l'here-
> [ticque Ariam,
> Faulx ypocrite, aymant bien terrien,
> La trinité croyoit especiale,

> Mais l'unité nyoit essencialle,
> Qui affligea l'Eglise en telle sorte,
> Que faicte fut moins que elle n'estoit forte.

326 Sabellius fut condamné au concile d'Alexandrie (262) pour sa théologie de la Trinité. Son hérésie est le modalisme, qui fait des trois personnes de la Trinité trois « modes » de la même substance. Cf. Gringore, *op. cit.,* p. 307 :

> Après la mort du Pape Fabien [...]
> il fut ung herectique,
> Subtil en mal, nommé Sabellius [...]
> Cet herectique et dyable voulut dire
> Que Jesuchrist, nostre maistre et sire,
> N'estoit le filz de Dieu le createur.

327 La leçon de l'imprimé, *Dentices*, semble une approximation pour *Euticius*, graphie fréquente d'*Eutychès* (c. 378-454), adversaire de Nestorius, accusé de s'être rallié aux Monophysites, qui confondaient en une seule les deux natures du Christ. Eutychès apparaît notamment sous la forme Euticius dans le *Catalogus Hæreticorum* du dominicain Bernard de Luxembourg (Cologne, 1522). Nous avons pris la liberté de supprimer, dans notre restitution du texte, le *D* initial, qui pourrait correspondre à la préposition *de*, cela afin de régulariser la séquence des cas régimes absolus.
Nommé patriarche de Constantinople en 428, Nestorius y combattit l'arianisme, tout en développant une hérésie nouvelle qui nie l'union hypostatique des deux natures, divine et humaine, du Christ.
Cf. Gringore, *op. cit.*, p. 313-314 :

> Nestorius, qui Constantinople eust
> Pour evesché, faulx hereticque fut.
> Car il disoit et soustenoit en somme
> Que Jesuchrist seullement fut pur homme.

330 Parvenu au patriarcat de Constantinople en 351, Macedonius est déposé en 360 en raison de ses sympathies pour l'arianisme. Il introduisit par la suite une hérésie nouvelle, niant la divinité du Saint-Esprit.
Cf. Gringore, *op. cit.*, p. 311 :

> Macedonius, hereticque, nyoit
> Le sainct esperit dire estre egal du pere,
> Du fils aussi.

Donat est l'évêque schismatique de Carthage, dont l'intolérance alluma des controverses violentes entre les

chrétiens d'Afrique du Nord sous le règne de Constantin et
de ses successeurs. Saint Augustin combattit les Dona-
tistes.

Cf. Gringore, éd. cit., p. 309-310 :

> Puis Donatus, par cautelle et finesse,
> Cuydant venir de sa follye à cher,
> Fist baptiser les crestiens de rechief,
> Et soustenoit ce mauldict hereticque
> Qu'il n'y avoit eglise que Affrique,
> Voulant tenir cretiens en son lien.

331 Moine d'origine anglaise, Pélage fut à Rome l'ami de saint
Augustin qui devait par la suite dépenser tant d'énergie à
combattre ses vues. La théologie pélagienne du libre-
arbitre est contestée dans la mesure où, pour exalter la
dignité de l'homme, elle sous-estime les effets de la faute
originelle, et par conséquent la nécessité du salut. Son
auteur fut définitivement condamné au concile d'Ephèse,
en 421.

Célestius partagea la doctrine de Pélage.

Cf. Gringore, *op. cit.*, p. 312 :

> Pelagius, Celestin, hereticque,
> Et Julien, evesque mallefic que,
> Cuydant chrestiens hors de la foy bannir,
> Publicquement voulurent soustenir
> Que l'homme puelt bien meriter sans grace,
> Et que baptesme ou priere qu'on face
> Dedans l'eglise on ne doit estimer.

333 Cf. Gringore, *op. cit.*, p. 313, qui fait clairement allusion au
concile de Carthage (418) :

> Où le docteur Augustin, plain de grace,
> Fut triumphant encontre la fallace
> Pelagius, et si bien le vainquist
> Que en ses erreurs depuis honneur n'acquist.

334 Le moine milanais Jovinien fut condamné par le concile de
Milan en 390, sous l'influence de saint Ambroise. Non seulement il déniait toute valeur à la pratique du jeûne et de la
pénitence, mais il mettait en doute la virginité de Marie
après la naissance du Christ.

335 Vigilance est le premier hérésiarque des Gaules. Au retour
d'un pèlerinage en Palestine, il sème le doute sur le culte
des saintes reliques, et conteste lui aussi la vie ascétique, de
même que le célibat des clercs et l'institution du mona-
chisme.

338   Saint Jérôme consacra effectivement un traité à la réfuta-
      tion de Vigilance, qu'il avait rencontré durant son séjour
      en Palestine.

343-344 Le mouvement hérétique manichéen s'est probablement
      introduit en Occident par l'intermédiaire des Croisés de
      retour d'Orient. Ses principales zones de diffusion étaient,
      au XIIᵉ siècle, le Languedoc et particulièrement l'Albigeois,
      mais aussi, au nord de l'Italie, la Vénétie et surtout la Lom-
      bardie où saint Dominique fut chargé, en 1220, d'organiser
      une campagne de prédication. De son côté, Cologne abritait
      également un noyau de catharisme, dont les adeptes sont
      connus par un colloque théologique tenu en 1143.

370 (382) Nouvel exemple de vers ambigu: les trois états qui tien-
      nent la main d'Obstination réalisent par leur geste le sens
      de l'expression *tenir la main*: veiller à ce que l'on exécute
      un ordre, prêter main forte.

377-78 La formule *Gaudeamus* pourrait faire songer à la parodie
      d'un texte liturgique, à savoir l'antienne d'introït des fêtes
      de la Vierge. Il paraît cependant plus simple et plus vrai-
      semblable de la rattacher à un tour proverbial du type de
      celui que relève Leroux de Lincy, I, p. 28:

> *Requiem* gagne l'argent et *Gaudeamus* le despend.

Quant au *verre de fougère*, petit miroir ornemental en
forme de breloque, il est associé aux parures luxueuses qui
entraînent à la dépense.

395 sq. L'entrée en scène de Dieu suscite une *ekphrasis* dont la
      forme correspond en tout point à celle d'Obstinacion.
      Conformément à la tradition, Dieu se présente successive-
      ment dans sa nature et dans son comportement. Cette
      symétrie formelle souligne la dimension psychomachique
      sur laquelle s'articule l'ensemble du mystère.
      Comme nous l'avons suggéré dans l'introduction, p. 112-
      113, nous renonçons à paraphraser ce discours divin dont
      la signification réside autant dans l'abondance et l'accumu-
      lation des procédés phonétiques que dans l'articulation
      syntaxique de la phrase. On y notera au passage l'abon-
      dance de ce que l'on pourrait appeler les «rimes solen-
      nelles», constituées par les suffixes de substantifs abstraits,
      et que le théâtre de l'époque réserve d'ordinaire aux per-
      sonnages d'envergure. Cf. entre autres exemples un mono-
      logue de Dieu, dans L'*Omme pecheur*, éd. cit., p. 120-121:

> Ma noble court celestielle
> Il est vray que premierement
> De voulenté essentielle
> Je creay autentiquement.
> En mon hault regne proprement
> La noble nature angelique,
> En luy donnant l'assentement
> De Raison, la vertu celique. [...]
> Vraye et parfaite Trinité,
> Une essence, une deité
> Et magesté cœternelle,
> Une seule divinité
> Infaillible et sempiternelle...

On pourrait multiplier sans peine de tels parallèles.

397   La correction du mètre suppose une césure lyrique, ainsi
        que la non-élision de la quatrième syllabe muette. On
        retrouve le même phénomène *infra*, v. 411 sq.: à l'excep-
        tion du refrain, toute la strophe est bâtie sur des césures
        lyriques qui, le cas échéant, résistent à la règle de l'élision
        (v. 412, 413, 415, 416, 417).

404   Sur les «trois dars», voir *infra* l'annotation des v. 443-445.

409   Expression figée. Cf. l'*Homme juste*, éd. cit., p. 530:

> Et tous pechés en eulx habonde.

411-415 A la faveur de la Grande Rhétorique, Dieu parle le lan-
        gage scolastique, posant le problème théologique de l'im-
        mutabilité divine et de son action providentielle.

420   Formule proche de celle du *Magnificat* (Lc 1, 51). Cf. éga-
        lement Dt 4, 34.

423   Nous inclinerions à entendre *Jhesus!* comme une interjec-
        tion plutôt que comme une apostrophe.

431   La correction *illis* maintient entre les v. 431 et 432 la rime
        fratrisée qui régit l'ensemble de la strophe. La forme au
        datif en fait un complément du verbe *justiciant*.

440-41 Ps 86 (85), 11: *Misericordia et veritas obviaverunt sibi; Jus-
        titia et pax osculatæ sunt.*

443-445 Mort, famine et guerre sont les trois «*fata* médiévales qui,
        inséparables, hantent les cauchemars et la poésie des Fran-
        çais du XIVᵉ au XVᵉ siècle» (J. Beck, *op. cit.*, p. 108). Dans
        la moralité des *Blasphémateurs du Nom de Dieu*, la Ven-
        geance divine prend effectivement les traits de la Guerre,
        de la Famine et de la Mort (Recueil Helmich, *op. cit.*, t. 2,

p. 144 sq.). Dans l'*Homme Juste*, les trois dards, dont la nature n'est pas immédiatement précisée, sont attribués à Justice (éd. cit., p. 639). On apprend par la suite que c'est Jésus qui envoie Justice «faire pugnicion». Cette dernière révèle alors la portée de chacun des trois dards : le rouge porte la guerre, le noir est signe de mort et le «pâle» annonce la famine (éd. cit. p. 649).

Ce motif est largement utilisé par les prédicateurs. Voir H. Martin, *op. cit.*, p. 195.

Dans la *Legende de Mgr saint Dominique* (éd. cit., fol. 102 r°-v°), les trois dards, préfigurés par les trois lances fichées au cœur d'Absalon (2 S 18, 14), sont directement associés aux châtiments de la fin du monde.

A travers les trois dards reparaît indirectement ici la figure de la Vierge au manteau, dont on a rencontré plus haut (didascalie du v. 44) la version parodique. En effet, le manteau propitiatoire de Marie équivaut parfois au bouclier qui garantit les pécheurs contre les flèches de la colère divine. Réau (*op. cit.*, II, 2, p. 117) signale le retable peint en 1488 par Louis Brea pour l'église des dominicains de Taggia en Ligurie : «La Vierge protège l'humanité qu'elle abrite sous les plis de son manteau contre la colère divine excitée par trois péchés principaux : l'Orgueil, l'Avarice et la Luxure. Les péchés déchaînent les trois fléaux de la Peste, de la Guerre et de la Famine, symbolisés par trois flèches brandies par un ange exterminateur qui plane au-dessus de la Vierge.»

453-54 La malédiction divine, inspirée d'Ap 8, 13 : *Væ, væ habitantibus in terra*, rappelle indirectement la formule *Pax hominibus bonæ voluntatis* (Lc 2, 14) qui scelle l'annonce de l'Incarnation. Cette variante déformée traduit ici la «tentation» du Christ qui, devant l'abondance du péché, semble remettre en cause l'opportunité de l'acte rédempteur.

460-461 On notera l'absence de rime mnémonique entre la réplique de Notre-Dame et la pseudo-réponse de son Fils. Ce phénomène, qui se répète aux vers 475-476, 479-480 et 503-504, s'explique aisément sur le plan technique, du moment que la Vierge intervient par des vers isolés, qui reprennent la rime de la réplique précédente. Ne pourrait-on pas voir, cependant, dans ce détail métrique, l'expression d'une communication momentanément interrompue ?

Tout à sa colère et à son ressentiment, «Dieu» n'est pas encore en mesure de prêter une oreille attentive à la requête de sa Mère.

Orgueil, *Avarice* et *Luxure* sont les trois concupiscibles de la première épître de Jean (1 Jn 2, 16) qui servent couramment à caractériser de manière synthétique les principales manifestations du péché.

Sur l'ensemble du passage qu'inspire le fameux procès de Justice et Miséricorde, nous renvoyons à notre introduction, p. 56 sq.

469   On pourrait supposer une leçon: Misericorde *par* Justice, qui serait plus satisfaisante sur le plan du sens.

475   Comprendre: Vous retenez donc le flot de votre miséricorde!

476   Cf., dans Mt 23, 21, la diatribe du Christ contre les pharisiens, fils de ceux qui ont mis à mort les prophètes.

477-492 Bref résumé de l'histoire du salut, de la création à l'incarnation et à la rédemption. Le Christ semble dramatiquement regretter ses souffrances inutiles. Thème aussi insolite qu'audacieux, apparemment dépourvu de fondement biblique ou théologique.

Aux vers 477-478, on reconnaîtra une éventuelle allusion au *Mors de la Pomme*, petit poème de la première moitié du XVe siècle dont la thématique est proche de la *Danse macabre*. (Ed. J. M. Paquette, *Poèmes de la Mort de Turold à Villon*, Paris, 10/18, 1979, p. 225-249).

504 sq. Cf. la réplique du Christ à sa Mère dans la vision rapportée par les *Vitæ Fratrum* de Gérard de Frachet:

> Mater mea, quid possum vel quid debeo mundo amplius facere? Misi prophetas et patriarchas ad eorum salutem, et parum se correxerunt; veni ego et misi *apostolos*, et me et ipsos occiderunt; misi *martires*, *doctores*, *confessores* quam plurimos, nec illis acquieverunt. (Ed. B. M. Reichert, Louvain, Charpentier et Schoogens, 1896, p. 7).

509 sq. Ces vers procèdent d'une autre vision empruntée aux *Vitæ Fratrum*, que notre fatiste combine avec la précédente:

> Cum esset Rome beatus Dominicus [...], quadam nocte orans, more solito, vidit in visione [...] Dominum Iesum Christum stantem in ære et *tres lanceas* contra mundum vibrantem. Cui ad genua procidens virgo mater rogabat, ut misericors hiis quos redimerat fieret et iustitiam misericordia temperaret. Ad quam filius aiebat: 'Nonne vides

> quante iniurie michi fiunt, iusticia mea mala tanta non patitur inpunita.' Tunc dixit mater: 'Sicut tu scis qui omnia nosti; hec est via per quam eos ad te reduces. *Habeo unum servum fidelem quem mittes in mundum, ut verba tua annunciet, et convertentur et te querent omnium salvatorem.* Alium eciam servum ei dabo in adiutorem qui similiter operetur.' Tunc filius inquit matri: 'Ecce placatus suscepi faciem tuam; verumptamen ostende michi, quos vis ad tantum officium destinare.' Tunc domina mater *beatum Dominicum offerebat domino Ihesu Christo.* Cui dominus: 'Bene et studiose faciet que dixisti' (Ed. cit., p. 10).

La Legende de Mgr saint Dominique reprend cette anecdote dont elle propose une version légèrement amplifié (éd. cit., fol. 101 v°-102 r°).

Dans le *Ci nous dit,* recueil anonyme d'anecdotes et d'exemples moralisants du début du XIVe siècle, saint Dominique apparaît également, aux côtés de saint François, comme le juste susceptible de retarder les effets de la colère divine :

> Ci nous dit comment saint Dominique et saint François furent ravi devant Nostre Segneur. Et oïrent Nostre Segneur qui se plaignoit de l'umain lignage. Nostre Dame respondi: Encor vez ci.ii. bons. Nostre Sires respondi: Vous dites voir, mez c'est peu (Ed. Gérard Blangez, Paris, S. A. T. F., 1986, t. 2, p. 193-94).

La même mise en scène reparaît dans une lettre de Vincent Ferrier à Benoît XIII. Durant une grave maladie, Vincent voit en songe Dominique et François suppliant le Christ d'épargner le monde. Par la suite, le Christ descend au chevet du malade, le guérit et lui enjoint d'aller, à l'exemple des deux saints prédicateurs, convertir les pécheurs menacés par l'Antéchrist. L'accent est mis, comme dans notre mystère, sur l'urgence de la situation. Vincent Ferrier évoque également un délai obtenu par la Vierge auprès de son Fils, dont les ordres prêcheurs doivent profiter pour annoncer le salut. Au-delà de ce temps, la miséricorde n'aura plus cours: «Nisi per istos Ordines mundus fuerit conversus et correctus, amodo non parcam» (texte reproduit par H. D. Farge, *Notes et Documents de l'Histoire de saint Vincent Ferrier*, Paris, 1905, p. 220). Sans partager le pessimisme intégral de Vincent Ferrier, convaincu pour sa part que ce temps de répit est désormais écoulé, l'*Institucion* s'avère plus proche de l'interprétation angoissée du dominicain catalan que de la narration somme toute sereine de Guillaume de Frachet. (Nous remercions Madame Kathrin Utz Tremp qui a attiré notre attention sur ce parallèle, et nous renvoyons à sa belle étude, « Hérétiques ou usuriers? Les Fribourgeois face à saint Vincent Ferrier », *Mémoire Dominicaine*, 7, 1995, p. 117-137).

512   Le terme de « sainte prédication » avait été choisi par saint Dominique pour désigner sa première fondation à Prouille.

535   Peut-être un souvenir lointain d'Is 51, 17 sq:

> Elevare, elevare,
> consurge Ierusalem,
> quæ bibisti de manu Domini calicem iræ eius etc.

L'interpolation d'un huitain dans la série des distiques désigne le passage à un autre niveau du discours: il s'agit de célébrer la résolution heureuse du débat qui opposait la Mère et son Fils.

536   Une fois encore, on observe que la césure lyrique compromet le principe de l'élision.

552-53 Il n'est peut-être pas indifférent de noter ici que Notre-Dame reprendra exactement la même formulation pour désigner Regnault aux vers 2868-2870.

562   La structure des quatrains qui constituent cette réplique suggérerait ici un vers de trois syllabes. Faut-il supposer une prononciation trisyllabique de *exaulcement*, avec syncope du -e- intervocalique?

608   La mesure du vers suggère une prononciation *a-ï-de*.

608'   Didascalie un rien approximative. En vérité, seul l'archange s'en *retourne*, c'est-à-dire remonte au paradis, tandis que Dominique reste sur scène.

625   Le reproche de l'Eglise médiévale à l'hérétique n'est pas son erreur, mais son obstination, son « opiniâtreté ».

650 sq. Le choix du rondeau « dramatique », ainsi que le qualifie O. Jodogne (édition de la *Passion* de J. Michel, p. CX), pour encadrer le rituel des salutations est un procédé extrêmement courant. La forme fixe enclôt dans un espace textuel réservé l'échange des souhaits et des bénédictions qui inaugure toute nouvelle rencontre. A notre connaissance, on ne s'est pas encore interrogé en profondeur sur la permanence de ce cérémonial qui rythme la plupart des

mystères et des moralités, et dont la farce répercute parfois l'écho sous forme parodique.

674 La métaphore de Marie *advocata nostra* renvoie naturellement à l'hymne du *Salve Regina*. Il s'agit d'une variante de la Vierge médiatrice, qui peut tout obtenir de Dieu: *omnipotentia supplex*. C'est cette même métaphore qui produit l'argument de l'*Advocatie Nostre Dame* (voir notre introduction, p. 59-60, note 44).
Cf. l'hymne d'Abélard:

> Ad judicis matrem confugiunt
> Qui judicis iram effugiunt.

Voir aussi, *infra*, v. 793.

695 La mesure de l'octosyllabe suppose l'apocope du *-e* final postvocalique de *vie*. Une autre solution consisterait à supprimer l'article défini, mais elle ne s'impose pas absolument.

722 sq. On notera le caractère redondant de cette réplique qui, dans sa première partie du moins, reprend le contenu des vers 670 sq. Sans doute s'agit-il moins d'une négligence que d'un souci d'assurer l'intelligibilité du texte dans ses articulations essentielles.

768 La structure initiale de cette prière solennelle semble calquée sur celle de l'oraison liturgique: apostrophe à Dieu, soulignée par une proposition relative indiquant les qualités divines autorisant la démarche de l'orant, laquelle s'exprime soit par un verbe de requête, soit, plus directement, par un verbe à l'impératif.
Cette formule semble largement utilisée par l'ensemble des fatistes.

780 On notera ici la première occurrence du mot *ordre*. Voir *infra*, v. 905, 1173.

785 Comprendre: que le pape confirme l'ordre des Prêcheurs.

820 sq. Tout ce passage repose sur un lieu commun de la littérature ecclésiastique, à savoir l'opposition de l'Eglise triomphante et de l'Eglise militante, telle qu'elle est mentionnée, notamment, par Savonarole au moment de son exécution (1499). La notion de triomphe associée ici au pape s'explique par le fait que, si le royaume de l'Eglise triomphante attend encore son avènement, le vicaire du Christ en détient déjà les clefs (cf. Mt 16, 19).

824   Ce pape *souverain helephant* avait de quoi déconcerter de plus érudits que nous. Au terme d'une enquête aussi patiente qu'infructeuse, nous nous sommes avisés que la solution résidait dans un rapport phonétique plutôt que sémantique. En effet, *éléphant* est avec *enfant*, un des rares mots de la langue française susceptibles de rimer richement avec *triomphant*. Or le souci de la rime l'emporte manifestement, dans ce rondeau de tonalité emphatique, sur la propriété de la métaphore.

Du reste, l'association des deux termes est des plus courantes dans la littérature de l'époque, et les effets de sens un peu bizarres qu'elle dégage ne paraissent pas inquiéter outre mesure les auteurs qui s'en servent. En voici quelques exemples :

> – Nous serons fors comme *elephans*.
>   Adieu, saint pere !
> – Adieu, enffans !
> – Nous laissons tous biens *triumphans*. (*Saint Quentin*, éd. cit., p. 53, v. 3335 sq.)

> Plus joly suis que ung papegault,
> Plus que nul autre *triumphant*,
> Plus coint, plus gay et plus rigault
> Que jamais ne fut *elephant*. (*L'Omme pecheur*, éd. cit., p. 140)

> [Pour] faire des cas *tryumphans*
> Ilz seront plus fors qu'*elephans*. (*Saint Martin*, éd. cit., p. 160, v. 688-89)

> Porte de Saincte Eglise *triumphant*,
> Temple de paix, arche de sauf conduit,
> Comme le pere enseigne son *enfant*,
> Le soubtil maistre ung pesant *elephant*,
> Ton ame clere a ton saint corps conduit... (J. Molinet, *Oraison à la Vierge Marie, Les Faictz et Dictz*, p. p. N. Dupire, Paris, S.A.T.F., 1937, t. 2, p. 478, v. 56-60.)

> Pour mieulx monstrer nos haulx faiz *tryumphans*,
> Grans dromadayres, bouffles et *elephans*,
> Divers chameaux aurons à grant foison.(*Ibid*., p. 228, v. 2361-62)

> Grans hommes sont en ordre *triumphans*,
> Jeunes, hardis, roydes comme *Elephans* (Clément Marot, *Epître du Camp d'Attigny, Œuvres*, I, p. p. G. Defaux, Paris, Bordas, 1990, p. 80, v. 60-70)

On notera par ailleurs que l'éléphant peut être interprété, dans la tradition spirituelle, comme symbole de chasteté.

Cf. Bernard de Cluny, *In Libros Regum:*

> Applico Marie quod prius Ecclesie :
> Ex elefante thronum fecit grandem Salomon rex [...]
> Est elefas castus et castam signat os eius.
>
> (Ed. K. Halvarson, Stockholm, 1963, p. 918-923)

Cette tradition qui remonte à Pline (*Histoire naturelle*, VIII, 5, 12) est relayée par le *Physiologus*, qui interprète les mœurs «conjugales» des éléphants comme reflétant l'état de la créature postlapsaire. C'est dans cette optique que Pierre Damien exalte la chasteté de l'éléphant qui détourne la tête lorsqu'il s'accouple (*Epistulæ*, XV, P. L. 144, 232 C). Voir M. Zink, «Le Monde animal et ses représentations dans la Littérature française du Moyen Age», *Le Monde animal et ses représentations au Moyen Age*, XVᵉ Congrès de la Société des Historiens médiévistes de l'Enseignement supérieur public, Toulouse, Presses Universitaires, 1985, p. 61-62.

836 sq. Cette surenchère de révérence, de la part de saint Dominique, esquisse, sans la développer, une scène franchement comique. On trouve une situation analogue dans le mystère de *Saint Quentin*, éd. cit., p. 5, v. 253-53 :

Dyoclecien:	Levés vous.
Faustinien:	Sauf vostre licence.
Dyoclecien:	Levés vous, sans plus à terre estre ;
	Honneur, gloire et magnificence
	Soit à vous.

849 La graphie *resprouvent* correspond à un participe présent.

863 Notre intervention se fonde non seulement sur la logique de la situation, mais aussi sur la reprise «*nostre* intentif» du v. 866.

882 Le conseil du pape est la réunion des cardinaux, sans doute un consistoire.

893-94 Quoniam opportet semper orare et non defficere (Lc 18, 1).

977 sq. L'hagiographie de saint Dominique rapporte que le pape Innocent III aurait, au cours du concile du Latran IV, vu en songe un homme qui retenait de ses épaules la basilique en train de s'écrouler. Le lendemain, il aurait reconnu cet homme en la personne de saint Dominique venu lui présenter le projet de son ordre de prêcheurs. Il semble bien que l'anecdote soit empruntée à la légende de saint François d'Assise. Voir M. H. Vicaire, *Histoire de Saint Dominique, op. cit.*, II, p. 35-36.

1003'   Nous assistons ici à une variante du «théâtre dans le théâtre». Le personnage de saint Dominique joue, au second degré pourrait-on dire, le rôle qu'il revêt dans le songe miraculeux accordé au pape. Cependant ce théâtre divin, dont le régisseur est un archange, implique un espace sacré. C'est la raison pour laquelle, à la vision accordée au pape, correspond le ravissement de saint Dominique.

1017   Si elle découle naturellement de la vision symbolique qui précède, la métaphore du *pilier de l'Eglise* semble largement répandue. Cf. entre autres exemples, le *Saint Louis* de Gringore, éd. cit., p. 100:

> O vray pilier de saincte Esglise,
> Ton peuple est privé de liesse
> Se Mort fait sur toy entreprise.

La formule n'en est pas moins un des termes clefs de la dramaturgie de l'*Institucion* puisque, attribuée d'abord à Dominique, elle désignera ensuite Regnault (v. 2347) avant de revenir indirectement à son premier titulaire (v. 3447-48), où Regnault n'est plus que le «second pillier de l'Ordre»).

1027 (1103)   Saint-Jean de Latran est l'église cathédrale de l'évêque de Rome. Sur son portail, une inscription la définit comme mère de toutes les églises du monde:

> Omnium Urbis et Orbis ecclesiarum mater et caput.

1029   La correction du vers exige l'apocope du *-e* final postvocalique de *renommee*.

1038   Ici également, il faut supposer une prononciation monosyllabique du pronom *elle*.

1052   Cf. Mt 27, 4 et surtout Lc 15, 8.

1109   La prononciation syncopée de *commandement* (trois syllabes) permet d'obtenir un vers correct.

1113   Comprendre: l'intention *de* Dominique (cas régime absolu).

1121'   Il s'agit d'une bulle d'approbation pontificale, dont on parlera au pluriel au vers 1180. Voir également, *infra*, v. 3861.

1138 sq.   Cf. l'annotation des v. 650 sq.

1153   Cf. l'annotation du v. 28.

1155 (1162, 1167)   La métaphore du pilier est combinée ici avec l'image scripturaire de la pierre d'angle (Ps 118, 22, repris dans les synoptiques: Mt 21, 42; Mc 12, 10; Lc 20, 17. Cf. également Ac 4, 11 et Eph 2, 20).

1156   Le *divin luminaire* est le Saint Esprit.

1176-77   La rime triplée qui rompt ici la succession des distiques suggère une répétition fautive du même vers. D'où la leçon incertaine du v. 1177 et la redondance sur le plan de la signification.

1187   Cf. Gringore, *Vie de Monseigneur Saint Louis,* éd. cit., p. 36:

> Cueur, corps et bien *vous habandonne*
> Pour vous servir et nuyt et jour.

1190-91   On notera que l'expression *tenir la main* suscite fréquemment un jeu de langage avec le verbe *maintenir* ou un de ses dérivés. Cf. *supra*, v. 367-370, 852-53; *infra*, v. 3422-23.

1229 sq.   Saint Pierre et saint Paul sont les deux apôtres qui apportent la lumière de la foi (v. 1225-26). L'hagiographie dominicaine rapporte une vision qu'eut saint Dominique dans la basilique Saint-Pierre à Rome. Pierre lui confère le bâton de pèlerin, attribut du messager (v. 1249), et Paul le livre des Ecritures (v. 1260). Le bâton a le bout ferré (v. 1250) pour ne pas s'user. Par le biais de la tige de Jessée, il peut désigner indirectement la protection de la Vierge Marie (*Vitæ Fratrum*, éd. cit., *passim*.)

1231 sq.   Arche, jardin, lis sont des métaphores traditionnelles désignant la Vierge Marie. L'Arche d'alliance (*Fœderis arca*) figure dans les *Litanies de Lorette*. Le Jardin est une allusion à l'*Hortus conclusus* du *Cantique des Cantiques* (4, 12). Cf. également Ct 2, 1: *Ego flos campi et lilium convallium.* L'un et l'autre motifs sont repris dans l'hymne *Tota pulchra est* (XIVe siècle). Le lis, symbole de pureté, apparaît notamment dans la communion d'une des messes de la Vierge: *O Maria, flos virginum, velut rosa vel lilium.*
On sait par ailleurs que le lis est, pour les peintres et les graveurs du temps, un élément obligé de la scène de l'Annonciation. En rapport avec ce mystère, Jean Molinet, dans son *Dictier des Cinq Festes Nostre Dame*, voit en Marie la «fleur flourissant comme lis» (*Les Faictz et Dictz,* p. p. N. Dupire, Paris, S. T. A. F., 1937, t. 2, p. 51, v. 22).

1234   Le sujet implicite de *aura* est Dominique. Cf. v. 1239.

1244   C'est à Pierre que le Christ remet la charge de «lier» et «délier» (Mt 16, 19).

1254   La graphie *soyez* correspond à une prononciation mono-
        syllabique.

1274-75 Contrairement à la plupart des formules en latin, ce pas-
        sage ne paraît pas s'intégrer au modèle métrique.

'1276   Il est bien difficile de savoir aujourd'hui à quoi correspond
        exactement le vêtement d'un docteur en décret dans la
        Sorbonne de la fin du XVᵉ siècle. Néanmoins, ce n'est pas
        par hasard que la didascalie insiste ici sur le costume de
        Regnault. Il s'agit en effet de préparer la remise de l'habit
        dominicain. On notera que dans l'intitulé qui ouvre notre
        mystère, Dominique est également désigné par son habit:
        «vestu en habit de chanoyne regulier».

1281 sq. *Oysiveté* et *Diligence* apparaissent ici comme des figures
        allégoriques à l'état embryonnaire. Il suffirait d'un rien
        pour transformer ce passage en une scène de moralité. On
        le constate une fois de plus, le registre de la moralité
        demeure toujours à l'état latent dans le mystère.

1299   Expression proverbiale. Cf. Leroux de Lincy, II, p. 182 et
        Hassell, B 97:

        > Bienfaict vault moult aux trespassez.

        Ou encore, *ibid.*, p. 327 et Hassell, B 99:

        > Tout passe fors que bienfait.

1308 sq. L'ordonnance de la leçon conformément à un rituel fami-
        lier connaît une variante analogue dans le mystère de *Saint
        Martin*, où l'on assiste aux préparatifs de la messe que doit
        célébrer le héros (éd. cit., p. 542 sq., v. 9536 sq.). Successi-
        vement, le *doyen*, le *tresorier* et le *marellier* transmettent
        l'ordre de sonner les cloches pour rassembler les fidèles.
        Ce sont finalement les petits clercs qui, au bout de la
        «chaîne», passent à l'acte.

1320 sq. Jn 13, 13. Citation littérale du texte de la Vulgate, incom-
        plètement intégrée à la versification.

1334   L'élision de la syllabe finale de *deliberandum* semble, théo-
        riquement, la solution la plus probable pour maintenir la
        mesure de l'octosyllabe. En pratique, cependant, on peut
        également imaginer une forme syncopée [*delib'randum*].

1364   Aucune solution ne s'impose ici pour le rétablissement
        d'un vers correct. *Procedent* est naturellement un participe
        présent.

1370 Vers hypométrique dont la régularisation ne s'impose pas à l'évidence:
- [En] ta doulceur excède miel?
- [Par] ta doulceur excède miel?
- A la rigueur: Ta doulceur excède [le] miel?
La prononciation dissyllabique de *miel* est exclue.

1375 sq. Rappel indirect de la fameuse écharde (*stimulus*) qu'évoque saint Paul (2 Cor 12, 7).

1410 L'apocope du *-e* postvocalique de *Marie* rétablit l'octosyllabe.

1430 Divine Inspiration n'est pas une allégorie très fréquente dans le théâtre contemporain. Marguerite de Navarre semble seule en avoir fait usage dans sa *Comédie des Trois Rois*, où elle revêt une signification beaucoup plus élaborée que dans notre mystère.

1441-42 La rime *divine: illumine* est de celles qui s'imposent dans un tel contexte. Cf. *Saint Martin*, éd. cit., p. 274, v. 3333-34:

En vous disant que la grace divine
De sa doulceur tellement m'enlumyne...

Voir également *infra*, v. 1485-86.

1471 Sur l'expression *sans songer*, voir *infra*, annotation du v. 2455.

1493-97 Comprendre: Car tu vois que la Malice de ce monde détourne la Foi chrétienne du bon chemin et l'entraîne dans la confusion et la damnation.

1535 On sait que le terme de *monstre* désigne le cortège publicitaire des acteurs qui précède les représentations théâtrales de la fin du Moyen Age. L'emploi du même mot pour signifier l'entrée solennelle du professeur et de sa cohorte (cf. didascalie 1525') projette sur l'enseignement universitaire un éclairage nettement théâtral.
Ce vers présente, avec le v. 1370, l'un des rares cas d'hypométrie dont l'amendement ne s'impose pas à l'évidence.

1538* Il s'agit de la *Quæstio de Penitentia*, qui suit le *Décret* de Gratien, et est inclue dans la *Cause 33*. Nous citons l'édition d'Emil Friedberg, *Corpus Iuris Canonici. Pars Prior: Decretum magistri Gratiani*, Leipzig, 1879, ²Graz, 1955, col. 1159-1247.

1540* Edition citée, col. 1159-1190.

1548-1550* Citation du *Décret*, *De Penit.*, d. 3, c. 4, col. 1211 :

> Penitencia est quedam dolentis vindicata, puniens in se
> quod dolet commisisse.

1551* Il serait tentant de substituer *consideret* à *confidenter*.
Cf. *Décret*, *De Penit.,* d. 5, col. 1238 :

> Consideret qualitatem criminis in loci, in tempore, in per-
> severantia, in varietate personæ.

On retrouverait ici la façon commune de citer le *Décret*,
par l'*incipit* du texte envisagé, en l'occurrence [*consideret*].
Cf. J. Berlioz, *Identifier sources et citations*, Turnhout, Bre-
pols, 1994, p. 160 sq.
La rime *confidenter: notenter* invite cependant à la prudence.

1562* Cf. *Décret, De Penit.*, d. 1, c. 39 :

> Illa ergo confessio vos liberat que fit cum penitencia.
> Penitencia vera est dolor cordis, et amaritudo animæ pro
> malis que quisque commisit. [...] Perfecta penitencia cogit
> peccatorem omnia libenter sufferre. In corde eius contri-
> tio, in ore confessio, in opere tota humilitas.

Decima quinta pourrait être une mauvaise lecture de XL
(*quadragesima*). C'est bien à la fin du *casus* 39, suivant l'éd.
Friedberg, que figure le mot *illa* qui constitue le point de
départ de la référence.

1563-67* Cf. Pierre Lombard, *Sententiarum Liber IV*, d. 16, cap. 1
(éd. Quaracchi, 1981, p. 336., l. 13-15) :

> In perfectione autem pœnitentiæ tria observanda sunt, sci-
> licet compunctio cordis, confessio oris, satisfactio operis.

Cf. également la *Summa Sententiarum*, composée entre 1138
et 1141, et attribuée à Odon de Lucques (P. L. 176, 146 d) :

> In penitentia consideranda sunt hec tria: compunctio,
> confessio, satisfactio.

1570* Cf. *Décret, De Penit.*, d. 1, c. 40, col. 1168 :

> Perfecta penitentia cogit peccatorem omnia libenter suf-
> fere. In corde eius contritio, in ore confessio, in opere tota
> humilitas. Hæc est fructifera penitentia.

et *ibid.*, d. 3, c. 8, col. 1212.
Le fait que la citation figure à la fois dans la première et
dans la troisième distinction, invite à penser que les deux
points de notre texte pourraient correspondre à la
conjonction *et*.

1572* La question de la contrition du cœur qui est ici en cause ne figure ni à la distinction 2 du *De Penitentia*, ni au *casus* 40 (*argumento quadragesimo*), ni dans le reste de la distinction, qui est dédiée à la charité. En revanche, dans la première distinction, on trouve de longues considérations sur ce sujet. Cette irrégularité peut s'expliquer par le fait que les divisions du *Décret* sont loin d'être uniformes.

Une des premières références se trouve au § 2 de la pars VII du *casus* 34 (éd. cit., col. 1166), ce qui expliquerait à la rigueur le *distintione due* de notre texte :

> Ergo sola contritio, in qua fit resurrectio, tollit peccatum.

L'idée reparaît à plusieurs reprises au cours du même *casus* :

> Unde datur intelligi, quod etiam ore tacente veniam consequi possumus. [...] Datur intelligi quod ante quam sacerdotibus ora nostra ostendamus, id est peccata confiteamur, a lepra peccati mundamur. [...] Evidentissime apparet quod sola contritione cordis sine confessione oris peccatum remittitur.

1583-84* Cf. *Décret, De Penit.*, d. 1, 1, col. 1159 :

> Utrum sola cordis contritione, et secreta satisfactione, absque oris confessione quisque possit Deo satisfacere, redeamus.

1590-92* Regnault renvoie vraisemblablement ici à toutes les controverses relatives à la validité de la contrition du cœur. Ces questions disputées sont présentées comme suit dans le *Décret* :

> Votum pro opere reputatur, cum deest facultas operis. Unde votum confessionis reputatur pro opere vocis, cum deest facultas confessionis (d. 1, c. 87, col. 1185).

> Porro sine confessione oris, si facultas confitendi non defuerit, aliquod gravi delictum expiari, auctoritati penitus probatus adversum (d. 1, c. 87, col. 1186).

1597 La leçon *exiende* de l'imprimé ne fait pas le moindre doute. Cette forme verbale n'est pas attestée à notre connaissance. Faut-il y voir une graphie fautive pour *extende*, réfection savante de *estende*, dont le sens entrerait assez bien dans notre contexte ?

1610-11 Nouvelle allusion à l'Eglise militante et triomphante (cf. *supra*, v. 821-822). La facilité de la rime n'est certes pas étrangère à la présence du thème.

1614 sq. On notera l'exaltation soulignée des perfections de Paris,
          centre de la vie intellectuelle et siège de la justice royale,
          que prolongeront plusieurs allusions dans la suite du texte.
          Voir l'annotation des v. 3783 sq.

1618   L'expression *sans per* correspond couramment à la valori-
          sation hyperbolique d'une cité. Cf. *Saint Quentin*, éd. cit.,
          p. 19, v. 1172 :

> De Troye la cité *sans per*.

          Dans le cas de *Paris*, l'effet de l'épithète est relevé par la
          paronomase. Du Bellay se souviendra de la formule :

> Semblable à la grand' mer
> Est ce *Paris sans pair*, où l'on voit abysmer
> Tout ce qui là dedans de toutes parts abonde. (*Les Regrets*,
> 138, v. 2-4, éd. Screech, Genève, Droz, 1966, p. 213.)

1630 sq. Dt 6, 5, et Lv 19, 18, repris dans Mt 22, 37-39 et Lc 10, 27.
          Comme on l'a observé plus haut (v. 1320 sq.), le respect du
          texte suppose quelques libertés à l'endroit de la structure
          métrique.

1637-38   Cf. 1 Cor 1, 25 sq. et surtout 3, 19 :

> Sapientia enium huius mundi stultitia est apud Deum.

1640 sq. Outre de nombreuses références scripturaires (cf. notam-
          ment Mt 11, 25 sq.), ce passage fait songer à l'exemple de
          la *sancta vetula* qu'évoque à plusieurs reprises saint Tho-
          mas d'Aquin (voir en particulier J.-P. Torrell, « La pratique
          pastorale d'un théologien du XIIIe siècle : Thomas d'Aquin
          prédicateur », *Revue Thomiste*, 82, 1982, p. 242-43). On
          notera la nuance anti-intellectualiste que revêt ce motif
          chez notre auteur. Pour saint Thomas, la science de la
          vetula est supérieure à celle des anciens philosophes, et
          cela en dépit de son ignorance personnelle, parce qu'elle
          est née après la Révélation. Son humilité ne lui est pas
          comptée comme vertu spécifique, ce qui est manifeste-
          ment le cas dans notre texte, où la question débouche du
          reste immédiatement sur la perspective du salut.

1695   Expression stéréotypée.
          Cf. le *Mistere d'une Jeune Fille*, éd. cit., p. 48, v. 1035 :

> Mon povre cueur *plus noir que meure*
> Ne requiert que ta sauvegarde

          et surtout François Villon, *Testament*, p.p. J. Rychner et A.
          Henry, Genève, Droz, 1974, vol. 1, p. 34, XXIII, v. 179 :

> Triste, failly, *plus noir que meure.*

(Voir, vol. 2, p. 34, l'annotation des éditeurs qui procure d'autres exemples).

1727 La lecture de l'imprimé ne fait ici aucun doute, mais l'expression reste bien énigmatique. Nous avons cherché en vain du côté des proverbes. Faut-il comprendre que le chapelain blâme ici la précipitation du clerc qui accourt «à deux pieds», en lui représentant le long chemin qui l'attend jusqu'à Orléans?

On pourrait naturellement tenter d'amender le texte: *[C'est prou] bon!* Il faut avouer cependant qu'une telle solution paraît bien aléatoire.

1739 Les *Litanies de Lorette* invoquent la Vierge comme *Refugium peccatorum* (cf. *supra*, v. 95). Le motif de la bannière ou de l'étendard est en principe réservé au Christ rédempteur (cf., entre autre exemples, l'hymne célèbre de Venance Fortunat, *Vexilla Regis*, associée à la célébration de la Passion). Il s'agirait donc ici d'une contamination.

1742 Cf. *L'Homme juste*, éd. cit., p. 835:

> Tu es des roynes emperiere [...],
> De *grace* Dieu la *tresoriere.*

Ibid., p. 838:

> D'icelle *grace* es *tresoriere.*

Bien Advisé, éd. cit., p. 15:

> Dame de doulceur *tresoriere.*

Saint Martin, éd. cit. p. 195, v. 1548-49:

> Royne de cieulx, regente *tresoriere,*
> Tresor de Dieu trop incomprehensible.

Saint Sebastien, éd. cit. p. 244, v. 5401-5402:

> Vraye *tressoriere*
> De Virginité.

L'expression revient dans notre texte aux v. 2908 et 3128.

1750 Cf. Lc 1, 42.

1760 *Dyabolique Entendement* est la réplique latente de *Divine Inspiration.* Une fois de plus on constate la discrète permanence du registre de la moralité dans notre mystère. Par ailleurs, l'onomastique traduit ici la perspective symétrique qui régit l'ensemble du texte.

1770   Variante de tours proverbiaux bien connus.
         Cf. Leroux de Lincy, I, p. 45:

>   Feu ne fut oncques sans fumée.

Ibid, p. 46:

>   Il n'est jamais feu sans fumée.

Ibid., p. 47:

>   Où n'y a feu n'y a fumée.

Hassell, F 69:

>   Nul feu sans fumée.

Sur ce modèle, on serait tenté de corriger notre texte:

>   Encore [n'y] a feu sans chandelle.

Dans sa forme actuelle, il revêt toutefois un caractère paradoxal qui coïncide assez bien avec la manière d'Hérésie.

1791 sq. La célébration de la virginité de Marie, à grands renforts de rimes fratrisées et autres procédés métriques, renvoie à l'inépuisable production des Grands Rhétoriqueurs sur le thème de l'Immaculée Conception. Entre d'innombrables exemples, nous citerons la *Louenge à la Tresglorieuse Vierge Marie* de Georges Chastellain:

>   *Clos virginal*, cyboire precieuse,
>   Vergier flory de beaulté spécieuse
>   Où le soleil ne souffrit oncq umbrage,
>   Flairant rosier, rose solacieuse,
>   Quels mots, quels dits, quel doulceur gracieuse
>   Mettray je avant, vierge sciencieuse,
>   Par quoi parer je puisse mon ouvrage?

Virginal Clos est une allusion directe au motif de l'*Hortus conclusus* (Ct 4, 12), lié à la symbolique de l'Immaculée Conception, et qui connaît une abondante illustration à la fin du Moyen Age.

1799 sq. Cf., entre beaucoup d'exemples analogues, la *Conversion de S. Denis*, éd. cit., p. 116, v. 1222:

>   Sire, Dieu *vous doint bonne vie*.

Ou encore, *ibid*., p. 120, v. 1332 sq.:

>   – Celuy qui vous forma et fist
>   Vous *doint a tous grace et honneur*!
>   – Amen, et à vous, mon Seigneur.

La cérémonie des salutations ne manque ici pas d'humour. Aux v. 1802-03, la balourdise peut-être délibérée du chantre l'induit à répliquer avant même que le chapelain n'ait achevé sa petite harangue. A son tour (v. 1807), le trésorier précipite la conclusion de l'emphatique mandataire, qui doit se résoudre à passer aux nouvelles sérieuses (v. 1808 sq.).

1832 sq. Cf. Lc 24, 36.

Aux formules conventionnelles signalées plus haut se substitue une série d'apostrophes dont le caractère abstrait, souligné par les rimes «solennelles», désigne un autre registre. Les rapports bon enfant du chantre et des chanoines, qui se rencontrent sur pied d'égalité, font ici place au ton cérémonieux propre à manifester les distinctions hiérarchiques. Cf. *supra*, v. 826 sq., la rencontre de Dominique et du Pape.

1833 (1839, 1845) Hespérus, ou Vespérus, est un des noms de la planète Vénus, qui perpétue la mémoire d'Hesper, frère d'Atlas, chassé par ce dernier en Italie. Vénus est, on le sait, la plus brillante des planètes.

Saint Dominique est symboliquement associé à l'étoile du soir, dans une vision qui fait de lui le pendant symétrique de saint Jean-Baptiste dont le rayonnement annonce la venue du Christ-Soleil. Voir M. H. Vicaire, «Vesperus (l'étoile du soir) ou l'image de saint Dominique pour ses frères au XIIIᵉ siècle», *Dominique et ses Prêcheurs*, Fribourg, Paris, 1977, p. 280-304.

1866-72 Succession d'arguments proverbiaux en manière de *captatio benevolentiæ*. Nous n'avons pas trouvé d'équivalents attestés de ces formules, dont certaines pourraient friser la parodie.

1879 L'apocope du -e postvocalique d'*Heresie* est nécessaire à la correction du mètre.

1923 Rappel indirect de Mt 9, 36 (Mc 6, 34).

1924-25 Mt 13, 24-30. Cf. *infra*, v. 3910 sq.

1947-49 Cf. la parabole de la brebis égarée, dans Mt 18, 12 sq., et Lc 15, 4 sq.

1953-55 Souvenir de Mt 9, 12 :

> Non est opus valentibus medicus, sed male habentibus.

1961 L'image du sable comme suggestion du nombre infini appartient à la série des comparaisons topiques fondées sur le principe de l'*adynaton*. Cf. parmi beaucoup d'autres

exemples, la célèbre chanson de Ronsard, imitée de
Marulle :

> Le Printemps n'a point tant de fleurs,
> L'Automne tant de raisins meurs [...]
> Ny la Bretaigne tant d'*arenes* [...]
> Que je porte au cœur, ma maistresse,
> Pour vous de peine et de tristesse.(*Œuvres*, p. p. J. Céard
> *et al.*, Paris, Gallimard, 1993, t. 1, p. 195.)

1972   Sur le Christ, époux de l'Eglise, voir Eph 5, 21-33 et l'exé-
       gèse allégorique du *Cantique des Cantiques*. Nous ren-
       voyons à Max Engammare, *Qu'il me baise des baisiers de
       sa bouche. Le Cantique des Cantiques à la Renaissance*,
       Genève, Droz, 1993 (THR CCLXXVII).

1987   Mt 7, 15 : Attendite a falsis prophetis, qui veniunt ad vos in
       vestimentum ovium, intrisecus autem sunt *lupi rapaces*.

1997   Souvenir de Jn 15, 5 : Quia sine me nihil potestis facere.

2011-12 Tour proverbial. Cf. «Traire à sa cordelle» (Hassell, C
       307).

2013   Le motif du pot cassé entre dans maintes expressions pro-
       verbiales. A l'adage bien connu: «Tant va li poz au puis
       qu'il brise», qui remonte peut-être à Gautier de Coincy
       (Leroux de Lincy, II, p. 355 et Hassell, P 240), il faut
       adjoindre la série des proverbes où le pot cassé est syno-
       nyme de perte, de dégât :

> A pot rompu, brouet espandu.
> De pot cassé, brouet perdu et espanché (*ibid.*, p. 153)

ou d'insignifiance :

> A un pot rompu on ne peut mal faire (*loc. cit.*).

C'est ici le premier sens qui prévaut.

2017   Déplacement parodique d'une image biblique. Voir
       notamment Ps 90, 4 :

> Scapulis suis obumbravit tibi,
> Et *sub pennis eius* sperabis

et surtout Ps 62, 8 :

> Et in velamento *alarum tuarum* exsultabo.

2053 sq. L'image biblique du filet est régulièrement associée aux
       ruses de l'Ennemi.
       Cf. Ps 90, 3 : *Quoniam ipse liberavit me de laqueo venan-
       tium.*

C'est le psaume que l'on récite aux complies, office durant lequel les forces du mal sont conjurées avec une insistance particulière.

Cf. également Ps 123, 7: *Anima nostra sicut passer erepta est de laqueo venantium*, ainsi que 1 Tm 3, 7.

Les *las* d'Heresie évoqués *supra*, v. 1076, procèdent de la même métaphore. Elle est utilisée ici avec une pertinence remarquable, puisque les v. 2056 sq. évoquent le voyage effectué sans encombre. L'association presque immédiate du piège tendu et du chemin à parcourir suggère donc indirectement l'impuissance fondamentale des forces maléfiques.

2076-78   Il s'agit sans doute du cardinal Hugolin, neveu d'Innocent III, ami de saint François et de saint Dominique, élu pape sous le nom de Grégoire IX en 1227.

2100   Le subjonctif a ici la valeur d'un conditionnel: il ne *serait* pas temps de muser. (Cf. *infra*, v. 2416).

2110 sq. Une fois encore, le style «Grand Rhétoriqueur» associé aux formules de salutations souligne la relation hiérarchique des deux interlocuteurs. Il est intéressant de constater que cette première adresse cérémoniale est suivie d'une seconde série de salutations, plus conforme aux formules conventionnelles (v. 2124-2127). Elle pourrait désigner, au-delà du cérémonial officiel, les liens d'amitié qui unissent Regnault et le Cardinal.

On remarquera à nouveau la fréquence des césures lyriques. Le principe de l'élision est une fois de plus négligé au v. 2110 (2113, 2116).

2175   La correction du mètre imposerait ici encore la suppression de l'élision.

2198 sq   Nouvelle variante sur le motif de la salutation. Les phrases suspensives des v. 2202, 2203, 2206 et 2207 pourraient traduire l'intensité émotionnelle qui domine la première rencontre des deux fondateurs.

2251   Cf. Jn 17, 21

2255   Légère incohérence: c'est l'archange saint Michel et non Divine Inspiration qui est chargé d'accorder au pape la vision miraculeuse qui précipitera sa décision (voir *supra*, v. 971 sq.).

2258-59   La ponctuation de ce passage reste hypothétique. Si *renouvelle* a pour sujet *passion*, on peut entendre le passage à peu près comme suit: Et voici que se renouvelle en mon cœur une interrogation douloureuse (*passion*) quant à l'avenir de l'Ordre que je veux fonder.

2271 sq. Pour respecter l'alternance des octosyllabes et des tétrasyllabes qui constituent le modèle strophique de cette prière, il conviendrait de compter comme syllabe le *-e* final de *infalibe* (v. 2271), ainsi que la rime féminine des v. 2273, 2274, 2278 et 2279.

2300 Cf. Ga 2, 9. La métaphore du pilier s'applique simultanément aux deux «fondateurs», avant de désigner le seul Regnault. (Cf. *supra*, v. 1017).

2305 L'oraison *Sub tuum præsidium,* qui est la plus ancienne prière connue à la Vierge Marie, se termine par les mots: *O Virgo gloriosa et benedicta.*

2324 Plus sentencieux que véritablement judicieux, le chapelain s'exprime volontiers par proverbes. «L'homme propose et Dieu dispose» figure dans le *Trésor des Sentences* de Gabriel Meurier (Leroux de Lincy, I, p. 170).

2325 Variante de

A cœur vaillant rien impossible (Hassell, C 231).

2326 L'hymne à saint Dominique *O Lumen Ecclesiæ* (XIVe siècle) l'appelle *Rosa patientiæ.*

2355 Pour obtenir un octosyllabe correct, il faut supposer l'apocope du *-e* final postvocalique de *oublie.*

2362 sq. L'épisode de la maladie du héros connaît des parallèles dans d'autres mystères. Il serait intéressant de comparer la maladie de Regnault avec celle de saint Louis (éd. cit., livre IV, p. 98-103) qui débute par une réplique très proche du v. 2362:

Mais *je sens griefve maladie.* (p. 99)

On trouve également deux scènes semblables dans le mystère de *Saint Martin.* Dans la première (éd. cit., p. 2007 sq., v. 1794 sq.), Martin est recueilli, comme Regnault, par un «hoste» généreux et dévoué. Le malade de la seconde scène (éd. cit., p. 377, v. 5689 sq.) est un «catécumynaire» qui, contrairement à ses pairs, n'échappera pas à la mort. Les progrès de son mal sont signifiés, comme dans notre texte, par les répliques de plus en plus alarmantes de ses amis.

2366   *Ce* est une graphie pour *si* hypothétique. Cf. *infra*, v. 3011.

2368-69 La prière de Regnault s'identifie ici à celle du Christ ago-
         nisant. Cf. Mt 26, 39: *Verumtamen non sicut ego volo, sed
         sicut tu.*

2375-76   Qui veut la guérison du mire
                 Il lui convient son mal dire. (Leroux de Lincy, I, p. 179).

2430   Ces imprécations contre la mort sont monnaie courante,
        tant chez les Grands Rhétoriqueurs que chez les fatistes.
        Cf., parmi beaucoup d'autres exemples, *La Vie et Passion
        de Mgr Sainct Didier,* éd. cit., p. 6-7:

                 Le premier bourgeoys
                 O Mort furieuse,
                 Rude, rigoreuse,
                 Dure, dangereuse,
                 Ton nom faitz grand tort.

                 Le second bourgeoys
                 O Mort haynuse,
                 Tu rends ruyneuse
                 Lengres la joyeuse
                 Par ton dur effort.

        Quant à la pseudo-dérivation *mort / mordre*, elle est égale-
        ment une constante thématique dont se souviendra encore
        Marguerite de Navarre:

                 O Mort, ta mort je seray quand ton mors
                 Mettras sur moy pour me compter des morts. (*Le
                 Triomphe de l'Agneau, Marguerites de la Marguerite des
                 Princesses*, éd. F. Frank, 1873, Genève, Slatkine Reprints,
                 1970, p. 144.)

        On songera également à la fameuse devise de Clément
        Marot, «La Mort n'y mort».

2449 sq. Le choix onomastique qui associe les deux médecins aux
         autorités majeures de la médecine antique et moderne n'a
         rien d'exceptionnel. Dans la *Condamnation de Banquet* de
         Nicolas de La Chesnaye, les médecins ont nom Ypocras,
         Galien, Avicenne, Averroÿs (éd. cit., p. 203 sq., v. 2118 sq.).
         L'un et l'autre auteurs cèdent, avec *Ypocras*, au plaisir
         d'une paronomase amusante.
         D'une manière plus générale, il est courant d'emprunter à
         la tradition antique certains noms liés à des fonctions. Cf.
         par exemple le mystère de *Saint Quentin*, où le clerc se pré-
         nomme Ganymedes (éd. cit., p. 22, v. 1357) et le précepteur

Cathon (p. 36, v. 2145 sq.). Comme le remarque Petit de Julleville, *op. cit.*, II, p. 290: «Au moyen âge, tous les sages s'appellent Caton».

2454 sq. La mise en scène comique du maître houspillant un serviteur lent à la détente est une recette bien connue.

Cf. le *Mistere d'une Jeune Fille*, où l'auteur emprunte par trois fois le procédé: le châtelain tance son valet indolent Petit Bon (éd. cit., p. 9, v. 173 sq.); le sergent appelle en vain le bourreau, lequel s'adresse à son tour à son valet plus lambin que lui (p. 49, v. 1047 sq.); enfin, le prévôt s'évertue à faire comparaître le larron, peu enclin à se soumettre au jugement (p. 68, v. 1448 sq.).

2455 sq. L'exclamation «Sans songer!» ponctue également les scènes du *Mistere d'une Jeune Fille* évoquées plus haut: p. 10, v. 183; p. 68, v. 1451. Cf. *infra*, v. 2493.

2506 La métaphore du Christ médecin des âmes, très répandue dans la littérature pieuse du Moyen Age, est d'origine scripturaire: Mt 9, 12; Mc 2, 17; Lc 5, 31. Elle est fréquemment reprise par les Pères grecs, en particulier Clément d'Alexandrie et Origène, pour lesquels il importe d'opposer à la figure d'Asclepios celle du Christ sauveur et guérisseur. Les auteurs latins reprennent abondamment ce motif, en particulier Augustin qui en fait un grand usage dans ses sermons (40 occurrences). Il est souvent associé à la vertu d'humilité, remède au moyen duquel le Christ guérit la plaie purulente de l'orgueil humain. Voir G. Dumeige, «Le Christ médecin dans la littérature chrétienne des premiers siècles», *Rivista di Archeologia Cristiana*, 48, 1972, p. 115-141.

Le contexte de la scène ramène ici la métaphore à son sens littéral.

2537-38 La leçon *remide* de notre texte est en soi parfaitement plausible. Cependant, la rime exigerait la diérèse de *aide*, ce qui entraînerait une syllabe surnuméraire au vers suivant. La même situation se présente *infra*, v. 2621: 2622; 2721: 2722; 3665: 3566, où nous substituons également la forme *remede* à *remide*. En revanche, aux v. 3284: 3285, la forme *remide* s'impose.

Cela dit, l'alternance des formes *remide* et *remede* étant très courante, il est vraisemblable que la graphie demeure sans rapport avec la prononciation.

2542-43 Tournure bien elliptique. On serait tenté de lire : ung sou-
         verain bien / [*Que*] ce docteur...

2558   Le chapelain, qui reconnaît d'emblée saint Dominique, a
         selon toute évidence assisté à l'entretien des deux héros
         (*supra*, v. 2198 sq.).

2582 sq Cf. l'annotation des v. 2430 sq.

2654 sq. On notera la légère modification du refrain aux vers 2657
         et 2660 pour les nécessités de l'adaptation syntaxique.

2667 sq. Style coutumier de la complainte funéraire. Cf. par
         exemple l'*Epitaphe de Pierre de Brezé* de Georges Chas-
         tellain :

> Prince françois, offrez icy vos larmes ;
> Prestez-y pleurs, toute chevallerie.
> (*Œuvres*, p. p. Kervyn de Lettenhove, Bruxelles, 1865, t. 7,
> p. 79)

         ou encore la *Complainte sur la Mort de Chastellain* de Jean
         Robertet :

> Pleurez doncques et lamentez, haults hommes,
> Qui fait avez dignes faits à grans sommes.
> (*Ibid.*, t. 8, p. 356).

2687   Souvenir du verset *In manus tuas, Domine, commendo spi-
         ritum meum*, (Ps 36, 6, repris en Lc 23, 46 et Ac 7, 59) récité
         aux complies, et qui figure également dans la liturgie des
         agonisants. La supplication s'adresse ici à la Vierge, moins
         par déviationnisme théologique que parce que la Mère du
         Christ est l'intermédiaire obligée auprès de son Fils pour
         tout ce qui a trait au destin de l'Ordre.

2703   Cf. Lc 24, 36.

2730   L'apocope du -*e* final de *bieneuree* est ici nécessaire à la
         correction du mètre.

2747   Cf. Ps 62, 8 et 90,4.
         L'image de l'aile renvoie indirectement au manteau pro-
         tecteur de la Vierge. Voir l'annotation de la didascalie '44.

2766   *Recouvrance* peut signifier *salut*, auquel cas l'expression
         est parfaitement limpide. Néanmoins, il y a dans le verbe
         recouvrer l'idée d'une restitution, ce qui invite à considérer
         Dame de recouvrance comme une allusion à la vertu géné-
         ratrice de la Mère de miséricorde. Cette conception inspire
         à saint Anselme une terminologie caractéristique, qui se
         propagera durant tout le Moyen Age : *mundi reconciliatrix*,

mater rerum recreatorum, mater restitutionis omnium etc.
Voir le *Marienlexikon*, p. p. R. Bäumer et L. Scheffczyk, St.
Ottilien, EOS Verlag, t. 6, 1994, p. 729, *s. v. Widerherstelle-
rin des Erdkreises*.

2816   *Voye* est nécessairement monosyllabique.

2867 sq.   Le personnage céleste descendant sur terre pour se révéler
au héros répond à une situation courante dans le registre
du mystère. Cf. entre autres exemples *Saint Martin*, éd. cit.,
p. 208 sq., v. 1826 sq.: «Dieu» qui, sous l'apparence d'un
mendiant, a été recouvert du manteau de saint Martin,
s'apprête à lui apparaître pendant son sommeil, revêtu du
même manteau, pour lui enjoindre de se faire baptiser.

2868-69   Voir *supra* l'annotation des vers 552-553.

2880 (3322)   Formule stéréoptypée. Cf. *Mistere d'une Jeune Fille*,
éd. cit., p. 67, v. 1417.
Cf. également, dans notre texte, v. 2491 et 3239, la variante
simplifiée : *et je vous emprie*.

2883   Ce n'est naturellement pas par hasard que la boîte d'on-
guents est confiée à Madeleine. Cet attribut classique de la
sainte rappelle à la fois les scènes évangéliques de la
double onction sur les pieds (Lc 7, 36-50) et sur la tête (Mt
26, 6-13; Mc 14, 3-9; Jn 12, 1-8) du Christ, et la participation de Madeleine au groupe des myrrhophores qui, au
matin de Pâques, s'apprêtent à embaumer le corps du
Christ (Mt 28, 1; Mc 16, 1, Jn 20, 1).

2893   Il n'est pas très facile de décider de l'identité de *Katherine*.
Dans le contexte dominicain, c'est sainte Catherine de
Sienne qui vient d'abord à l'esprit. Canonisée en 1461 par
son compatriote Pie II, elle est largement vénérée dès cette
époque, tant à l'extérieur qu'à l'intérieur de l'Ordre. A
titre d'indication, les frères prêcheurs de Metz organisent
en 1468 un *Jeu de Madame Saincte Catherine de Sienne*
(Petit de Julleville, *op. cit.*, t. II, p. 32). Mais Catherine
d'Alexandrie a pour elle une plus longue tradition, copieusement reflétée dans l'iconographie. Conrad Witz la représente notamment en tête-à-tête avec Marie-Madeleine
(Musée de Strasbourg). Enfin, c'est sainte Catherine
d'Alexandrie, réputée pour sa sagesse, qui, à Rome, apparaît à saint Dominique en compagnie de sainte Cécile (voir
M. H. Vicaire, *Saint Dominique de Caleruega, op. cit.*,
Relation de Sœur Cécile, n. 7, p. 285).

L'expression «saincte pucelle» ne permet guère de trancher: c'est Catherine d'Alexandrie qui inaugure le motif de la fiancée mystique du Christ, ce qui lui vaut d'être la patronne de toutes les vierges. Il est vrai que Catherine de Sienne, morte à l'âge de trente-trois ans, est fréquemment appelée *Sponsa Christi*, et ses noces mystiques font également l'objet de nombreuses représentations.

2907   Cf. l'hymne *Ave Regina Cœlorum*, attribuée à saint Bernard.

2954   Peut-être un souvenir de l'antienne chantée le Jeudi-Saint:

>   Ubi caritas et amor,
>   Deus ibi est.

'2967   Nous maintenons la leçon du texte qui répète ici la mention *Nostre Dame*. En effet, la réplique précédente achève le rondeau des salutations, tandis que celle-ci inaugure une série de quatrains dont la linéarité correspond à une autre forme de discours.

2985   Du strict point de vue théologique, seul le Christ peut donner grâce et pardon. Mais la dévotion mariale, sans dérive mariolâtrique, puisque la mention de Jésus est toujours présente dans ses prières, aime à invoquer la Vierge comme source de cette miséricorde. Cf. le *Mater misericordiæ* du *Salve Regina*, ainsi que l'hymne *Salve Mater misericordiæ*.

3049   *Ceptre virginal* ne figure pas dans les *Litanies de Lorette*. On peut à la rigueur songer à l'invocation *Virgo potens*.

3051   *Palais de cristal* est peut-être une formule dérivée de la *Domus aurea* des *Litanies de Lorette*.

3080   Cf. Ps 118, 140:

>   Ignitium eloquium tuum vehementer, et servus tuus dilexit illud.

3086 sq.   La métaphore de la vigne est d'origine scripturaire. Cf. entre autres exemples Is 5, 1-7:

>   Vinea enim Domini exercituum Domus Israel est.

Jn 15, 1-6:

>   Ego sum vitis vera, et Pater meus agricola est.

ainsi que Mt 20, 1-16; 21, 28-31; 28, 33-41.

3091 sq.   Cf. la relation du miracle telle que la rapporte la *Legende de Mgr saint Dominique*, éd. cit., fol. 103 r°:

> La royne du ciel, extendant sa main et prenant de l'unc-
> tion salutaire qui estoit en la saincte boite, les yeux, les
> oreilles, les narines, la bouche, les mains, les rains, les
> piedz de maistre Regnault oindit, en disant sur chascune
> partie du corps singulieres oraisons, desquelles ledit
> maistre Regnault nulles ne peut entendre, sinon celle des
> rains et des piedz. Mais à l'unction des rains, la vierge dist:
> '*Tes rains soyent estainctz du ceint de chasteté*', et aux
> piedz, elle ditst: '*Je oins tes piedz en la preparation de
> l'evangile de paix.*'

3100   Selon les textes hagiographiques, la sainteté de Dominique
        a été manifestée *verbo et exemplo*, par la parole et par
        l'exemple, mais l'expression caractérise aussi Réginald
        d'Orléans (*Libellus*, 63).

3105 sq. Cf. Eph 6, 14-17:

> State ergo succincti lumbos vestros in veritate, et inducti
> *loricam iustitiæ*, et calceati pedes in præparatione Evan-
> gelii pacis. In omnibus sumentes *scutum fidei*, in quo pos-
> sitis omnia tela nequissimi ignea extinguere, et *gladium
> spiritus*, quod est verbum Dei.

3121   Une fois encore, on est en présence d'un cas régime
        absolu: par la requête *de* Dominique. Cf. *supra*, v. 1113.

3125   Cf. *L'Homme juste*, éd. cit., p. 835:

> Mere es de joye sans soucy
> Et inextinguible *lumiere*.

3130 sq. Imitation de la forme litanique, à la manière des *Litanies
        de Lorette* fréquemment évoquées par l'auteur.

3134 sq. Cf. *L'Homme juste*, éd. cit., p. 835:

> La *rose* tu es sans espine,
> Vierge Dieu non violee.

L'image du rosier a donné lieu à un développement caractéristique de l'iconographie mariale à la fin du Moyen Age,
qu'illustrent les célèbres vierges «au buisson de rose» de
Stephan Lochner et de Martin Schongauer. Voir Réau,
op. cit., II, 2, p. 100-102.

3161 sq. La mise en scène du don de l'habit n'est pas rare dans la
        dramaturgie contemporaine. Elle peut être d'ordre essen-
        tiellement mimétique, comme c'est le cas dans *Saint Mar-
        tin*, où l'on voit l'abbé de Ligugé revêtir Martin de la bure
        de son Ordre (éd. cit. p. 363, v. 5346'); un peu plus tard,
        c'est au tour du Catecumynaire de recevoir l'habit mona-

cal (p. 372, v. 5572'); enfin, saint Martin se voit attribuer les ornements épiscopaux (p. 417, v. 6662').

Dans la moralité, le vêtement présente fréquemment une portée symbolique. Dans *L'Omme pecheur*, (éd. cit., p. 118), le Monde impose à l'Adolescent un vêtement que ce dernier reçoit comme une manière de malédiction, parce qu'il signifie la perte de son innocence originelle. *L'Homme juste* (éd. cit., p. 441) propose une scène analogue, mais plus complexe: c'est Fortune qui apporte au Monde les habits prévus pour les deux enfants. Ceux-ci manifestent face à leur nouveau costume un embarras qui trahit le manque d'usage. Mais la vie leur apprendra à composer avec cet être de façade que signifie le vêtement. *Le Gouvert d'Humanité* (éd. cit., p. 309-310, v. 525 sq.) utilise le même motif, mais dans un sens plus spécifique encore. Remort de Conscience revêt Humanité des attributs propres à sa nouvelle condition de pénitent:

> Porter te fault, sans vitupere,
> Sur teste, yver, esté,
> *Il luy baille le chapeau*
> Le beau chapeau de charité,
> *Il luy donne le bourdon*
> Le bourdon de perseverance,
> *Il luy baille le manteau*
> Et le manteau d'humilité.

Dans *Bien Advisé* (éd. cit., p. 19), Humilité couvre également le héros d'un vêtement qui l'invite à renoncer aux pompes de sa parure antérieure. C'est bien cette variante du symbole qu'adopte notre auteur, d'une manière moins explicite. Le don de l'habit marque, pour Regnault et ses frères, l'entrée dans une vie nouvelle sous la conduite de la Vierge.

3178   On relèvera dans ce vers l'unique allusion que fait l'auteur aux moniales dominicaines. Ce détail contribue à indiquer la distance qui sépare notre mystère de la *Legende* de J. Martin, laquelle s'adresse explicitement à une tertiaire.

3234 sq.   La requête de Regnault est contredite par la suite du mystère où l'on s'empresse au contraire de divulguer le miracle à l'ensemble des communautés dominicaines (voir *infra*, v. 3438 sq., 3854 sq. et 4124 sq.). Faut-il y voir avant tout une réminiscence du Christ imposant le secret aux témoins de la Transfiguration (Mt 17, 9 et Mc 9, 9)?

3379   Par une discrète analogie, *Pax vobis* (cf. Lc 24, 36) est
        désormais la salutation coutumière de Regnault «ressus-
        cité». Voir *infra*, v. 3549, 3552, 3555 et 3819.

3390   La suppression de l'élision après *ordre* permet d'obtenir
        un octosyllabe correct.

3435   Sur la relative inconséquence de cette mention, voir notre
        introduction p. 17-18 et 84-85.
        Les premiers compagnons de saint Dominique s'installent
        à Toulouse en avril 1215, avec l'accord de l'évêque
        Foulques. Ils sont dispersés par le fondateur le 15 août
        1217. Un premier groupe se dirige vers Paris où une com-
        munauté est fondée le mois suivant. D'autres frères se ren-
        dent en Italie et s'implantent à Bologne, deuxième centre
        universitaire de la chrétienté après Paris. La séquence
        chronologique exacte est donc: Toulouse, Paris, Bologne.

3442   En août 1217, saint Dominique envoie quatre frères en
        Espagne, mais les fondations sont plus tardives. Voici ce
        qu'en dit le *Libellus* de Jourdain de Saxe, source la plus
        authentique des origines dominicaines (n° 59): «La même
        année (1218), maître Dominique passa en Espagne. Il y
        établit deux maison: l'une à Madrid, qui est maintenant
        une maison de moniales; l'autre à Ségovie, qui fut la pre-
        mière maison des frères en Espagne». Cette fondation eut
        lieu en 1219. Notre texte montre ici une bonne connais-
        sance de la chronologie.

3450   Les premiers frères envoyés à Paris par saint Dominique
        sont conduits par Mathieu de France. L'hospice Saint-
        Jacques, à la Porte d'Orléans, destiné aux pèlerins de
        Compostelle, leur est concédé par Jean de Barastre, cha-
        pelain de Philippe-Auguste, avec l'accord de l'Université
        de Paris. En juin 1219, lorsque saint Dominique arrive lui-
        même à Paris, il y a une trentaine de frères étudiants,
        futurs enseignants de l'Université. C'est l'origine du grand
        couvent qui fonctionnera au milieu du XIIIᵉ siècle comme
        collège universitaire (voir M.-H. Vicaire, *Histoire de saint
        Dominique*, *op. cit.*, t. II, p. 133-146, ainsi que M.-D. Cha-
        potin, *Histoire des dominicains de la Province de France*,
        Rouen, 1898.)

3457   L'apocope du *-e* final d'*ordre* maintient la mesure de l'oc-
        tosyllabe. Sans doute n'est-ce pas la «solution» la plus har-
        monieuse du point de vue phonétique. A la rigueur, on

pourrait également supprimer la conjonction *Et* au début du vers.

3464   Les sources ne mentionnent pas, dans la propagation de l'Ordre en Espagne, une prédication aux hérétiques.

3495 sq. Comme la plupart des hagiographies médiévales, celle de saint Dominique met en évidence l'hostilité du démon et son habileté à persécuter l'homme de Dieu et ses compagnons. Le *Libellus* de Jourdain de Saxe (110-119) rapporte longuement les tortures qu'il fit endurer à un certain frère Bernard de Bologne. Pour ce qui est du fondateur, sœur Cécile, du monastère dominicain de Saint-Sixte, raconte les épreuves que saint Dominique dut subir de la part du démon, quand il était à Rome.

3500   Comprendre : qu'il ne m'aura pas, malgré ses efforts.

3501   L'expression *à jeudy* reste pour nous énigmatique. Nous renvoyons aux indications du glossaire.

'3511   Cette précision de la didascalie correspond à une figuration courante. Cf. *L'Homme juste*, où l'un et l'autre héros évoluent sur scène accompagnés de leur ange gardien et d'un « faux ange » ou « dyable » commis par Sathan pour les induire en tentation.

3511 sq. On comparera l'épisode du convers avec celui du *demonyacle* que saint Martin libère de sa malédiction (éd. cit., p. 457-62, v. 7495-7601). Les deux scènes présentent une structure analogue :

                – requête adressée au saint en faveur du possédé

                – manifestation burlesque de la possession

                – exorcisme

                – départ du diable

                – action de grâce du possédé libéré

On notera toutefois que, dans *Saint Martin*, le possédé est assimilé à un fou, ce qui réduit la portée de ses propos : la grivoiserie, chez lui, relève du non-sens gratuit, et non du blasphème. D'autre part, l'exorcisme se présente comme un rituel grave, souligné par une prière fervente, qui contraste avec la bastonnade résolument bouffonne de notre texte.

3513   Cf. une formule analogue dans *L'Homme juste*, éd. cit., p. 803 :

> Que vaut vivre et n'avoir joye au monde?

Voir également Morawski, 322, p. 12:

> Ce n'est mengier que pain prendre.

3533   Cf. éventuellement *Saint Martin*, éd. cit., p. 292, v. 3755:

> Me veux tu *apprendre ma game?*

Il s'agit de la réplique indignée d'un père à son fils, qui tente de le convertir.

3566   *Sang bieu* est une de ces fameuses formules blasphématoires mitigées, du type *palsambleu, corbleu, morbleu,* etc.

3611   Jeu de mot manifeste entre *mal de dans* et *rage.*

3641-42 L'action du démon se reconnaît plus à la rébellion (v. 3631) qu'au blasphème.

3643-44 Cf. *Farce des Menus Propos*, éd. Picot, *op. cit.*, p. 499-500:

> Il fait meilleur, par temps de fouldre,
> A la taverne qu'au moustier.

3652   Mc 9, 28:

> Hoc autem genus non eiicitur nisi in oratione et ieiunio.

Cf. également Mt 17, 20.

3662   Apparemment un calque de la citation précédente.

3681   Réaction stéréotypée de l'enfer à chaque défaite.
Cf., entre beaucoup d'autres exemples, *L'Omme pecheur*, éd. cit., p. 332:

> Harau, tous les diables, j'enrage,
> Je meurs, je creve, je forcenne...

3699-3700 Jn 8, 11:

> Vade et jam amplius noli peccare.

3783 sq. L'exaltation de Paris que reflète ce rondeau connaît un répondant significatif dans plusieurs remarques incidentes dispersées çà et là (v. 1618, 1950, 2337, 2469, 3454 sq.). Les origines parisiennes de Maistre Regnault apparaissent toujours à ses interlocuteurs comme un gage de son savoir et de son excellence. On verra dans cette constante moins une marque de chauvinisme que la considération de Paris comme relais de la *translatio studii*. Cette mise en évidence est tout à fait d'actualité à une époque où les aspirations politiques de la France s'appuient largement sur la propagande orchestrée par les milieux lettrés.

3811 (3814, 3817)   L'apocope du -*e* final postvocalique de *Marie* permet, une fois de plus, de régulariser l'octosyllabe.

3887   Ga 6, 8:

> Quod enim seminaverit homo, hæc et metet. Quoniam qui seminat in carne sua, de carne et metet corruptionem; qui autem seminat in spiritu, de spiritu metet vitam æternam.

3918   C'est ici que l'*exemplum* subit un gauchissement significatif par rapport à la parabole de l'ivraie (Mt 13, 24-30) dont il est dérivé. Dans la perspective «ascétique» qui est celle de notre mystère, la tolérance à l'endroit de l'ivraie n'est pas de mise.

3924   Les *paroles predictes* sont le «thème» de la prédication.

3936-42   L'adresse coutumière à la Vierge, qui sépare le prothème de son développement, est promise à un long succès. (Voir notamment E. Gilson, *Les Idées et les Lettres*, Paris, 1955, p. 93-153.) La nécessité d'intégrer harmonieusement cet élément à l'ensemble fera de la fameuse «chute à l'*ave*» un des critères d'excellence de l'orateur sacré.

3972-75   Eph 4, 22-24:

> Deponere vos secundum pristinam conversationem *veterem hominem*, qui corrumpitur secundum desideria erroris. Renovamini autem spiritu mentis vestræ, et induite *novum hominem*, qui secundum Deum creatus est in iustitia, et sanctitate veritatis.

4000   Mt 13, 25:

> Cum autem dormirent homines, venit inimicus eius, et superseminavit zizania in medio tritici, et abiit.

4015   Lc 8, 11:

> Est autem hæc parabola: Semen est verbum Dei.

4024-25   Les serments parjures et les blasphèmes sont au nombre des péchés les plus violemment dénoncés par la prédication médiévale. Voir H. Martin, *op. cit.*, p. 473.

4027-28   Ps 93, 1:

> Deus ultionum Dominus;
> Deus ultionum libere egit.

L'ensemble du psaume est un appel très violent à la justice de Dieu contre l'impie.

4034-35 Ps 7, 13:

> Nisi conversi fueritis, gladium suum vibrabit,
> Arcum suum tetendit et paravit illum.

4037 Cf. l'annotation des v. 443-445.

4041-42 L'un et l'autre accidents sont à mettre au compte du péché de luxure. Sur la hantise du péché de la chair dans la prédication médiévale, voir H. Martin, *op. cit.,* p. 380 sq.

4043 Le marchand est traditionnellement accusé de fraude. Cf. ce constat issu d'un manuel de confesseur: «Est moult perilleux mestier à l'homme estre marchans et est uns mestiers non prisés de saincte Eglise». Cité par H. Martin, *op. cit.,* p. 387.

> Voir également *Saint Louis*, éd. cit., l. IX, p. 290:

> Mais aujourd'hui, touchant les marchandises,
> Sont des trompeurs, qui en font à leur guise.

4044 Peut-être une allusion aux querelles de bornage, source importante de troubles dans la société rurale. Voir H. Martin, *op. cit.,* p. 455-56.

4047-48 Il s'agit apparemment d'une pseudo-citation scripturaire, résultat de la combinaison de Ph 4, 5: *Dominus prope est,* et de Mt 7, 7: *Pulsate et aperitur vobis.* Cf. également Ap 1, 3: *Tempus enim prope est.*

4051 Is 55, 6:

> Quærite Dominum dum inveniri potest.

> Léger gauchissement de la citation.

4058 L'apocope du *-e* final de *zizanie* est nécessaire à la correction du mètre.

4089 Mt 25, 41

4098 Pour obtenir un octosyllabe correct, il faut pratiquer l'élision par-dessus l'*-s* final de *propres.*

4099 Za 1, 3:

> Convertimini ad me, ait Dominus exercituum,
> Et convertar ad vos, dicit Dominus exercituum.

4100 Indépendamment de la graphie, il faut supposer une prononciation disyllabique *[ver'té].*

4141 Nouvelle allusion aux trois concupiscibles de 1 Jn 2, 16, mentionnés au seuil de l'œuvre (v. 65).

4146 sq. H. Martin, *op. cit.*, p. 212 et *passim*, insiste sur le lien établi entre la vocation de prêcheur et la nécessité de combattre le péché par tous les moyens et sous toutes ses formes.

4176   Ps 101, 14 :

> Quia *tempus miserendi* eius,
> Quia venit tempus

Cf. également Os 9, 7 et 10, 12, ainsi que Is 49, 8.

Ap 11, 18 :

> Et iratæ sunt gentes, et advenit ira tua et *tempus* mortuo-rum *iudicari*, et *reddere mercedem* servis suis prophetis.

4180-81 Citation textuelle de Mt 9, 37 (Lc 10, 2 ; Jn 4, 35).

4188-89 Ga 6, 10 :

> Ergo dum tempus habemus, operemur bonum ad omnes, maxime autem ad domesticos fidei.

4193 sq. Ultime clin d'œil du Grand Rhétoriqueur : les variations sur le mot *fin* désignent l'aboutissement du sermon qui coïncide avec celle de l'œuvre. La rime équivoque des v. 4195 : 4196 n'est pas des plus limpides. Faut-il voir dans *alle* une graphie pour *aile* ? Cela donne un sens plausible, à la limite, encore que peu satisfaisant.

GLOSSAIRE

Ce glossaire est établi dans une double perspective : source d'information pour le lexicologue et l'historien de la langue, il se veut parallèlement un guide pour le lecteur peu accoutumé au moyen français. D'où l'inclusion assez généreuse, aux côtés des traits spécifiques de la langue du XVe siècle, de tours archaïques plus généraux, et au besoin de vocables connus mais dissimulés sous une graphie un peu déconcertante. Nous espérons ainsi répondre aux besoins de chaque utilisateur.

Dans les cas évidents, seule la première occurrence du terme expliqué figure à la suite de la définition. Le même principe est adopté lorsqu'un vocable renvoie à plusieurs définitions. Les emplois remarquables ainsi que les cas douteux font l'objet d'une entrée particulière, avec mention de leur(s) occurrence(s).

Si un mot appartient à une didascalie, celle-ci est localisée par le numéro du vers qui lui est associé, précédé ou suivi d'une apostrophe. Lorsque la didascalie se trouve à l'intérieur d'un vers, elle est désignée par le numéro de ce vers.

Le choix entre différentes significations d'un terme n'est pas toujours très évident. Les renvois sont alors indiqués de manière plus précise. Cela vaut notamment pour toutes les répliques traitées dans le style « Grand Rhétoriqueur », où le dramaturge joue sur les homonymes et les synonymes, pour le plus grand embarras du lecteur moderne. Nous n'hésitons du reste pas à manifester notre perplexité par un point d'interrogation.

Les adjectifs ou les adverbes au superlatif, précédés de la particule *tres-*, sont répertoriés comme formes simples. Par ailleurs, les modifications graphiques qu'entraînent les normes usuelles de présentation des termes (verbes à l'infinitif, adjectifs au masculin singulier, substantifs au singulier) ne sont indiquées entre crochets que dans la mesure où la solution retenue relève de l'arbitraire : *hor[d]* (v. 498) correspond à la forme de l'adjectif au pluriel *hors* ; on aurait pu, avec autant de vraisemblance, retenir la graphie *hor[t]*. Les crochets servent également à signaler la présence, dans le texte, de graphies concurrentes : *a[c]corder* correspond aux formes *accorder* des v. 124 et 126, et *acorder* des v. 128 et 131. Enfin, nous plaçons naturellement entre crochets toutes les leçons conjecturales.

L'abréviation FEW désigne le *Französisches Etymologisches Wörterbuch* de W. von Wartburg, tandis que T-L renvoie à Tobler-Lommatzsch, *Altfranzösisches Wörterbuch.*

A

A, prép., pour, afin de (967, 1188, 1414)

Abolir, v. tr., détruire, anéantir (15, 701, 3165)

Abreger (s'), v. pron. se hâter (1472, 2494)

A[c]corder, v. intr. se mettre à l'unisson (124, 433); être d'accord (126, 131, 138, 435); être d'avis (128); harmoniser, adapter (429, 430)

A[c]cor[t], s. m., volonté, résolution (135, 2845)

Acquitter, empl. absolu, payer ses dettes (1296)

[Adeviner], v. tr., estimer (4018)

[Admiratif], adj., digne d'admiration (3301)

Adonc, prép., alors, à cet endroit (*didascalies, passim*)

Adresse, s. f., dispositions, ressources (410); conseil, directivité (411); recours, refuge (3193)

Adresse (de bonne), loc. adv., de bon vouloir (452)

Adresse (se mettre en), loc. v., faire de son mieux (2921, 2928)

Adresser, v. tr., diriger (803, 1158, 2083, 2195, 2225, 2547)

Adresser la voye, loc. v., mettre sur la voie (4169)

Adventure, s. f., événement (2349)

Advertir, v. tr., mettre en garde (713)

Advis, s. m., communication, décision (1462)

Afermer, v. tr., consolider, confirmer (785)

Affaire, s. m., (795, 904, 1684, 1896), *mais* une affaire (1811)

Affaire, loc. v., *graphie pour* à faire (1812)

Affection, s. f., désir (2200, 2212)

Affectueu[l]x, adj., désireux (2204, 2210)

Affiner, v. tr., rendre plus délicat (FEW, III, 566 a), *par ext.* rendre effronté, insolent? (470); tromper par ruse (2750)

Affiner, v. tr., *variante d'*affirmer? (1643)

Agreable (avoir), loc. v., trouver bon, être content (1429, 1966)

Aguet, s. m., pointe, sommet (84)

Ains que, loc. conj., avant que (864, 1409)

Aise (prendre), loc. v., vivre confortablement (134)

Aise (à l' – de), loc. adv., conformément au désir de (1248)

Alaine, s. f., souffle (404)

Alegence, s. f., soulagement, répit (3919)

Alle, s. f., *ici*, protection divine < ALA (FEW, XXIV, 282 a) (4196)

Ally, interj., *marque le mouvement* < *ALLARE (378)

Amer, v. tr., aimer (1385)

[Amonnestement], s. m., avertissement (3181)

Amoderer, v. tr., calmer, apaiser (1397); diminuer (2967)

Amordre (s'), v. pron., s'attacher (199, 248, 2430)

Amortir, v. tr., abattre, blesser à mort (200, 670, 874)

Ancelle, s. f., servante (1792, 2888)

Anichiller, v. tr., anéantir (931)

Aorner, v. tr., < ADORNARE, orner (3988)

Aorner, v. tr., < ADORDINARE, disposer, préparer (3905)

Appareiller, v. tr., arranger, *par. ext.* soigner (3618)

Ap[p]arence, s. f., raison, motif (1619); manifestation (3498); preuve (3749)

Aparent, adj., raisonnable, judicieux (673)

Apercevoir, v. intr., considérer (132, 1863, 2400, 2541, 2620, 3161)

Apere (s'), v. conj., 3ᵉ pers. sing. subj. prés. de *ap(p)aroir*, se manifester (2158)

Apertement, adv., ouvertement, de manière évidente (3622)

Apieu, s. m., aide, appui (1996, 3557); protection (2589)

Apointement (fournir à l') loc. v., pourvoir à la dépense (372)

Apparent, adj. évident, manifeste (1007, 1098, 2342)

Appert, adj., ouvert (3071)

Apport, s. m., rapport, biens (1208); affluence (1412); aide, soutien (4164)

Aprehensive, s. f., capacité de comprendre (2130)

Après (en), loc. adv., par la suite (909, 3995)

Appreuver, v. tr., prouver, démontrer (2849)

Arche, s. f., trésor (FEW, XXV, 2, 92 a) (2112)

Arest, s. m., délai, retard (99, 2370, 2903)

Arrest, s. m., obstacle (2841)

Arrester, v. intr., tergiverser (2378); tarder (1787, 2422) demeurer (2525)

Artifice, s. m. instrument, *par ext.* intervention (1171)

Assavoir (faire), loc. v., faire connaître (551, 2421,)

Assemblement, adv., ensemble (1810)

Asseur, adj., rassuré (2814)

Asseureté, s. f., sécurité (791)

Assez, adv., beaucoup de (317, 336, 341 *et passim*); en grand nombre (505)

Assoullager, v. tr., soulager (1872)

Atourner, v. tr., préparer (3903)

Atraire, v. tr., attirer, séduire (10, 509, 944, 1280)

Atremper, v. tr., tempérer, adoucir (1389)

Attaite (parvenir à son), loc. v., parvenir à ses fins (232, 2061)

Attenter qqn, v. tr., attirer (2238)

Au[l]cun, adj., quelque (946, 957, 1724, 2382, 3425)

Aucunement, adv., d'une manière ou d'une autre (363, 1868, 2183, 3591), nullement (2801)

Aucuns, pron. ind., certains, quelques-uns (4145)

Auctorisement, adv., légitimement (545, 556, 3006)

Augmentacion, s. f., action de célébrer, louange (67)

Aureal, adj., doré, couvert d'or (2110, 2112, 2116)

Aureollé, adj.subst., doré, qui a la qualité de l'or (2110, 2113, 2116)

Auriflambe, s. f., oriflamme (2110, 2112, 2116)

Autel, adj.
tel, semblable (4082)

Autentique, adj., de grande valeur (1346); digne de foi (648, 3861, 4128)

Avertir, v. tr., détourner (599)

Aviser, v. intr., décider (883); réfléchir (2095)

Aviser, v. tr., examiner (2096); organiser, mettre sur pied (3425)

B

Bailler, v. tr., donner (3030, 3188)

Bande (être ... à qqn),loc. v., prendre parti pour, s'allier à (FEW, XV, 1, 53 b) (954)

Bander, v. tr., unir (955)

Baniere, s. f., étendard, *par ext.*, ce qui rassemble (1739, 3130)

Barbe (parmy sa), loc. adv., sans ambage (318)

Basilique, adj., qui a la nature du basilic (susceptible de tuer par le regard) (55, 74, 93, 106); royal (75)

Begni, p. p., béni, aimé de Dieu (436)

Begnin, adj., bien disposé (2478)

Bellement, adv., doucement (3672)

Benigne, adj. f., favorable (2349); source de bien (2993); bienveillant (3233)

Bestourner, v. tr., détourner du droit chemin (3698)

Besongne, s. f., événement, spectacle (3524)

Besongner, v. intr., agir, accomplir sa tâche (755, 767); s'appliquer, se donner de la peine (2297)

Bieneuré, **bien euré**, adj., heureux, de bon augure (1195, 1210, 1255, 2126, 2242, 2730)

Bigotis, s. m., bigoterie (3538)

Blason, s. m., discours, beau langage (3341)

Bonde, s. f., grand fût, réservoir (53, 191, 441)

Bout, s. m., outre, vase pour servir le vin (54)

Bouter, v. tr., frapper, renverser (61); mettre (3629)

Braire, v. intr., pousser des cris, se plaindre (6, 3521)

Braire, s. m., cri, tapage, tumulte (162)

Brandonné, p. p., en proie aux flammes (2005)

Bref, adv., bref (à, de, en),loc.

adv., bientôt, sans tarder (491, 840, 1693, 1813, 2448, 2454, 2939); en résumé (2995, 3251)

Bref, adj., rapide, court (2310, 2316, 2642)

Bride (faire une), loc. v., entraver, freiner (349)

Brief (en), loc. adv., bientôt (2131)

Brief, adj., *voir* bref (549, 1774, 3331)

Bruyne, s. f., *sens concret*, gelée blanche; *sens abstrait*, querelles, obscurités. *Ici, il pourrait s'agir d'un jeu entre les deux sens* (3983)

Bruit, s. m., réputation? (228); renommée, réputation, gloire (1519)

Butin (à), loc. adv., désigne les conditions du partage (Cf. T-L , I, 1211) (140)

C

Cariage, s. m., charge, fardeau (3515)

Cas (sonner), loc. v., sonner comme une cloche fêlée (1767) (FEW, II, 2, 1436 b)

Casser, v. tr., enlever (1206); affecter? (1862)

Ce, conj., *graphie pour* se, si (2366, 3011)

Ce non, conj., *graphie pour* senon (2725)

Celer, v. tr., cacher, tenir secret (1795) *par ext.* tenir sous contrôle (1794), empêcher l'écoulement (*ici, de la grâce* 2744) (FEW, II, 1, 572 a)

Celle, s. f., réceptacle, *ici, métaphore de la conception virginale* (1793)

Celsitude, s. f., excellence, grandeur, élévation (1139, 1147)

Certain, adj., ferme, résolu (2608, 3143)

Ces, adj. pos., *graphie pour* ses (3263, 3264)

[Ceudra], v. conj., *cf. infra*, **cueudrés, cueudrons** 3ᵉ pers. sing. futur de *[cueudre]*, cueillir (3949)

Char, s. f., chair, corps (482)

Chargeur, s. f., poids, charge (1872) (cf. *chargeure*, FEW, II, 1, 419 a)

Chet, v. conj., 3ᵉ pers. sing. prés. ind. de *cheoir* (1030)

Chevecier, s. m., trésorier d'une église; *par ext.*, procureur d'une communauté religieuse (*dramatis personæ, et passim*)

Chevir, v. intr., se tirer d'affaire (364)

Chicheface, s. f., monstre, avare (3491)

Citer, v. tr., convoquer (1295

Clarifier, v. tr., mettre en lumière (1290); glorifier (1803, 2890, 3898); rendre lumineux (1743)

Clarifique, adj., porteur de lumière (1359)

Clic, interj., *ponctue un raisonnement absurde* (259)

Coequal, adj., d'une similitude, d'une égalité parfaite (396)

Command, s. m., ordre, commandement (2819)

Commande, s. f., dépôt, garde (150); autorité (952); protection (2343)

Commander, v. tr., recommander (2309, 2688)

Commant, s. m., commandement, ordre (1265)

Comment, conj., comme (187, 981)

Commis, p. p., confisqué (103)

Commun, adj., public, destiné à tous (1338); associé, uni (FEW, II, 2, 961 b) (2251)

Comparatif, adj., susceptible d'être comparé (2070)

Compas, s. m., mesure (429, 2352)

Compas (mettre en), loc. v., traiter avec mesure, de manière régulière (4184)

Compasser, v. tr., mesurer (1200, 2353)

Complies (être à ses), loc. v., être à la fin de sa vie (FEW, II, 2, 983 a et b)(2664)

Compte, s. m., *graphie courante pour* conte (3353)

Compter, v. tr., *graphie courante pour* conter (2424, 3575)

Concorder, v. tr.?, mettre en accord, réconcilier (143)

Condescendre à qqch.,v. intr., accepter, se rallier à (*sans la nuance moderne*)(706)

Conduit, s. m., guide, protection (1746)

Confermer, v. tr., affermir (736, 783, 856, 1042, 1044, 1222); confirmer (960, 1151, 1246)

Confort, s. m., aide, appui (1255, 2155, 2202, 2382, 2581, 2622, 2844, 3669, 3742); consolation (1411, 2522, 2566, 2648, 2711, 2787, 2833, 2836 2839, 2956, 3191, 3325, 3824)

Confuter, v. tr., réfuter (3464)

Congreger, v. tr., réunir, assembler (1810)

Conquest, s. m., profit, bénéfice (2838)

Conquester, v. tr., conquérir (695, 3912)

Consentir (se) à qqch.,v. pron., acquiescer (705)

Conservateur, adj., qui protège (1257)

Conserver, v. tr., garder, préserver, respecter (553, 831, 974, 2869, 2901)

Consierge, s. f., gardienne, garante (766)

Conspicion, s. f.,regard traître? (4008) < CONSPECTIO, sur le modèle de suspicion?

Conte, s. m., *graphie pour* compte (3352)

Contenir, v. tr., tenir ensemble (383)

Content (être de), loc. v., consentir, bien vouloir (1122, 2957)

Contraire, s. m., dommage, événement néfaste (782)

Contrarier à qqch.,v. intr., contredire, s'opposer à (738, 2881, 3871)

Contrarier qqch., v. tr., s'opposer à (773, 2971)

Contredit, s. m., contradiction, contestation, dispute (142, 1459, 2874, 3165, 3868)

Contrepoint, s. m., contrepartie (3926)

Contrepoint (resonner), loc. v., répondre à une proposition, *par ext.* s'en réjouir (?) (FEW, IX, 592 b) (3103)

Contrepoint (chanter), loc. v., se réjouir (3511)

Convalescence, s. f., bonne santé (3428)

Convenir, v. intr., s'assembler, se rencontrer (1524)

Convers, p.p., détourné (2136)

Conversacion, s. f., manière d'être, comportement (520)

Converser, v. tr., transformer, convertir (2235)

Corder, v. tr., mesurer (125, 144); accorder (142)

Cordial, adj., profond, sincère (433)

Correspondre, v. intr., répondre avec accord (440); répondre de manière adéquate (639)

Coup (à), loc. adv., à la fois, simultanément (104, 262); immédiatement, promptement (255, 316)

Coup (à), **à coup**, interj., *exhortation à l'attaque* (372)

Couraige, s. m., dispositions de l'âme (201, 2478, 3613); esprit (2716, 3997)

Cour[r]oux, s. m., chagrin, affliction (1665, 1681, 2313, 2414, 2530, 2643, 3343, 3561, 3721)

Cours, s. m., course (325, 3482); circonstances, suite d'événements (2659)

Coursé, p. p., chagriné, affligé (2625, 2630)

Couvert (en), loc. adv., à l'abri, de façon dissimulée (169)

Couvertement, adv., secrètement, de façon dissimulée (73)

Couvertement, s. m., dissimulation, couverture (86)

Coy, adj., tranquille, paisible (2597, *emploi adverbial*)

Craist, v. conj., 3ᵉ pers. sing. prés. de *craistre*, croître (3911)

Cremy, p. p., redouté (158)

Criminel, adj., violent, meurtrier (4108)

Cueudrés, cueudrons, v. conj., 2ᵉ et 1ᵉʳᵉ pers. pl. futur de *[cueudre]*, cueillir (4084, 4105)

Cueur, s. m., courage (218, 239, 243, 245, 410, 452, 1187, 2216, 2812, 3397); *les autres occurrences semblent plus proches des sens actuels du terme, avec en particulier la nuance* «disposition d'esprit» (220, 221, 433, 435, 658, 1248, 1444, 1695, 2270, 2339, 2582) *et* «conscience» (1858, 2252)

Cuider, v. tr., avoir la prétention de (17, 308, 2769, 3671); penser, estimer (1385, 1515, 1829, 2464, 2479, 2669)

Cure, s. f., soin, attention (68, 2350, 3200); guérison (3361)

Curieu[l]x, adj., attentif, qui prend soin de (1373, 2568, 2710, 3040, 3224)

Cuydra, v. conj., 3ᵉ pers. sing. futur de *[cueudre]*, cueillir (4078)

Cy, adv., *graphie pour* si (2167, 3002, 3119)

D

Dam[p], s. m., dommage, préjudice (3973, 4111)

Dampnacion, s. f., damnation (4107, 4114)

Deannié, s. m., dignité de doyen; *ici*, bénéfices associés à cette fonction (1897)

Debonairement, adv., avec bonté, douceur (3038)

Debonnaire, adj., bon, noble, plein de douceur (34, 586, 650, 656, 662, 941, 3034)

Decasser, v. tr., chasser (329)

Deceupz, p. p. m. pl., induits en erreur (4152)

Decevance, s. f., tromperie, trahison (91)

Declarer, v. tr., exposer, expliquer (753, 3969)

Decorer, v. tr., honorer (539, 1531); orner (3979)

Decret, s. m., droit canon ('1276, 1329, 1345, 1357); *par ext.*, livre de droit canon (1285, 1292, 1513)

Deduire, v. tr., conduire (1408)

Deffault (mettre en), loc. v., faire perdre la voie, *par ext.* mettre en situation périlleuse (2654, 2657, 2660)

Deffault (sans), loc. adv., sans faute (1330, 1775)

Deffaulte, s. f., faute, manque (628, 630, 1759, 1816, 2313, 3570)

Deffencion, s. f., défense (1084)

Defferer, v. tr., différer, temporiser (927)

Deffermer, v. tr., ébranler, renverser (786)

Deffinement, s. m., achèvement, conclusion (2761)

Deffiner, v. intr., achever, finir (4197)

Degré, s. m., escalier (3621); *graphie pour* decret? (4109)

Deleance, s. f., délai, retard (3275)

Deleer, v. intr., tarder, différer, perdre son temps (1686, 1711)

Delit, delis, s. m., plaisir, réjouissance (13, 18)

Delivre, (être ... de qqn), loc. v., en être délivré, *par ext.* séparé (2642)

Delivre (à), loc. adv., en liberté (1661, 3295)

Delivrer, v. tr., livrer, remettre (3187)

Delivrer (se), v. pron., se dépêcher (838, 3622, 3772)

Demaine, s. m., puissance (259, 402, 1393); maison, demeure (2390)

Demaine (en), loc. adv., avec autorité (402)

Demeure, s. m., demeure, logis (810, 2088, 2499, 2854, 3774)

Demeure, s. f., retard, délai (1342, 1440, 1694, 2788)

Demeurer, v. intr., tarder, perdre son temps (1526)

Demonstrer, v. tr., communiquer (1534); manifester, faire connaître (541, 602, 807, 966, 1293, 1454, 3243, 3959)

Demonster (se), v. pron., se révéler, se faire connaître (2333)

Dempnacion, s. f., damnation (685)

Demusellé, p. p., caché, dissimulé (298)

Denoncer, v. tr.
annoncer, faire savoir (1336, '1343, 1510, 3855)

Deno[t]ter, v. tr.
remarquer (726, 4076); montrer désigner (1261, 3173)

Departement, s. m.
départ (1663, 1669, 1679)

Departir, v. subst.
moment de la séparation (1969)

Deprier, v. tr.
prier avec insistance, supplier (692, 819, 1399, 1906)

Derrain, adj.
dernier (2508)

Desarroy, s. m.
trouble, confusion (3605)

Descharge, s. f.
action de décharger un fardeau (1865); libération, acquittement (2988)

Descharger, v. tr.
soulager d'un trop-plein (1868)

Descharger, v. subst.
moment où l'on se libère d'un poids (1870)

Desceuvrir, v. tr.
révéler, manifester (2168)

Deslier, v. tr.
dévoiler, découvrir (60)

Despartir, v. intr.
s'éloigner, s'en aller, se séparer (3723)

Despriser, v. tr.
déprécier, sous-estimer (238)

Desroy, s. m., trouble, désordre (2628)

Dessoubz au, loc. adv. cf. **soubz**, *marque une situation d'infériorité?* (1677)

Destresse, s. f., angoisse (405)

Desvoyer (se), v. pron., s'égarer, se détourner du droit chemin (2143, 2595, 4170)

Detracter, v. tr., médire, calomnier (70)

Detrancher, v. tr., couper en morceaux (166)

Devant, prép., avant (1323, 3678, 3944)

Devers, prép., vers, en direction de, auprès de (751, 1121, 1813, 2187, 2223, 2558, 2629, 3560)

Devers (par), loc. prép., auprès de (1823)

Devis, s. m., projet, plan (917)

Devoir (faire), loc. v., être sur le point de, s'apprêter à (1194); s'appliquer à, faire le nécessaire (1109, 1181-1182, 1979, 2028, 2481, 2847, 3409)

Die, v. conj., 3e pers. sing. subj. prés. de *dire* (345, 2376)

Dieu gard, loc. conj., *forme usuelle de salutation* (2556, 3343)

Diffame, s. m., déshonneur, infamie (3179, 3347)

Diffamer, v. tr., compromettre (2778, 2785)

Differer, v. intr., temporiser, se dérober (272, 984, 1500, 2801, 2803)

Dillection, s. f., amour de charité (1628, 1648, 2304)

Dilligenter, v. tr. direct, faire avancer (1684)

Discors, s. m., désaccord, querelle (1878)

Discorder, v. intr. ou tr., ne pas être d'accord (140, 434); désunir (141, 1918)

Discret, adj., sage, avisé (1344, 1350, 1356)

Disse, v. conj., 3ᵉ pers. sing. subj. prés. de *dire* (916)

Distraire, v. tr., écarter, évincer (11, 1853)

Doctrine, s. f., savoir (333); enseignement (1308, 1359, 1425, 1469, 3945, 3950); conduite (2739)

Doctriner, v. tr., enseigner (1307, 1423, 3951)

Doint, v. conj., 3ᵉ pers. sing. subj. prés. de *donner* (651, 652, 663, 664, 708, 885, 890, 1656, 1800, 1807, 1973, 2111, 2117, 2297, 3348, 3422, 3474, 3530)

Dolent, adj., qui provoque du chagrin (1101); affligé (2216, 3324)

Donront, v. conj., 3ᵉ pers. pluriel du futur de *donner* (324, 1073)

Dont, adv. inter., d'où (3359)

Doubte, s. f., crainte, peur (276)

Doubter, v. tr., craindre, redouter (2587, 3808)

Douloir, v. intr., souffrir, se désoler (1053, 3377, 3380, 3383)

Dresser, v. tr., diriger, éduquer (1707); mettre en œuvre (2084); organiser (2196); présenter, proposer (3194)

Droiture, s. f., direction; droits; *par ext.* autorité (73)

Droiturier, s. m., justicier (80)

Duyre, v. tr., conduire (1487, 1940)

E

Efficasse, s. f., effet, efficacité (879)

Efforce, s. f., puissance, violence (147)

Efforcement, s. m., contrainte, épreuve (2807)

Efforcer, v. tr., contraindre (333)

Effrayement, adv., de manière effrayante ('44)

Elle, s. f., aile (2017)

Elucider, v. tr., éclairer, mettre en lumière ? (1393, 1488)

Embraser, v. intr., brûler (2175)

Emmusellé, p. p., caché, dissimulé (299)

Emprainte, s. f., projet ? moyen ? (235); exemple (1938)

Empis, loc. adv., *graphie pour* en pis (2380)

Emplairay, v. conj., 1ᵉʳᵉ pers. futur d'*emplayer*, employer (3408)

Emprie, *graphie pour* en prie (2491, 2880, 3239)

Emprye, *graphie pour* en prye (3322)

Enchanté, p. p., ensorcelé (3639)

Encharger, v. tr., charger qqn d'une commission (589)

Enchere (à l'), loc. adv., à qui mieux mieux (369, 381)

Encliner, v. tr., disposer (2740)

Encontre, prép., à l'égard de (107)

Encontre, s. f., coïncidence (2334)

Encorder, v. tr., lier, empaqueter, ficeler (127, 137, 145); entraver (136)

Endoctriner, v. tr., enseigner (1314, 1470)

Enferme, adj., infirme, affaibli (3915)

Enflambé, p. p., enflammé (222)

Engin, s. m., esprit, intelligence (1351, 2354)

Enluminer, v. tr., éclairer, illuminer (1442, 1486)

En[n]orter, v. tr., exhorter (3711, 3765, 4103)

En[n]uy, s. m., désagrément (1824); tourment, affliction, malheur (812, 2424, 2630, 2704, 2939); tristesse, tracas (2188); contrariété, fatigue (2554)

Enteché, p. p., infecté, corrompu (624, 702, 1490, 2144, 4080)

Entechier, v. tr., souiller, corrompre (499)

Entencion, s. f., intention, volonté (2339)

Entendre, v. intr., faire attention à, être attentif (1276)

Entendre à, loc. v., écouter (667)

Entendre de, loc. v., s'occuper de, s'appliquer à (854, 2024)

Enterain, adj., intact, intègre (400, 2795, 3136)

Entredit, p. p., interdit (1882, 2150, 4140)

Entreprins, p. p., de *entreprendre* (1825, 2600)

Entrer à, loc. v., commencer à (762-763)

Entretenir au plus près, loc. v., surveiller de près (283-84)

Envye, s. f., jalousie, haine (1802, [1924])

Equipolence, s. f., équivalence (575, 2075)

Equipolent, adj. v., équivalent, susceptible d'être comparé à (829)

Erreur, s. f., peine, perplexité (2496)

Esbatement, s. m., plaisir, divertissement (361)

Escourre (pour), loc. conj., malgré sa course, malgré ses efforts? (3500)

Eslit, adj., excellent (3929, 4186)

Espani, adj., épanoui, dans sa pleine floraison (2580)

Espardre, v. tr., disperser (446)

Espasse, s. f. ou m., direction? (1199); durée, temps à disposition (4191)

Especial, adj., particulier, spécial (1238, 2077, 2114, 2624, 3047)

Espendu, p. p., répandu, semé (3505)

Esperdu, p. p., égaré, troublé (3506, 3509)

Espices, s. f. pl., espèce, monnaie (153)

Espieu, s. m., lance, épieu (2587)

Espirituel, adj., spirituel (1378, 1492, 1973, 2741, 2959,

2963, 2965, [3059], 3069, 3314, 3634)

Espoindre, v. intr., être excité (2174)

Esprouver, emploi absolu, se manifeste, prouver sa valeur (3495)

Espreuve, s. f., test, pierre de touche (1264); probation (1930, 2611); brimade (3648)

Espreuver, v. tr., faire la preuve de (1265)

Esquelz, pron. rel. m. pl., dans lesquelz (844)

Essoyne, s. f., peine, danger (2625)

Estable, adj., stable (395)

Estinceler, v. tr., rendre lumineux, parer d'éclats brillants (1796)

Estourdi (être), loc. v., avoir le cerveau engourdi (1460, 1463, 1466)

Estude, s. m. ou f., souci, préoccupation (417); application (1142, 2273, 2913); application, méditation (4162)

Eüré (bien), adj., *voir* bieneüré

Euvrer, v. tr., *voir* œuvrer (98, 441)

Evangille, s. f., (3098)

Exaulcer, v. tr., exalter (269, 3203, 3209, 3215, 3886)

Exaulcement, s. m., exaltation, gloire (562, 1667, 2264)

Exaulsement, s. m., action de glorifier (3307); exaltation, gloire (3737, 3767, 4162)

Exaulser, s. m., exalter, élever en dignité (1624, 3716, 3866); glorifier (2857, 2924)

Exceps, s. m. pl., *graphie analogique pour* excès (1994)

Exciter, v. tr., inciter (2163, 2532)

Exemplaire, s. m., exemple, modèle (20, 1840)

Exemplaire, s. f., exemple, modèle (2164)

[Exerciter], v. tr., exercer, pratiquer (2618)

[Exersiter], v. tr., exercer, mettre en pratique (3895)

Expedicion, s. f., action d'exécuter (2085)

Exploy, s. m., tâche, action accomplie (1271)

Extendre, v. tr., *graphie pour* estendre? (1597, *voir note*)

F

Facteur, s. m., auteur (320)

Fade, adj., faible, languissant (FEW, III, 437 b, n. 10, 438 b)(2564)

Fait, s. m., situation, état de chose (342, 2000? 2037, 2038, 2042, 2295); cause (384, 813, 1091, 1767, 1769, 2129, 2450, 2778, 3337); action, entreprise (579, 926, 933, 960, 1135, 1200, 1257, 1984, 2346, 2546, 3455)

Fait (tout), loc. adv., entièrement (970)

Fait (du tout [son]), loc. adv., de tout [son] pouvoir (49, 1119)

Falace, s. f., tromperie, fausseté (356, 646)

Famé, adj., de grande réputation (1696, 2777)

[Famis], adj., affamé (28)

Fasson, s. f., style (1468); moyen, technique, règle (181, 2015); coutume (2051); règle (3212); manière de se comporter (3641)

Fauldra, v. conj., 3e pers. sing. du futur de *faillir*, manquer, faire défaut (1133, 1718, 3617)

Fauldray, v. conj., 1ère pers. sing. du futur de *faillir* (1362)

Fault, v. conj., 3e pers. sing. ind. présent de *faillir* (2049, 3287, 3815)

Feal, adj., fidèle, loyal (3052, 3053)

Fenir, v. tr., finir, trouver sa fin (445)

Ferir, v. tr., frapper (4037)

Fermer qqn, v. tr., établir sa confiance en qqn (959)

Fermer qqch., v. tr., établir, confirmer (1043, 1152, 3078)

Fermer (se), v. pron., mettre sa confiance (2783)

Fes, s. m., charge, responsabilité (605)

Fez, s. m., charge (1302, 1433, 1869, 1874, 1933, 1934)

Fiction, s. f., feinte, ruse (583)

Fier, adj., féroce, cruel (76, 219, 226, 389 2431); extraordinaire (239, 242, 245); orgueilleux (437)

Fiché, p. p., fixé, paralysé (625)

Figurer, v. tr., forger, façonner (1385)

Fin, adj., parfait, excellent, accompli (1642)

Fin, s. f., manière (1975); but (2053)

Fin, adv., *particule de renforcement* (2219, 2337)

Finablement, adv., finalement, enfin (1651, 1657)

Fine, s. f., fin, terme ? (2753)

Finer, v. intr., se terminer (990); mourir (2751, 4198)

Fondaresse, s. f., fondatrice (3162)

Fonde, s. f., sac où l'on conserve ses réserves, trésor ? (T-L, III, 2024) (50)

Fondre, v. tr., fonder (641) (*forme analogique ?*)

Force (par), loc. adv., de toute façon (149)

Forfaire (se),v. pron., agir sans honneur, contrairement à l'honnêteté (2045)

Forfait, s. m., malheur, coup du sort ? (2512, 2967)

[Forni], p. p., ayant prospéré, devenu touffu (*pour une plante*) (4020)

Fort, adj., difficile (637, 640, 643, 873)

Fort, prép., excepté, sauf (166)

Fort (de) en fort,loc. adv., de plus en plus (2174)

Fortificatif, adj., *dérivé analogique de* FORTIS: moralement soutenu, rendu plus fort (1217)

Fortitude, s. f., courage, bravoure (420)

Fortuné, p. p., soumis au destin favorable ou défavorable (1404)

Fortunement, adv., par l'effet du destin

Fougere, s. f., «sorte d'agrément dont les femmes ornent leurs ajustements et leurs habits» (FEW, III, 515, a) (377)

Fouller, v. tr., opprimer (908)

Fraille, adj., faible (1162)

Frivolle, s. f., bagatelle, chose futile (1414)

Fruicion, s. f., jouissance (1304, 3004)

Fruition, s. f., *voir* fruicion (1629)

G

Galloyse, s. f., galante (3534)

Game (recorder sa), loc. v., bien maîtriser son jeu (3533)

Gectz, s. m. pl., filets, *par ext.* piège (301)

Gehainne, s. f., supplice, torture (405)

Gramment, adv., beaucoup, abondamment (1729)

Gref, adj., grave, pénible (1665, 2424, 2426)

Grevable, adj., pénible, dangereux (2065)

Grevain, adj., préjudiciable (401, 2389, 3137)

Grevance, s. f., dommage, préjudice (48, 2490)

Greve, s. f., sable, gravier (1961)

Grever, v. tr., accabler (1957); endommager (1959)

Grief, adj., pénible, triste, rude (1, 147, 609, 932, 1681, 1774, 2312, 2362, 2381, 2465, 2704, 2709, 2773, 2939, 2978)

Grief, s. m., peine, souci (2453, 3330, 3755)

Grogne, s. f., murmure, dispute (154)

Gubernateur, s. m., gouverneur (2112)

Guerdon, s. f., récompense (2983)

Guerdonner, v. tr., récompenser (2124)

Guerre, s. f., souci, chagrin, contrariété (2670); inimitié (4136)

Guiart, s. m., trompeur (308)

H

Habandonné, p. p., adonné, livré à (278)

Habandonner, v. tr., donner à, mettre à disposition de (279, 1187, 2123, 2290, 2384); s'adonner à (1426)

Habitude, s. f., manière d'être (417)

Habonder, v. intr., regorger (54, 1046, 2218, 2930, 3831); exagérer, s'adonner avec excès (409, 451, 844, 1602, 1894); s'adonner entièrement, sans réserve (515)

Habus, s. m., mauvais usage (464)

Haultain, adj., arrogant (437), élevé, au plan spirituel (923, 1456, 1655, 1662, 3207, 3412); élevé dans l'espace (1624)

Herese, s. m., hérétique (599, 719, 918, 2785, 3482)

Heure (en bonne), loc. adv., à la bonne heure, de bon augure (3805)

Hor[d], adj., impur, souillé (498)

Hostel, s. m., logis (2480, 3776)

Huy, adv., aujourd'hui (465, 534)

I

Immunde, adj., impur (257, 424, 684, 1874)

Impetrer, v. tr., obtenir (715, 729, 731, 761, 1041, 4156)

Impetrer qqch. **à, envers** qqn, v. tr., obtenir qqch. de qqn (2824, 3364, 4123)

Improuver, v. tr. condamner, réfuter (1605)

Impuner, v. tr., combattre (1402)

Incensé, p. p., hors du sens, paralysé par la peur (221)

Infalibe, adj., forme altérée d'*infaillible*, parfait, sans défaut (2271)

Inference, s. f., conséquence (Cf. FEW, IV, 667 b, *qui situe en 1606 la première attestation de ce terme*) (718)

Innumerable, adj., très grand (1962, 2303)

Insané, adj., fou furieux (385)

Insecutif, adj., *dérivé probable du latin tardif* SECUTIVUS (cf. FEW, XI, 494 a) *dont le sens exact est malaisé à préciser; construction verbale destinée surtout à un jeu paronomastique?* (1841)

Intellectif, adj., intelligent, capable de comprendre (1214)

Intentif, adj. subst., intention, projet (863, 866, 1113, 1212, 1598, 1849, 2329)

Interdire, v. tr., interrompre, supprimer (96)

Introducion, s. f., enseignement? (3728)

Irreverent, adj., insolent, extravagant (4109)

Issir, v. intr., sortir (472)

J

Ja, adv., déjà (1521, 3148, 3435, 3454)

Jeu (se mettre en), loc. v., s'engager? (cf. FEW, VI, 2, 188 b) (2591)

Jeudy (à), loc. adv., *Cette locution n'est pas attestée à notre connaissance; par ailleurs, le contexte est trop flou pour imposer une interprétation claire. A rapprocher peut-être de l'expression* «à semaine de trois jeudis», *à jamais?* (3501)

Joye (à), loc. adv., conformément à son désir (1708)

Jus, adv., à bas, par terre (18, 61, 151, 187, 338, 525, 980, 1106, 1440, 1926); en bas, sur terre (2789)

Jus (sus et), loc. adv., en haut et en bas (996)

Justicer, v. tr., punir, châtier (428); exercer la justice (471)

L

Labour, s. m., *litt.*: travail manuel; *désigne ici, par* *allégorie*, le peuple (*dramatis personæ*, '44, 92, '139, 141, 160, '163, 163, '179, 182, 296, '377)

Labour, s. m., travail, étude (649); travail manuel (3920, 4044)

Laboureux, s. m. pl., laboureurs (3918)

Laid, adj., odieux, détestable (154)

Laidure, s. f., injure, outrage, tort (69)

Langoureux, adj., affaibli, moralement épuisé (529)

Las, s. m., piège, lien (1076, 2003)

Lay, pron. pers., *graphie pour* le (2390, 2396, 2573, 2672, 2752, 3604, 3610)

Leans, adv., là, en cet endroit (3612)

Leçon, s. m., (133, 180) (T-L V, 299)

Lecton, s. f., leçon ('1343, 1346, 1358, 4179)

Leg[i]er (de), loc. adv., rapidement (750, 1118, 1851, 2084, 2441)

Legerement, adv., rapidement, sans tarder (2423)

Lice, s. f., frein, contrôle (433)

Licite, adj., opportun, utile (855, 1293, 3448)

Lit de justice, loc. subst., siège du Parlement (1616)

Liqueur, s. f., douceur (en parlant d'un liquide alcoolisé) (789, 1798, 3849: *emplois métaphoriques*); liquide (3016, 3109)

Livrer qqch, v. tr., s'adonner à ? (1286)

Luciferer, v. intr., luire (399)

M

Main (tenir la), loc. v., «veiller de près à ce qu'on exécute» (FEW, VI, 1, 286 b) (270, 382, 852, 920, 994, 1191, 2247-48)

Maintenue, s. f., protection (1190)

Mais, adv., bien plus, davantage (3607)

Mais que, conj., pourvu que (667, 1096, 1642); lorsque (1698)

Mannoyer, v. tr., régir, influencer (2115)

Manoir, s. m., demeure, logis (2576)

Marchandise, s. f., commerce, négoce (4043)

Marier (se … à), v. pron., être en union avec (1936)

Massi, adj., lourd, grossier, (2) (*associé au péché, v.* FEW, VI, 1, 452 a)

Matin, s. m., coquin, personnage désagréable (312)

Meffaire, s. m., action malfaisante (3)

Megneurs, s. m. pl., forme syncopée de *messeigneurs* (3295)

Menra, v. conj., 3e pers. sing. futur de *mener* (511)

Merci, s. m., pitié (6); grâce (3146)

Mercié, s. m., pour *mercier*, marchand (287)

Mercier, v. tr., remercier (1209, 1236, 1268, 2848, 3242, 3388)

Mesch[e]ance, s. f., malheur, infortune (391)

Mescherra, v. conj., 3ᵉ pers. sing. futur de *mescheoir*, arriver malheur (1922, 3497)

Me[s]ch[i]ef, s. m., dommage, malheur (2008, 2132, 3571, 3731)

Meshuit (pour), loc. adv., à partir de maintenant

Mestier (avoir), loc. v., avoir besoin (2649, 3553, 3645)

Mestier (être), loc. v., être nécessaire (2673)

Meu, p. p. de *mouvoir*, incité, poussé (2138)

Meu (il est), v. impers., incitation est faite (845)

Meure, s. f., mûre (1695)

Misericors, **misericorde**, adj., miséricordieux, compatissant (77, 1877)

Moleste, s. f., peine, tourment (2773, 3232)

Mon (ce fait), loc., c'est vrai (1639)

Monarcal, adj., royal? (1027, 1103)

Monstier, s. m., église (3644)

Monstre, s. f., entrée officielle, «parade» (1535)

Monstrer, emploi absolu, enseigner (1293)

Monjoye, s. f., grand plaisir (1723) (FEW, VI, 3, 90 b); victoire (3781)

Montjoye, s. m., quantité considérable? (227)

Mordent, p. prés., de *mordre*, attaquer, s'acharner (199, 2430, 2438)

Mors, s. m., morsure (199, 479, 2437)

Mors, mort, p. p., mordu (199); *par ext.* lésé (1699)

Mortifier, v. tr., délaisser (1288); anéantir (1747, 1805); travailler la terre pour la rendre meuble et féconde? (3897)

Motif, s. m.,

motis, s. m. pl., incitation à agir (1599); cause (1852); manière d'agir (3539)

Motif, motive, adj., qui fait agir (2129)

Motion, s. f., Suggestion, sollicitation? (1389)

Moyennant que, loc. conj., pourvu que, à condition que (591)

Moyenne, s. f., médiatrice (3306, 3312)

Muance, s. f., changement (395)

Muer, v. tr., modifier, transformer (43)

Munde, adj., pur (593, 1448)

Muser, v. intr., flâner, perdre son temps (2100)

N

Nect, adj., pur (2203)

Nettement, adv., entièrement (1763)

Noncer, v. tr., annoncer, proclamer (1326)

Nonchaloir, s. m., insouciance, négligence (4070)

Nonchaloir (en), loc. adv., à l'abandon (1053)

Nonchalloir (mettre à), loc. v., écarter, rejeter (3184)

Nompareil, adj.
sans pareil, extrême (2502)

Nou[r]rir, v. tr., éduquer (1951, 2203); entretenir, cultiver (773)

Nourriture, s. f., éducation, instruction (1379)

Nully, pron. ind., personne (1752, 1918, 2652, 3237)

Nutritif, s. m., celui qui nourrit? (2358)

O

Obfusquer, v. tr., empêcher, porter préjudice (3916, 4138)

Oblique, adj., hypocrite (1067); détourné (3465)

Obstenir, v. intr., gagner à sa cause? (391)

Œuvrer, v. tr., ouvrir (191)

Office, s. f., charge, fonction (150)

Oin[g]t, s. m., onguent (3061, 3113)

Oncques, adv., jamais (213, 698, 3361); un jour, une fois (478)

O[i]ngnement, s. m., baume (2870, 2884, 3022)

Orbiculaire, adj., sphérique (1159), *par ext.* qui englobe une totalité? (1835, 1847)

Ordre, s. f., (1841, 2799, 3177, 3424, 3425) *Les nombreuses autres occurrences de ce terme ne le donnent pas explicitement comme substantif féminin.*

Ordre (par), loc. adv., l'un après l'autre (3577)

Orrés, v. conj., 2ᵉ pers. pl. futur de *ouyr*, entendre (3664)

Ospitalier, s. m., hôte (*dramatis personæ*, et *passim*)

Ostel, s. m., logis (3802)

Ostiné, p. p., obstiné (613)

Ou, art. contracté, *graphie pour* au (2736, 2792, 3987, 4196)

Oultrage, s. m., témérité, orgueil (13); affront, offense, injure (197); malheur (2715)

Oultrage, s. f., offense, injure (2431)

Oultrance (à, par), loc. adv., sans mesure, avec violence (89, 168, 2768)

Outrage, s. m., crime, forfait (4)

Oyer, v. tr., entendre, percevoir (105)

P

Paisson, s. f., pâture (172, 178, 184)

Papellart, s. m., hypocrite (306)

Parfaire, v. tr., accomplir, réaliser (236, 780, 798, 942, 1116, 1271, 1279, 2064, 2698, 3167, 3393, 3856)

Parface, v. conj., 3ᵉ pers. sing. subj. prés. de *parfaire*, achever, accomplir (716, 1211, 2698, 3811, 3814, 3817)

Parfaire, emploi absolu, accomplir sa volonté (1163, 2682)

Parfaire (se), v. pron., s'accomplir (2043)

Partir (se), v. pron., partir, s'en

aller ('1756) (FEW, VII, 687 a)

Parvers, adj., mal intentionné (3595)

Pas (en ce), loc. adv., sur ce sujet (4183)

Passif, adj., *par ext.* source de douleur (2676)

Passion, s. f., souffrance (2444, 2690)

Paste, s. f., pâtée, nourriture (285)

Pasteur, s. m., celui qui repaît, qui nourrit (2356)

Pauser, v. tr., établir une vérité (FEW, VIII, 61 a) (922)

Peine (livrer à), loc. v., livrer au martyre (502)

Penible, adj., passible d'un châtiment? (1876)

Penser de, v. tr., prendre soin de (2553)

Pensif, adj., préoccupé (3279)

Per (sans), loc. adv., sans pareil (1618)

Peris, s. m. pl., *graphie pour* perilz (1949, 2220)

Perplexité, s. f., situation difficile (2488)

Petit (ung), loc. adv., un peu (3719, 3964)

Peu (à ... que), loc. conj., il s'en faut de peu que (265)

Philosomye, s. f., *altération de* physionomie, *plutôt que construction à partir des racines* «philos» *et* «sôma» (2193)

Piés (à deux), loc. adv., en hâte et avec enthousiasme (1727)

Pie[s]ça, adv., il y a longtemps (1089, 3771)

Pignacle, s. m., faîte du Temple de Jérusalem (1227)

Piller, s. m., pilier (1017, 1836, 2111, 2117)

Piteux, adj., pitoyable, misérable, triste (17, 1076, 2659); miséricordieux, compatissant (77)

Plain, adj., droit, franc (503)

Plain (à), loc. adv., ouvertement, directement (2979, 3079)

Planier, adj., plénier, total (1741, 2909, 3144, 3304)

Planté, s. f., abondance, multitude (906)

Plantureux, adj., copieux, abondant (111, 815, 3039); fertile? (516)

Player, v. intr., ployer (1933)

Pli, s. m., situation, disposition (17)

Pliquer, v. tr., plier, emballer? (646)

Poindre, v. tr., troubler, affliger (1860, 3923); *par ext.* imprimer une marque (3953)

Pointure, s. f., piqûre, atteinte (1386)

Police, s. f., gouvernement (1617, 1837)

Port, s. m., fruit des entrailles (1258); aide, support (2027, 3825); comportement, conduite (2586)

Porter, v. tr., supporter (2948)

Posé que, loc. conj., étant donné que, supposé que (267, 603, 1302, 3041)

Poser, v. intr., faire une pause? (2402)

Possesser, v. tr., posséder (711, 1449, 1653, 2222, 3411, 3656, 3752)

Pour, prép., à la place de (469);

malgré (508); *sens causal* (3088)

Pourain, adj. (cf. **purain**), pur (2823)

Pourmener, v. intr., se promener, s'avancer (2106)

Pourpenser, v. tr., élaborer un projet (923)

Pourtant, **pour tant**, conj., c'est pourquoi (915, 1983, 2080)

[Pourtraiture], s. f., ressemblance (1380)

Pourtraire, v. tr., représenter (945); projeter (2035)

Povoir (de), loc. adv., autant que possible (2729)

Povoir (de [mon]), loc. adv., autant que possible (1183, 2060, 2392, 2575)

Povoir (de tout), loc. adv., autant que possible (1032, 1107, 2172, 2386, 3408, 1508)

Povoir (en [mon]), loc. adv., autant que possible (1865)

Povrement (être), loc. v., aller bien mal (3369)

Pratique, s. f., menées, agissements déloyaux (103)

Prature, s. f., pré, prairie (3197)

Preceder, v. tr., l'emporter sur (3315)

Predi[c]t, adj., précité (2149, 3924, 4185)

Predit, s. m., ce qui a été dit précédemment (3961)

Preferance, s. f., marque d'honneur ou d'attachement (1618)

Premier, adv., préalablement, d'abord (929, 1316, 3003, 3339)

Premier (au), loc. adv., d'abord, pour commencer (3955)

Present, adv., à l'instant, tout de suite (969, 1151, 1336, 1341, 2804) maintenant (1478, 1745, 2078, 3168, 3401, 3722, 4148)

Presentement, adv., à l'instant même, tout à l'heure (560, 756, 2552, 3256, 3809)

Prestandu, p. p., tendre à la manière d'un piège (2050)

Prins, p. p., de *prendre* ([1621], 2388, 2473, 3981

Propice pour, adj., apte à (1725)

Prostacion, s. f., prosternement (2731)

Provision, s. f., précaution, prévoyance (673)

Prusumer, v. intr., oser, se permettre de (cf. FEW, 9, 320 a «prousomer») (1313)

Pueur, s. f., puanteur (222, 223)

Puis, prép., depuis (256)

Purain, adj., pur (3135)

Q

Querelle, s. f., requête (2746, 2889, 3070)

Quoy, adj., immobile, inactif (1078)

R

Rabi, adj., enragé, furieux (300)

Rage (faire), loc. v., s'efforcer? (298)

Ragrever, v. tr., aggraver, renforcer (1960)

Raisonner, v. intr., résonner (2919); faire résonner (2922)

Ramyner, v. tr., rappeler, ramener à l'esprit (3928)

Rapaiser, v. tr., apaiser (*fréquentatif*) (590)

Ras[s]is, adj., ferme, solide, réfléchi (5; 3149)

Ravi, p. p., emporté (3782)

Ravissant, adj. v., se dit d'une bête féroce qui emporte sa proie (1153)

Ravy, p. p., emporté, charmé (660, '1004)

Reagal, s. m., poison (226, 3677)

Real, adj., < REGALIS, royal (481)

Real, adj., < REALIS, réel, véritable (2180, 3931, 3966)

Rebarber (se), v. pron., regimber, tenir tête (319)

Reciter, v. tr., rapporter (840, 2979, 3955); raconter, narrer (1790, 3439, 3877); lire à haute voix (3333)

Reclamer qqn, v. tr., invoquer, implorer, supplier (2786)

Reconcer (se), v. pron., se réfugier (1132)

Recorder (se), v. pron., se souvenir (1525)

Recorder, v. tr., garder à l'esprit (129); se rappeler (732, 4072)

Recorder [une] leçon, loc. v., «tâcher de se bien remettre dans l'esprit ce qu'on doit dire ou faire» (FEW, X, 160 a) (133, 4179)

Recorder sa game, loc. v., voir *game* (3533)

Recor[t], s. m., souvenir? témoignage? témoin? (132); prescription, avis (3522)

Recouvert, p. p., de *recouvrer* (3816)

Recouvrance, s. f., salut, secours (2766)

Redol[l]ant, adj., parfumé, odorant (FEW, X, 180 b) (3017, 3024)

Redonde, s. f., refrain (190) (*hapax?*)

Reduit, p. p., rétabli (1407); rapporté, résumé (3947)

Refonder, v. tr., restituer (49)

Refondre, v. tr., rétablir (636), réparer (2013)

Refondre, v. tr., faire s'écrouler, détruire, réduire à rien (51)

Refourmer (se ... à), v. pron., se conformer à, s'adapter à (2322)

Refuge (à), loc. adv., comme refuge (2651, 2738)

Regime, s. m., façon de gouverner sa vie (3475)

Regnyer, emploi absolu, abjurer sa foi (3519)

Regracier, v. tr., rendre grâce (1185)

Regnon, s. m., renommée, renom (1726)

Religion, s. f., ordre religieux (521, 547, 554, 596, 678, 722, 740, 846, 899, 928, 943, 986, 1015 («relegion»), 1025, 1035, 1049, 1079, 1264, 1891, 2097, 2234, 2257, 2260, 2301, 2340, 2756, 2850, 2865, 2877,

3150, 3167, 3171, 3259,
3357, 3394, 3414, 3441,
3588, 3630, 3739, 3747,
3863, 3885, 4042, 4116,
4130, 4154)

Remembrer (se), v. pron., remettre en mémoire (1516)

Remenra, v. conj., 3ᵉ pers. sing.
futur de *remener,* ramener
(1045')

Remide, s. m., *variante de* remede, *justifiée par la nécessité de la rime* (348, 2537,
3284)

Remis, adj., lâche, relâché
(29); amoindri, affaibli
(2216)

Remonstrer, v. tr., dénoncer
(622,); démontrer, exposer,
faire savoir (808, 1453,
3540, 3745)

Remort, s. m., regret (477,
2583); déchirement, bles-
sure (2432)

Renchoir, v. intr., retomber,
récidiver (3700)

Rencordeler, v. tr., lier, entraver (2015)

Renformer, v. tr., remettre
qqch. en son état (2346)

Renfort, s. m., retranchement
(195); rempart, protection
(1416)

Renfort (faire), loc. v., renché-
rir, revenir à charge (2025)

Renouveler, v. intr., renaître,
prendre un essor nouveau
(2258)

Renter, v. tr., enter à nouveau,
renforcer (2234

Rentier, s. m., **rentiere**, s. f.,
celui, celle qui administre
(3132, 3551)

Repaire, s. m., séjour, demeure, *par ext.* état de référence (32, 1843)

Repairer, v. intr., demeurer
(2545)

Representer (se), v. pron., se
présenter (527)

Reprise, s. f., réprimande,
blâme (621)

Repreuver, v. tr., réfuter (1929)

Reprouver, v. tr., réfuter (630,
2141)

Repu, adj., rassasié de biens
spirituels (1003, 2183, 4022)

Reputée, p. p., considéré comme (1291); attribué, imputé
(1880)

Resmouvoir, v. tr., émouvoir
(1060) (*fréquentatif*)

Resolucion, s. f., dénouement,
solution (393); fermeté, décision (1622)

Resourdre, v. intr., rejaillir
(1318)

Responsif, s. m., garantie, cau-
tion (864)

Ressor[t], s. m., recours, secours, ressource (2637, 2732,
2960, 2966, 3129, 4157)

Reprins, p. p., de *reprendre*,
blâmer (2092)

Resprouvent, p. prés., de resprouver (849)

Resprouver, v. tr., réfuter (742,
918, 1038, 1927, 2227, 3865)

Retraire, v. tr. ou intr., se reti-
rer (18) éloigner, tenir à
distance (658) réduire à
rien? (661, 1282); s'en rapporter à (2037)

Retraire (se), v. pron., se reti-
rer (1848); s'éloigner, se
dissocier (1607)

Rez, s. m. pl., filet, piège (2047)

Rigle, s. f., règle de l'ordre (938, 1199, 2103, 3608)

Rigler, v. tr., ramener à la règle, au droit chemin (3609)

Ris, s. m., rire, sourire (14)

Roide, adv., sans détour, directement (2428)

Roux, adj., *par ext.* brûlé? (Cf. FEW, X, 588 b)(2644)

Rude, adj., dur, sévère (418, 421, 2274); grossier, insoumis (419, 2279)

S

Saillir, v. intr., sauter, sortir en s'élançant (2937, 3479, 3486)

Saison, s. f., moment favorable (176)

Sans (*graphie pour* sens < sentir), s. m., (2380)

Satifaire à, v. intr., être capable de, donner satisfaction

Sauvement, s. m., salut (871)

Scez, v. conj., 2e pers. sing. prés. ind. de sçavoir (768, 2713)

Sevechier, s. m., *voir* chevecier ('1930, 1967, '1996)

Senon, conj., sinon (1654, 3638)

Sequeure, v. conj., 3e pers. sing. subj. prés. de sequeure, porter secours (2855)

Servant, s. m., serviteur (495, 552, 828, 973, 1417, 2868)

Si, *particule de renforcement souvent intraduisible* (191, 471, 589, 688, 708, 735, 783, 812, 857, 3915, 3918); pourtant (3536)

Signacle, s. m., signe, indice, manifestation (1230, 3268, 3301)

Solacieu[l]x, adj., source de consolation (2202, 2833, 2836, 2839, 2926,

Sol[l]iciter, v. tr., demander, plaider une cause (1124, 1127); soigner, prendre soin d'un malade (2574, 2628, 2978); venir en aide, s'occuper de (3449, 3457) (FEW XII, 71 a et b)

Sollicitude, s. f., soin, *par ext.*, intervention (416)

Songer, emploi absolu, imaginer (235); perdre son temps, s'attarder à dire des futilités (1471, 2090, 2455, 2493)

[Songner], emploi absolu, s'appliquer à qqch., faire en sorte que (709)

Songneux, adj., attentif à, soucieux de (888, 2306)

Soubstenir, v. intr. ou tr., subsister, se maintenir (376); maintenir en l'état (982, 1109, 1150, 1420)

Soubz, prép. cf. **dessoubz (au)**, *marque la défaite ou la perte de crédit?* (1676)

Souef, **souefve**, adj., délectable, plein de douceur (97, 2356, 2885, 3081, 3195)

Soulas, s. m., soulagement, consolation (1073); plaisir (1363)

Sour, adj., pauvre, dénué (5) (FEW, XVII, 161 a)

Sourbesault, s. m., *ici*, circonstance imprévue (2656)

Sourdre, v. intr., résulter, provenir (626, 879, 1768, 3367); jaillir, surgir (1047, 1317)

Sourt, adj., silencieux, secret (1769)

Sours (faire des), loc. v., faire celui qui ne veut pas entendre (3485) (FEW XII, 453 a)

Soutivement, adv., secrètement, avec habileté (359, 362, 365)

Steliferer, v. tr., projeter des étoiles, *par ext.* faire briller?(1842)

Stille, s. m., manière d'écrire (326) ou de parler (1364); coutume (3795); manière de faire (3895)

Stille (en peu de), loc. adv., en peu de paroles, brièvement (3963)

Subsequemment, adv., par la suite (505, 3995)

Substraire, v. tr., éliminer (19)

Subvenir à qqn, v. intr., porter secours (2365)

Sulphureal, adj., sulfureux (221)

Sumptueux, adj., qui engage de grandes dépenses (spirituelles: 517, 859); (matérielles: 2067)

Superlatif, adj., tout-puissant (1837)

Suppedité, p. p., dominé par, soumis à (1879)

Suppedicter, v. intr., l'emporter sur (110)

Supplier, v. tr., renforcer (1190, 2096); répondre à une demande (2973)

Supporter, v. tr., soutenir (2194); honorer (4024)

Suppo[st], **suppos**, s. m., serviteur (87, 282); fondement, essence (396)

Sy, s. m., condition (3695)

Syon, s. m., surgeon, scion (1397, 2760)

T

Tartareal, adj., infernal (224)

Tendré, v. conj., 1ère pers. sing. fut. de *tenir* (3625)

Teneur, s. f., durée ininterrompue (790)

Termine, s. m., limite, point extrême (2736)

Terminer, v. tr., achever, anéantir (467); déterminer (3391)

Terminer (se), v. pron., se fixer, s'arrêter (4088)

The[s]me, s.m., « texte biblique cité au début d'un sermon, et dont celui-ci forme le commentaire » (FEW, XIII, 1, 303 a) (4059, 4184)

Tige, s. f., origine d'une lignée, père (1837) (FEW, XIII, 1, 323 b)

Timicion, s. f., crainte (*dérivé de TIMOR?*) (956)

Tire (aller de), loc. v., aller promptement (3735)

Tour, adj., tordu, boîteux (1924)

Tout (à), loc. prép., avec (250, 1525, 3491)

Tout (du), loc. adv., totalement, entièrement (9, 45, 2041, 2043, 2123, 2385, 2483, 2575, 2597, 2637, 2973, 2982, 2984, 3013, 3468)

Tout (de / du) en tout, loc. adv. entièrement (1769, 2139, 2699, 3089) (FEW, XIII, 2, 122 b)

Traire, v. tr., tirer (497, 781); aspirer à (2036)

Trance, s. f., crainte, angoisse (170)

Transi, p. p., saisi par l'angoisse (3); défait (197); qui se pâme, agonisant (2604); ayant passé la borne, excessif ? (4)

Transsir, v. tr., transgresser (3690)

Travailler, v. intr., souffrir, être en peine (1729)

Trespas, s. m., passage (2353); moment difficile (3567)

Trespasser, v. tr., transgresser (1201); dépasser les limites (2354)

Tresperser, v. tr., transpercer (424)

Tritresse, s. f., tristesse ([406], 422, 438, 448)

Tritreusement, adv., traitreusement (1758)

Tu auten (**connaître le**), loc. v., connaître tous les secrets, le dernier mot (2023)

U

Unifique, adj., capable, susceptible d'unifier ? (1422, 1435)

Universaire, adj., universel (31)

User sa vie, loc. v., passer sa vie (699)

V

Vacation, s. f., fonction, charge, service (1279); disponibilité ? (1432)

Vendrés, **vendrez**, v. conj., 2e pers. plur. fut. de *venir* (3614, 3620)

Venra, v. conj., 3e pers. sing. du futur de *venir* (1813)

Venront, v. conj., 3e pers. plur. du futur de *venir* ('1235, 3665)

Veoir, adj. subst., vérité (3277)

Vers, prép., en comparaison de (575); chez, auprès de ('367, 801, 804, 814, 1889, 2087, 2230, 2423, 3329), *par ext.* par (527); envers, à l'égard de (779, 954, 968, 1903)

Vers (de), loc. adv., en présence de, auprès de (2311)

[Verté], s. f., vérité (541)

Vestiere, s. f., celle qui revêt, qui procure le vêtement (2879)

Vestiere, s. m., vêtement (3187)

Vier de, v. intr., *verbe apparemment dérivé de* VIA; FEW, XIV, 373 b *donne* voyer *au sens de* conduire, diriger, *et atteste la forme* revier. *Sens possible*: s'occuper de, avoir la responsabilité de (2099)

Vivifique, adj., qui fait vivre (1216)

Voirre, s. m., verre, miroir (377) v. fougere

Vois, v. conj., *voir* voys (3774)

Voulsisse, v. conj., 1ère pers. sing. subj. imparfait de *vouloir* (2548)

Voy, s. f., forme apocopée de
  voye? (3465)
Voye, s. f., façon, manière, conduite (1066, 1175, 2141,
  2816, 3602)
Voyre, adv., vraiment (3565,
  3585)
Voys, v. conj., 1ère pers. sing.
  ind. présent de *aller* (1341,
  1694, 2495, 2557, 3792,
  3855)
Voyse, v. conj., 1ère pers. sing.
  subj. présent de *aller* (2867)

Vueil, s. m., souhait, volonté
  (553, 2869)

Y

Ysse, v. conj., 3e pers. sing. subj.
  prés. de *yssir*, sortir (1410)
Ystrera, v. conj., 3e pers. sing.
  futur de *yssir*, sortir (3661)

BIBLIOGRAPHIE

1. Théâtre contemporain

a) *Principaux mystères accessibles en édition moderne*

Guillaume Flamant, *La Vie et Passion de Mgr Sainct Didier, martir et evesque de Lengres*, p. p. J. Carnandet, Paris, Techener, 1855.

Les Miracles de Notre Dame par personnages, p. p. G. Paris et U. Robert, Paris, 1876-1893, 8 vol. (SATF).

Pierre Gringore, *La Vie de Monseigneur Saint Louis par personnages*, p. p. A. de Montaiglon, J. de Rothschild, *Œuvres complètes*, t. II, Paris, 1877 (Bibliothèque elzévirienne), reprint Genève, Slatkine, 1970.

Mystere de l'Incarnation et Nativité de Nostre Seigneur Jesuchrist, représenté à Rouen en 1474, p. p. P. Le Verdier, Rouen, 1884-1886, 3 vol. (Soc. des Bibliophiles normands).

Le Mystère de Saint Bernard de Menthon, p. p. A. Lecoy de la Marche, Paris, 1888 (SATF).

Le Mystère de la Passion, texte du manuscrit 697 de la B. M. d'Arras (Eustache Mercadé), p. p. J. M. Richard, Arras, Imprimerie de la Société du Pas-de-Calais, 1891; reprint Genève, Slatkine, 1976.

Le Mystère de Sainte Barbe en deux journées, p. p. P. Seefeldt, Greifswald, 1908.

Le Mistere de Saint Quentin, p. p. H. Châtelain, Saint-Quentin, 1909.

La Passion du Palatinus, mystère français du XIVe siècle, p. p. G. Frank, Paris, Champion, 1922 (CFMA 30).

La Passion d'Autun, p. p. Grace Frank, Paris, SATF, 1934.

Le Mystère de la Passion de Mons, p. p. G. Cohen, Gembloux, Duculot, 1957.

Jean Michel, *Le Mystère de la Passion* (Angers, 1486), p. p. O. Jodogne, Gembloux, Duculot, 1959.

Le Mystère de la Passion d'Arnoul Gréban, p. p. O. Jodogne, Bruxelles, Mémoires de l'Académie royale de Belgique, 1965, 1983, 2 vol.

Le Mystere de Saint Sebastien, p. p. L. R. Mills, Genève, Droz, 1965 (TLF 114).

La Patience de Job, mystère anonyme du XVe siècle, p. p. A. Meiller, Paris, Klincksieck, 1971.

Le Mystere de Saint Christofle, p. p. G. A. Runnalls, Exeter, 1973 (T. L.).

Le Mystère de la Passion Nostre Seigneur du manuscrit 1131 de la Bibliothèque Sainte-Geneviève, p. p. G. A. Runnalls, Genève, Paris, Droz, Minard, 1974 (TLF 206).

Le Geu Saint Denis, p. p. B. J. Seubert, Genève, Droz, 1974 (TLF 204).

Le Mistere d'une Jeune fille laquelle se voulut habandonner a peché, p. p. L. et M. Locey, Genève, Droz, 1976 (TLF 226).

Le Cycle des Mystères des Premiers Martyrs, p. p. G. A. Runnalls, Genève, Droz, 1976 (TLF 223).

Andrieu De La Vigne, *Le Mystere de Saint Martin (1496)*, p. p. A. Duplat, Genève, Droz, 1979 (TLF 277).

La Passion de Semur, p. p. P. T. Durbin et L. R. Muir, Leeds, The University Center for Medieval Studies, 1982.

La Passion d'Auvergne, p. p. G. A. Runnalls, Genève, Droz, 1982 (TLF 303).

Craig, B. M., *The Evolution of a Mystery Play. A Critical Edition of 'Le Sacrifice d'Abraham' of 'Le Mystere du Vieil Testament' [...]*, Orlando, 1983. (French Literature Publications Company).

Mystere de l'Advocatie Nostre Dame, p. p. G. A. Runnalls, *Zeitschrift für Romanische Philologie*, 100, 1984, p. 41-77.

Le Mystère de la Passion de Troyes, p. p. J.-C. Bibolet, Genève, Droz, 1987, 2 vol. (TLF 347).

Le Mystère de la Résurrection d'Angers (1456), p. p. P. Servet, Genève, Droz, 1993 (TLF 435).

Jean Molinet (?), *Le Mystère de Judith et Holofernés*, p. p. G. A. Runnalls, Genève, Droz, 1995 (TLF 461).

b) Moralités

Jean d'Abundance, *Le Gouvert d'Humanité*, p. p. P. Aebischer, *Bibliothèque d'Humanisme et Renaissance*, XXIV, 1962, p. 282-338.

Helmich, W., *Moralités françaises*. Réimpression en fac-similé de vingt-deux pièces allégoriques imprimées aux XVe et XVIe siècles, Genève, Slatkine, 1980, 3 vol.

Bien Advisé, Mal Advisé, p. p. W. Helmich, *Moralités françaises,* vol. 1, p. 1-110.

L'Omme pecheur, p. p. W. Helmich, *Moralités françaises,* vol. 1, p. 111-422.

Simon Bougouin, *L'Homme juste et l'Homme mondain*, p. p. W. Helmich, *Moralités françaises*, vol. 1, p. 423-881.

Beck, Jonathan, *Théâtre et propagande au début de la Réforme. Six pièces polémiques du Recueil La Vallière*, Genève, Slatkine, 1986.

Deux Moralités de la fin du Moyen Age et du temps des Guerres de Religion, p. p. J.-Cl. Aubailly et B. Roy, Genève, Droz, 1990 (TLF 382).

Nicolas de La Chesnaye, *La Condamnation de Banquet*, p. p. J. Koopmans et P. Verhuyck, Genève, Droz, 1991 (TLF 395).

c) Varia

Leroux de Lincy, Michel, F., *Recueil de farces, moralités et sermons joyeux,* publiés d'après le ms. de la Bibliothèque royale, Paris, Techener, 1837, 4 vol., reprint Genève, Slatkine, 1977.

Picot, E., *Recueil général des sotties,* Paris, F. Didot, 1902, 1904, 1912, 3 vol. (SATF), Johnson Reprint, 1968.

Droz, E., *Le Recueil Trepperel, I: Les Sotties*, Paris, Droz, 1935, reprint Genève, Slatkine, 1974.

Droz, E., *Le Recueil Trepperel.* Fac-similé des trente-cinq pièces de l'original, Genève, Slatkine, 1967.

Lewicka, H., *Le Recueil du British Museum.* Fac-similé des soixante-quatre pièces de l'original, Genève, Slatkine, 1970.

Helmich, W., *Le Manuscrit La Vallière,* Fac-similé intégral, Genève, Slatkine, 1972.

2. Etudes

a) Théâtre

Petit de Julleville, L., *Histoire du Théâtre en France. Les Mystères,* Paris, 1880, 2 vol., reprint Genève, Slatkine, 1968.

Lebègue, R., *La Tragédie religieuse en France, 1514-1573*, Paris, 1938.

Rey-Flaud, H., *Le Cercle magique*, Paris, Gallimard, 1973.

Aubailly, J. Cl., *Le Théâtre médiéval profane et comique: la naissance d'un art*, Paris, Larousse, 1975.

Konigson, E., *L'espace théâtral médiéval*, Paris, Ed. du CNRS, 1975.

Aubailly, J. Cl., *Le Monologue, le Dialogue et la Sottie: essai sur quelques genres dramatiques de la fin du moyen âge et du début du XVIᵉ siècle*, Paris, Champion, 1976.

Helmich, W., *Die Allegorie im französischen Theater des 15. und 16. Jahrhunderts. I. Das religiöse Theater*, Tübingen, Niemeyer, 1976 (Beihefte zur *Zeitschrift für romanische Philologie*, 156).

Helmich, W., Wathelet-Willem, J., «La Moralité: genre dramatique à redécouvrir», *Le Théâtre au Moyen Age*, Actes du IIᵉ Colloque international sur le Théâtre médiéval, Alençon 1977, p. p. G. R. Müller, Montréal, L'Aurore / Univers, 1981, p. 205-237.

Runnalls, G. A. «The Theatre in Paris at the End of the Middle Ages: *Le Mystère de saint Denis*», *Mélanges J. Wathelet-Willem,* Liège, *Marche Romane*, XX, 1977, p. 619-635.

Accarie, M., *Le théâtre sacré à la fin du Moyen Age: étude sur le sens moral du Mystère de la Passion de Jean Michel*, Genève, Droz, 1979 (Publ. romanes et françaises, 150).

Rousse, M., «Mystères et farces à la fin du Moyen Age», *Le Théâtre populaire. Situations Historiques,* Laboratoire d'études théâtrales de l'Université de Haute-Bretagne, Rennes, 1979, p. 4-20.

Rey-Flaud, H., *Pour une dramaturgie du Moyen Age*, Paris, PUF, 1980.

Runnalls, G. A. «'Mansion' and 'lieu': Two Technical Terms in Medieval Staging», *French Studies*, XXXV, 1981, p. 385-94.

Beck, J., «Traditions renouvelées et synthèses créatrices: l'originalité du théâtre au XVe siècle», *Mélanges Franco Simone,* p. p. L. Sozzi *et al.*, Genève, Slatkine, 1983, t. IV, p. 83-92.

Surdel, A. J., «Typologie et stylistique des locutions sentencieuses dans le *Mystère de saint Didier de Langres* de Guillaume Flamant (1482)», *Richesse du Proverbe,* p. p. F. Suard et C. Buridant, vol. 1, *Le Proverbe du Moyen Age*, Lille, P. U., 1983, p. 145-162.

Knight, A. E., *Aspects of Genre in Late Medieval French Drama*, Manchester, U. P., 1984.

Batany, J., «Interférence entre 'Mystères' et 'Moralités: le cas des personnages allégoriques des 'Trois Etats'», *Atti del IV Colloquio della Société Internationale pour l'Etude du Théâtre Médiéval, Viterbo 1983*, p. p. M. Chiabò *e al.*, Viterbo, Centro Studi sul Teatro Medioevale e Rinascimentale, 1984, p. 129-139.

Mazouer, Ch., «Dieu, Justice et Misericorde dans le *Mistere du Vieil Testament*», *Atti del IV Colloquio della Société Internationale pour l'Etude du Théâtre Médiéval, Viterbo 1983*, p. p. M. Chiabò *e al.*, Viterbo, Centro Studi sul Teatro Medioevale e Rinascimentale, 1984, p. 21-24.

Runnalls, G. A. , «The Procès de Paradis Episode in Vérard's Edition of *Le Mystère de la Vengeance*», *Atti del IV Colloquio della Société Internationale pour l'Etude du Théâtre Médiéval, Viterbo 1983*, p. p. M. Chiabò *e al.*, Viterbo, Centro Studi sul Teatro Medioevale e Rinascimentale, 1984, p. 25-34.

Di Stefano, G., «Structure métrique et structure dramatique dans le théâtre médiéval», *The Theatre in the Middle Ages*, p. p. H. Braet *et al.*, Louvain, P. U., 1985, p. 194-206.

Burgoyne, L., «Les noyaux de la théâtralité chez Gringore», *La Langue, le Texte et le Jeu: Perspectives sur le Théâtre médiéval,* Actes du Colloque international de l'Université McGill 1986, *Le Moyen Français*, 19, 1986, p. 92-110.

Bordier, J. P., *Les Frères ennemis. Recherches sur le message théâtral des mystères de la passion français (XIIIe - XVIe siècles)*, Thèse d'Etat, Paris, 1990 (dactyl.).

Burgoyne, L, «La rime mnémonique et la structuration du texte dramatique médiéval», *La Rime et la Raison*, Actes du Colloque international de l'Université McGill 1990, *Le Moyen Français,* 29, 1991, p. 7-20.

Runnalls, G. A.   « Un siècle dans la vie d'un mystère : *Le Mystere de saint Denis*», *Le Moyen Age*, 27, 1991, p. 407-430.

b) *Contexte historique et culturel*

Histoire dominicaine

Jourdain de Saxe, *Libellus de principiis Ordinis Prædicatorum*, p. p. M. Ch. Scheeben, *Monumenta ordinis Prædicatorum historica,* XVI, Rome, 1951.

Gérard de Frachet, *Vitæ Fratrum Ordinis Prædicatorum*, p. p. B. M. Reichert, *MOPH,* I, Rome, 1896.

Koudelka, W. (éd.), *Monumenta diplomatica S. Dominici, MOPH,* XXV, Rome, 1966.

Jehan Martin, *La Legende de Monseigneur saint Dominique translatée de latin en françoy,* Paris, Trepperel, s. d.

Balet, J.-D., «*La Legende de Monseigneur saint Dominique translatée de latin en françoys par venerable religieux et prescheur, excellent frere Jehan Martin*», *Mémoire dominicaine* 4, 1994, p. 41-62.

Bedouelle, G., *Saint Dominique ou la grâce de la Parole*, Paris, Fayard-Mame, 1982.

Chenu, M.-D., «L'humanisme et la Réforme au collège de Saint-Jacques de Paris» *Archives d'histoire dominicaine,* Paris, 1946, p. 130-154.

De Meyer, A., *La Congrégation de Hollande ou la réforme dominicaine en territoire bourguignon, 1465-1515*, Liège, Soledi, s. d.

Martin, Hervé, *Le Métier de Prédicateur à la fin du Moyen Age (1350-1520)*, Paris, Cerf, 1988.

Mortier, A.-D., *Histoire abrégée de l'Ordre de saint Dominique en France*, Tours, Mame, 1920, p. 191-194.

Vicaire, M.-H. (éd.), *Saint Dominique de Caleruega, d'après les documents du XIIe siècle*, Paris, Cerf, 1955.

Vicaire, M.-H., *Histoire de saint Dominique*, Paris, Cerf, 1957, 2 vol., [2]1982.

Varia

Di Stefano, G., *Dictionnaire des Locutions en moyen français*, Montréal, CERES, 1993.

Leroux de Lincy, *Le Livre des Proverbes français*, Paris, Paulin, 1842, 2 vol.

Morawski, J., *Proverbes français antérieurs au XVe siècle*, Paris, Champion, 1925 (CFMA, 47).

Hassell, J. W. Jr., *Middle French Proverbs, Sentences and Proverbial Phrases,* Toronto, Pontifical Institute of Mediaeval Studies, 1982.

Réau, L., *Iconographie de l'art chrétien*, Paris, P.U.F., 1955-1959 (3 tomes en 6 vol.).

Cornilliat, F., *« Or ne mens »: Couleurs de l'éloge et du blâme chez les Grands Rhétoriqueurs*, Paris, Champion; Genève, Slatkine, 1994.

c) Langue et versification

Chatelain, H., *Recherches sur le vers français au XVe siècle. Rimes, mètres et strophes*, Paris, Champion, 1907, Genève, Slatkine, 1974.

Di Stefano, G., «A propos de la rime mnémonique», *Jeux de mémoire. Aspects de la mnémotechnie médiévale, Recueil d'études* p. p. B. Roy et P. Zumthor, Paris, Vrin, Montréal, P.U., 1985, p. 35-42.

Lote, G., *Histoire du vers français. Première partie, Le Moyen Age*, Paris, Boivin, Hatier, 1949-1955, (3 tomes); *Deuxième partie, Le XVIe et le XVIIe siècles*, texte revu et présenté par J. Gardes-Tamine, J. Molino, L. Victor, Aix-en-Provence, Université de Provence, 1988-1991 (3 tomes).

Marchello-Nizia, Chr., *Histoire de la langue française aux XIVe et XVe siècles,* Paris, Bordas, 1979.

Martin, R. et Wilmet, M., *Syntaxe du moyen français*, Bordeaux, Sobodi, 1980 (*Manuel du français du Moyen Age*, vol. 2).

Noomen, W., «Remarques sur la versification du plus ancien théâtre français. L'enchaînement des répliques et la rime mnémonique», *Neophilologus*, 40, 1956, p. 179-193 et 249-258.

Noomen, W., *Etude sur les formes métriques du 'Mystère du Vieil Testament',* Amsterdam, 1962 (Mededelingen der Koninklijke Nederlandse Akademie van Wetenschappen, AFD. Letterkunde Nieuwe Reeks, Deel 25, No 2).

Pope, M. K. *From Latin to Modern French with Especial Consideration of Anglo-Norman. Phonology and Morphology*, Manchester, Manchester University Press, 1934, Londres, Butler & Tanner, ^{2}1952.

TABLE DES MATIÈRES

COLLECTION TLF

429. Froissart, J., *Chroniques*. Le Manuscrit d'Amiens, Livre I, éd. par G.T. Diller. Tome IV. 1993, 400 p.

430. Lucinge, René de, *La Manière de lire l'histoire*. Éd. crit. de M. Heath. 1993, 168 p.

431. Aubigné, Agrippa d', *Histoire universelle*. Éd. crit. par A. Thierry, t. VII (1585-1588). 1993, 360 p.

432. *Recueil de farces*, tome VII. *La farce de Maistre Pathelin*. Éd. crit. par A. Tissier. 1993, 608 p.

433. Gournay, Marie de, *L'Égalité des Hommes et des Femmes. Le Grief des dames*, suivis du *Proumenoir de Monsieur de Montaigne*. Éd. crit. par C. Venesoen. 1993, 184 p.

434. *Troisième partie du Roman de Perceforest*, t. III. Éd. crit. par G. Roussineau. 1993, LVIII - 468 p.

435. *Le Mystère de la Résurrection* (Angers, 1456). Éd. par P. Servet. 1993, 2 vol., 688 et 328 p.

436. Lefèvre de la Boderie, Guy, *Diverses Meslanges poetiques*. Éd. crit. par R. Gorris. 1993, 464 p.

437. *Le Roman de Tristan en prose*, pub. sous la dir. de Ph. Ménard. T. VI, éd. par E. Baumgartner et M. Szkilnik. 1993, 478 p.

438. Challe, Robert, *La Continuation de l'Histoire de l'admirable Don Quichotte de la Manche*. Éd. crit. par J. Cormier et M. Weil. 1994, 506 p.
    ISBN: 2-600-00006-2.

439. Lucinge, René de, *Lettres de 1587, l'année des Reîtres*. Éd. crit. de J. Supple. 1994, 416 p.
    ISBN: 2-600-00010-0

440. Hardy, Alexandre, *Didon se sacrifiant*. Tragédie. Éd. crit. d'A. Howe. 1994, 216 p.
    ISBN: 2-600-00018-6

441. *Recueil de farces*, tome VIII. Éd. critique d'A. Tissier. 1994, 320 p.
    ISBN: 2-600-00011-9

442. Regnard, Jean-François, *Le Légataire universel*. Éd. crit. de Ch. Mazouer. 1994, 320 p.
    ISBN: 2-600-00009-7

443. Du Ryer, Pierre, *Lucrece*, tragédie (1638). Texte établi et présenté par J. F. Gaines et P. Gethner. 1994, 132 p.
    ISBN: 2-600-00026-7

444. Gide, André, et Beck, Christian, *Correspondance*. Éd. crit. de P. Masson, préf. Beatrix Beck. 1994, 296 p.
    ISBN: 2-600-00019-4

445. Du Fail, Noël, *Propos rustiques*. Texte établi d'après l'édition de 1549, introduction, notes et glossaire par G.-A. Pérouse et R. Dubuis, avec la collaboration de D. Bécache-Leval. 1994, 190 p.
    ISBN: 2-600-00024-0

446. **Hesteau de Nuysement, Clovis.** *Œuvres poétiques*, livres I et II. Éd. crit. par R. Guillot. 1994, 416 p.
    ISBN: 2-600-00028-3

447. **Mikhaël, Ephraïm**, *Poèmes en vers et en prose*. Éd. crit. de M. Screech. 1994, 240 p.
    ISBN: 2-600-00034-8

448. **Aubigné, Agrippa d'**, *Histoire universelle*, tome VIII. Éd. crit. d'A. Thierry. 1994, 384 p.
    ISBN: 2-600-00029-1

449. **Girart d'Amiens,** *Escanor*. Roman arthurien en vers de la fin du XIIIe siècle. Éd. crit. par R. Trachsler. 1994, 2 tomes totalisant 1086 p.
    ISBN: 2-600-00039-9

450. *Le Roman de Tristan en prose,* publié sous la direction de Philippe Ménard, tome VII (De l'appel d'Yseut jusqu'au départ de Tristan de la Joyeuse Garde), éd. par D. Queruel et M. Santucci. 1994, 528 p.
    ISBN: 2-600-00050-X

451. **Quinault, Philippe,** *Alceste* suivi de *La Querelle d'Alceste. Anciens et Modernes avant 1680*. Éd. crit. par W. Brooks, B. Norman et J. Morgan Zarucchi. 1994, LXII–164 p.
    ISBN: 2-600-00053-4

452. **Madame de Saint-Balmon** (Alberte-Barbe d'Ernecourt), *Les Jumeaux martyrs*. Éd. crit. de C. Abbott et H. Fournier. 1995, 168 p.
    ISBN: 2-600-00074-7

453. **Coignard, Gabrielle de,** *Œuvres chrétiennes*. Éd. crit. de C. H. Winn. 1995, 696 p.
    ISBN: 2-600-00073-9

454. *La Belle Hélène de Constantinople,* chanson de geste du XIVe siècle. Éd. crit. de C. Roussel. 1995, 942 p.
    ISBN: 2-600-00077-2

455. *Les Repues franches de maistre François Villon et de ses compagnons*. Éd. crit. de J. Koopmans et P. Verhuyck. 1995. 208 p.
    ISBN: 2-600-00060-7

456. *Recueil de farces*, tome IX. Éd. crit. d'A. Tissier. 1995, 416 p.
    ISBN: 2-600-00078-X

457. **Tagaut, Jean,** *Odes à Pasithée*. Éd. crit. de F. Giacone. 1995, CLVI + 316 p.
    ISBN: 2-600-00088-7

458. **Aubigné, Agrippa d'**, *Histoire universelle*. Tome IX: 1594-1602. Éd. crit. d'A. Thierry. 1995, 440 p.
    ISBN: 2-600-00087-0

459. **Magny, Olivier de,** *Les trois premiers livres des Odes de 1559*. Éd. crit. de F. Rouget. 1995, 378 p.
    ISBN: 2-600-00095-X

460. *Textes d'étude (Ancien et moyen français)*. Éd. de R.-L. Wagner renouvelée par O. Collet. Préface de B. Cerquiglini. 1995, XIV-386 p.
ISBN: 2-600-00103-4

461. **Molinet, Jean** (?), *Le Mystère de Judith et Holophernés*. Éd. crit. de G. A. Runnalls. 1995, 280 p.
ISBN: 2-600-00106-9

462. *Le Roman de Tristan en prose*, pub. sous la dir. de Ph. Ménard. T. VIII (De la quête de Galaad à la destruction du château de la lépreuse), édité par B. Guidot et J. Subrenat. 1995, 408 p.
ISBN: 2-600-00108-5

463. **Gougenot, N.**, *Le romant de l'infidelle Lucrine*. Texte établi et annoté par F. Lasserre. Préface de J.-P. Collinet. 1996, 568 p.
ISBN: 2-600-00111-5

464. **Hesteau de Nuysement, Clovis**, *Œuvres poétiques*. Livre III et dernier. Éd. crit. de R. Guillot. 1996, 232 p.
ISBN: 2-600-00120-4

465. **L'Estoile, Pierre** de, *Registre-journal du règne de Henri III*. Tome II (1576-1578), éd. par M. Lazard et G. Schrenk. 1996, 296 p.
ISBN: 2-600-00117-4

466. **Challe, Robert**, *Mémoires. Correspondance complète. Rapports sur l'Acadie et autres pièces*. Edition de Frédéric Deloffre avec la collaboration de Jacques Popin. 1996, 768 p.
ISBN: 2-600-00130-1

467. *L'Isle des Hermaphrodites*. Ed. crit. de C.-G. Dubois. 1996, 208 p.
ISBN: 2-600-00132-8

468. **Nostradamus**, *Les premières Centuries ou prophéties (Edition Macé Bonhomme de 1555)*. Edition et commentaire de l'Épître à César et des 353 premiers quatrains par Pierre Brind'Amour. 1996, LXII-600 p.
ISBN: 2-600-00138-7

469. **Aneau, Barthélemy**, *Alector ou le coq, histoire fabuleuse*. Edition critique de Marie-Madeleine Fontaine. 1996, CXXVII-1011 p. en 2 t.
ISBN: 2-600-00137-9

470. **Poissenot, Bénigne**, *Nouvelles histoires tragiques [1586]*. Edition établie et annotée par Jean-Claude Arnould et Richard A. Carr. 1996, 336 p.
ISBN: 2-600-00146-8

471. *Recueil de farces*, tome X. Edition critique d'André Tissier. 1996, 440 p.
ISBN: 2-600-00160-3

472. *La suite du roman de Merlin*. Edition critique de Gilles Roussineau. 1996, 968 p. en 2 volumes.
ISBN: 2-600-00163-8

Les catalogues *Général* et *Nouveautés* sont maintenant disponibles sur le World Wide Web / *General catalogue* and *New publications* are now available on WWW.

Tapez / Type : http://www.eunet.ch/Customers/droz

Mise en pages:

Atelier de photocomposition Perrin
CH-2014 Bôle

Impression:

Imprimerie Slatkine
CH-1261 Chavannes-de-Bogis

Janvier 1997